PARIS
EN PROVINCE

ET

LA PROVINCE A PARIS.

DE L'IMPRIMERIE DE A. BARBIER,
RUE DES MARAIS S. G. H. 17.

PARIS EN PROVINCE

ET

LA PROVINCE A PARIS,

PAR Mme G^{tte} DUCREST,

AUTEUR DES MÉMOIRES

SUR L'IMPÉRATRICE JOSÉPHINE;

SUIVI

DU CHATEAU DE COPPET EN 1807,

NOUVELLE HISTORIQUE,

OUVRAGE POSTHUME DE

Mme LA COMTESSE DE GENLIS.

Deuxième Édition.

TOME PREMIER.

PARIS.
CHEZ LADVOCAT, LIBRAIRE
DE S. A. R. M. LE DUC D'ORLÉANS.
QUAI VOLTAIRE, N. 25.

M. DCCC. XXXI.

ÉPITRE DÉDICATOIRE

A MADAME LA MARQUISE DUCREST.

Chère Maman,

Il m'a été doux, en écrivant cet ouvrage, de me reporter aux temps heureux d'une enfance et d'une jeunesse embellies par ta tendresse soutenue; et ce n'est que par ces souvenirs de bonheur que j'ai pu oublier, pendant quelques instants, les chagrins cruels qui m'ont accablée, dès que mon sort n'a plus dépendu de toi!

En lisant *Paris en Province* tu retrouveras, chère maman, quelques amis qui nous sont restés fidèles dans toutes les circonstances pénibles de notre vie. Tu approuveras, j'espère, des jugemens dictés par mon cœur; et tu reconnaîtras dans la peinture fidèle des soins d'une mère dévouée, ceux que tu eus constamment pour mes enfans et moi. Reçois donc, chère maman, ce faible hommage, comme le gage de la plus vive reconnaissance et de l'attachement le plus juste et le plus sincère.

Georgette DUCREST.

AVANT-PROPOS.

Depuis quelque temps il a paru tant de Mémoires historiques, et dans ce nombre il en est de si remarquables par l'intérêt du sujet et par les anecdotes qu'ils renferment, que c'eût été de ma part un excès d'amour-propre fort ridicule d'en publier de nouveaux.

Désirant écrire sur quelques voyages dans lesquels j'ai recueilli des faits et des portraits contemporains, j'ai voulu les placer dans un cadre qui pût leur donner moins de sécheresse, et qui m'évitât de me mettre en scène, chose qui m'a toujours été désagréable, et que le public d'ailleurs n'eût point approuvée.

Pour qu'il permette de parler beaucoup de soi, il faut avoir figuré d'une manière marquante dans les événemens qui se sont pressés depuis quarante ans, ou avoir acquis, par un talent véritable, le droit de fatiguer ses lecteurs, de détails minutieux sur ce qui ne peut réellement intéresser que la famille du narrateur. N'ayant aucun de ces titres, je me suis bornée à écrire, non pour instruire, car il faudrait avoir des connaissances que je n'ai pas, mais pour amuser par le récit fidèle de ce qu'une vie agitée et errante m'a permis d'observer.

On ne trouvera dans cet ouvrage que les réflexions et les pensées d'une femme. Peut-être paraîtront-elles futiles et légères comme notre sexe. J'ai inventé une fable fort peu compliquée pour lier des personnages et des actions qui ne sont point imaginaires. Tout est vrai, les anecdotes et les descriptions de lieux ; j'ai tâché de donner une idée juste des célébrités de l'époque; et j'ose croire qu'aucune prévention fâcheuse ou favorable, n'a influé sur mes jugemens.

Avant de se décider à se faire imprimer, il faut chercher à s'assurer si l'esprit de parti ne nous entraînera pas; et si quelque petite vengeance particulière ne nous portera pas à écrire ce qui serait contraire à la vérité. Sur ce point je suis certaine que personne n'est plus irréprochable que moi ; les *Mémoires sur l'impératrice Joséphine*, n'ont amené aucune réclamation ; l'approbation que leur ont bien voulu accorder MM. de Bourrienne et Constant, me donne l'assurance que, tout en ayant à me plaindre de plusieurs des personnes dont j'ai parlé, j'ai été juste pour elles. Puisse l'ouvrage que je livre au public être reçu avec la même indulgence, et me valoir aussi le suffrage des mères de famille, que j'ambitionne avant tous les autres. J'aurai atteint mon but, si elles placent mon livre dans leur bibliothèque.

Lorsqu'une funeste et impérieuse nécessité me força de suivre les conseils et d'accepter les propositions de M. Ladvocat, je résolus de ne me pas nommer.

Je craignais de servir de prétexte à de nouvelles diatribes contre madame la comtesse de Genlis. J'imaginais que l'on affecterait de croire qu'elle avait bien voulu me prêter l'appui de sa plume *, pour

---

* Cette supposition flatteuse pour moi a été faite. Elle est d'autant plus fausse que, voulant épargner à ma tante l'inquiétude que lui causerait mon début, je lui ai soigneusement caché le parti qui m'était commandé par la nécessité. Elle ne l'a su qu'un an après, et s'est affligée avec moi de l'obligation d'employer une ressource si pénible. La tendresse maternelle pouvait seule me donner le courage dont j'avais besoin dans cette circonstance.

avoir le droit, d'après la faiblesse de l'ouvrage, de la critiquer, avec l'acharnement dont on la poursuit depuis si long-temps. Voulant la soustraire dans cette occasion du moins, aux outrages injustes de ses ennemis, je gardai l'anonyme, qui pouvait me préserver du plus cruel chagrin. Cette précaution fut inutile; plusieurs journalistes outre-passant leur mission, me désignèrent d'une manière positive, et répandirent comme de coutume tout leur fiel sur une personne, dont plusieurs ouvrages n'en seront pas moins immortels.

Depuis la publication des *Mémoires sur l'impératrice Joséphine*, il en a paru un grand nombre, sur des personnages célèbres du dernier siècle et du nôtre; compilations faites pour la plupart sous l'influence des opinions des *auteurs copistes*; ils suppriment, ajoutent et inventent, ce qui convient à leur manière de voir; ainsi au lieu de tableaux historiques, ils ne tracent souvent que d'amusantes et inexactes *charges*, ou de gracieux portraits de fantaisie. Je n'ai pas assez d'imagination pour remplacer ainsi, par de brillantes fictions, la vérité qui me paraît préférable à tout. Je me bornerai donc à la suivre toujours; et, pour ne pas laisser de doute sur la sincérité de mes récits, je les signerai dorénavant, n'ayant rien gagné à taire mon nom.

Les sommaires dont la mode est devenue générale, me paraissent fort nuisibles à l'intérêt d'un livre d'imagination, puisqu'ils annoncent d'avance des événemens qui ne frappent plus autant, dès qu'ils sont prévus; mais dans les ouvrages contenant uniquement des choses vraies, sur des personnages contemporains, je pense qu'ils sont utiles, en faisant trouver plus promptement aux lecteurs, le nom des gens de leur connaissance, sur lesquels ils désirent apprendre quelques particularités. Voilà pourquoi je me suis conformée à l'usage reçu, en plaçant un sommaire à la tête de chacune des lettres suivantes.

Depuis que cet ouvrage est livré à M. Ladvocat (avril 1830), tant d'événemens se sont succédés, tant de fortunes ont été anéanties, tant de grandeurs abattues, que mes amis me conseillaient de supprimer ou de changer plusieurs choses. Ils me disaient que l'on m'accuserait peut-être de chercher à remuer les passions en louant autant Son Altesse Royale Madame, duchesse de Berry; que j'aurais à craindre les ennemis de la dynastie exilée. Pour cette fois, je n'ai pas suivi les conseils dictés par l'intérêt le plus vrai.

J'ai pensé que ce n'est point en France

que l'on peut être blâmé d'exprimer de la reconnaissance pour des bienfaits nombreux. Je n'ai jamais eu l'honneur d'approcher *Madame*; je n'ai rien sollicité qui me fût personnel, mais, pendant sept ans que j'habitai une petite ville, je demandai sans cesse à Son Altesse Royale des secours pour les indigens dont j'étais entourée, et *jamais* je ne fus refusée. C'est donc à elle que j'ai dû d'être aimée et d'avoir pu soulager tant de malheureux; quelle obligation peut surpasser celle-là?...

Les circonstances peuvent d'ailleurs varier sans altérer les sentimens d'une femme; je l'ai déjà prouvé en écrivant les *Mémoires sur l'impératrice Joséphine*, sous le règne de Charles X. J'ai essayé alors de faire apprécier les brillantes qualités de l'épouse de Napoléon; pourquoi me serait-il donc défendu aujourd'hui de témoigner ma profonde et respectueuse gratitude pour une princesse cruellement punie de fautes qui lui sont étrangères?

Il y a entre *Joséphine* et *Caroline*, également aimées du pauvre, des rapports bien frappans. Toutes deux profitèrent de la puissance pour protéger les malheureux, obtenir grâce pour les coupables, encourager les arts et l'industrie, et faire chérir tout ce que la bonté peut avoir de plus délicat et de plus touchant; toutes deux, privées du rang le plus élevé, eurent besoin de courage pour supporter le renversement de leurs espérances maternelles; toutes deux furent victimes de l'ambition et de la folie, toutes deux, enfin, furent vivement regrettées lorsque des crises politiques les éloignèrent d'un trône, qu'elles n'approchaient que pour faire entendre la voix de la justice et de la douce pitié; mais l'une, comblée d'égards par les nouveaux souverains, mourut dans sa patrie, entourée des hommages de la cour qui remplaçait la sienne ; son tombeau, élevé par ses enfans, put recevoir les pleurs versés par la reconnaissance, tandis que *Madame!*.......

M. Ladvocat possédait la copie d'une nouvelle inédite de ma tante ; j'ai été charmée qu'il voulût bien la joindre à mon livre. Faire connaître une production charmante de cette personne célèbre est le plus bel hommage que je puisse rendre à sa mémoire, et la seule consolation qui me reste après la perte de madame de Genlis, qui jusqu'à son dernier jour s'occupa de mon avenir et de celui de ma fille ! Mon amour-propre devrait souffrir de mettre à la suite de mon ouvrage quelques pages qui lui sont si supérieures ; mais c'est un sentiment qui ne balancera jamais dans mon cœur le bonheur de prouver que je ne fus point ingrate !

PARIS EN PROVINCE

ET

LA PROVINCE A PARIS.

LETTRE PREMIÈRE.

LA COMTESSE DE ROSEVILLE A Mme DORCY.

Projets de voyage. — Le comte de Roseville. — Regrets causés par sa mort. — On propose a madame Dorcy d'aller a Paris.

Paris.

C'est vainement, ma chère Caroline, que vous cherchez à vous opposer à mon projet qui ne vous a pas été communiqué sans de mûres réflexions, et sans avoir obtenu l'assentiment de mes excellentes tantes; l'une d'elles consent à m'accompagner dans mon voyage. Elle sait, comme moi, que je ne retrouverai jamais le repos, si je ne tâche de me distraire par la vue de lieux qui me soient inconnus; je pourrai observer des usages nouveaux, des mœurs différentes; enfin, je mènerai un genre de vie actif qui me sortira de l'apathie qui a succédé au désespoir que j'ai éprouvé à l'époque de la perte de mon mari.

Ce n'était pas, vous le savez, l'amour qui avait formé cette union, que la mort seule pouvait rompre. Les soins, l'attachement du comte de Roseville, ma reconnaissance, parvinrent à me faire surmonter l'espèce d'éloignement que me faisait éprouver un homme de trente-deux ans, qui me semblait un vieillard. La peine qu'il prit pour me faire acquérir l'instruction et les talens qui me manquaient achevèrent de me le faire aimer.

Après quelques années du bonheur le plus parfait, Édouard m'a été enlevé par une maladie aussi prompte que terrible. Depuis lors, je me trouve si malheureuse, que, sans mes deux filles, je crois que je n'eusse pu supporter la vie. Ces enfans m'ont forcée de suivre tout ce que ma famille et les médecins ont exigé que je fisse ; mais mon âme n'est pas remise de l'horrible coup qui est venu la frapper.

L'image de cet époux, justement regretté, me suit partout. Obligée de voir du monde ici, il m'est impossible de m'habituer à faire seule les honneurs de ma maison ; je cherche toujours celui que je consultais sur tout. Ne l'ayant plus près de moi, je crains de faire quelque démarche qui puisse nuire à ma réputation, que je veux et dois conserver pure, comme un hommage à la mémoire d'Édouard. Les personnes qui lui plaisaient me déchirent le cœur, en me parlant de lui avec toute l'admiration que méritaient toutes les vertus, tous les talens réunis ; celles qui ne l'ont pas connu, ne m'entretenant que de choses étrangères à ma douleur, me sont odieuses ; ainsi je ne puis recevoir qui que ce soit, sans être triste ou mécontente ; et par ma position dans le monde, je suis obligée de voir tout Paris.

J'ai voulu essayer d'aller habiter ma terre de Normandie ; mais là, il m'était encore plus difficile de me consoler ; à chaque pas, je trouvais de nouveaux motifs de chérir mon mari, j'étais entourée de tous les infortunés dont il cherchait à adoucir le sort, et qui joignent leurs gémissemens à mes larmes. Enfin, mon amie, je ne puis rester ni à Paris, ni à Roseville, et pour ma santé, à moitié détruite, je dois chercher à parcourir le midi de la France, où je devais hélas! aller avec Édouard. Peut-être le voyage me remettra-t-il? S'il n'a pas le résultat qu'en espèrent ma famille et mes amis, j'aurai du moins tenté de me conserver pour eux.

Il serait, je le sais, fort inconvenant de partir seule avec mes gens. Ma tante de Grandville, qui m'a élevée, qui m'aime avec la tendresse d'une mère, veut bien, pour me suivre, quitter sa sœur, renoncer à ses goûts, à ses habitudes, et comme son excellente constitution m'assure qu'elle ne sera pas fatiguée de ces déplacemens continuels, et qu'ils conviennent même à son activité, cet arrangement comble tous mes vœux.

Mon autre tante, mademoiselle de Vieville, restera à Paris. Vous savez qu'elle a conservé toutes les idées, tous les usages de l'ancien régime. Sa manière de voir étant souvent en opposition avec la mienne et mes projets d'éducation pour mes filles, je ne puis la charger entièrement de les surveiller pendant mon absence, car leurs jeunes esprits pouvant aisément être influencés, je les retrouverais peut-être fort éloignées, à mon retour, de ce que je désire qu'elles soient. D'ailleurs, ma bonne tante pense qu'une visite à recevoir ou à rendre est une affaire importante qui ne peut se remettre; elle y sacrifierait, sans balancer, les soins qu'exigent à tout moment deux enfans de l'âge de Marie et de Laure. Les billets du matin absorbent aussi beaucoup de son temps. Joignez à cela l'exactitude qu'elle met à suivre tous les offices, et vous concevrez que j'ai besoin de lui adjoindre une personne sûre, qui veuille bien me remplacer auprès de mes chères petites. C'est vous que j'ai choisie, comme celle dans laquelle j'ai le plus de confiance.

Il dépend donc de vous, ma bonne Caroline, de me faire fixer le jour de mon départ, il ne pourrait avoir lieu si vous persistiez à me refuser de venir vous établir ici avec votre fille, afin de soigner les miennes; elles sont trop jeunes pour que je les expose aux fatigues d'un long voyage, et je les priverais d'ailleurs de leurs maîtres. Je ne puis les confier qu'à votre amitié.

Vous aurez sous vos ordres ma fidèle Henriette comme femme de chambre. Celle de ma tante me servira. Je sais qu'en général les domestiques sont gênans et grognons dans les auberges, où ils trouvent tout mauvais; c'est pourquoi j'en veux emmener le moins possible. Je ne prendrai que mon valet de chambre et mon courrier.

Je n'ai pas besoin de vous dire que miss Sophia ne me quittera pas. Cette intéressante personne, que je désire tant vous faire connaître, m'a été confiée par sa mère mourante, et je remplirai scrupuleusement la promesse, que j'ai faite, de regarder cette pauvre orpheline comme ma fille aînée; quel bonheur j'éprouverai à lui assurer un sort digne de son caractère et de mon attachement pour elle !

Ma vieille gouvernante habitera son même appartement. Je désire que mes filles, tout en la soignant comme elles le doivent, restent peu seules avec elle : la bonne madame Grimard, toute dévouée qu'elle soit pour moi, toute soumise qu'elle veuille être à mes volontés, ne peut s'empêcher de me désobéir souvent, en se livrant à son goût de critiquer son prochain; de se mêler de tout ce qui se passe à l'hôtel, et d'écouter les rapports de mes gens, qui viennent la consulter comme un oracle. Je veux éviter que mes filles puissent entendre tous ces commérages, et prennent ces petits défauts, bien rachetés, au reste chez madame Grimard, par une fidélité et un attachement sans bornes.

Il est donc convenu, chère amie, que vous viendrez occuper ma maison; que vous y commanderez aux domestiques, afin d'éviter à ma tante tous les petits détails d'intérieur qui la fatiguent et l'ennuient; et que vous prendrez la peine de compter avec l'intendant.

Je ne partage pas l'opinion qui fait dire à ma tante, qu'il est au-dessous d'une personne de qualité de se mêler de ses affaires. Édouard m'a appris qu'une grande fortune ne dispense pas d'avoir de l'ordre. Généreux et bienfaisant, il m'a répété très-souvent, que plus on économisait sur les choses ordinaires, plus on pouvait donner. C'est un principe que je veux continuer à mettre en pratique ; je l'ai suivi jusqu'à présent par moi-même, sans croire déroger, et quoiqu'il fût peu amusant. Maintenant, je m'en rapporte à vous sur cet article, persuadée que vous ferez beaucoup mieux que moi. Vous voudrez bien aussi aller de temps en temps à Roseville, pour voir si les ordres que j'ai donnés, pour mon petit hospice, sont exécutés ; enfin, vous élèverez mes enfans comme vous avez élevé Alicie.

Vous désiriez venir passer un an ou deux à Paris pour achever l'éducation de votre fille si bien commencée par vous. Les soins prodigués à votre père paralytique, les tracas d'une succession embrouillée, vous ont ensuite retenue loin de nous, profitez donc de l'occasion de me rendre un vrai service, pour mettre votre projet favori à exécution.

Mon mari étant parrain de votre Alicie lui a laissé une rente de trois mille francs dont j'ai toujours oublié de vous parler ; mais que vous toucherez très-exactement chez mon notaire. Pardonnez-moi d'avoir négligé de vous instruire plutôt de cette circonstance ; j'étais hors d'état d'entendre parler des dernières volontés d'Edouard, et je vous sais si désinteréssée, que je n'ai pas cru vous déplaire, en attendant que je fusse plus forte pour vous entretenir d'affaires. Cette légère augmentation de revenu vous mettra très à même de vivre convenablement à Paris ; c'est-à-dire de faire un peu plus de dépense pour vos toilettes. Tout le reste vous sera totalement étranger, votre présence ne peut causer de différence chez moi, que celle du bien-être de mes filles que vous aimez sincèrement; leurs leçons seront prises sous vos yeux, et en commun avec Alicie.

De grâce, mon amie, écrivez-moi tout de suite que vous acceptez ce que je vous propose, pour que je puisse faire immédiatement mes préparatifs. Vivant à la campagne, mais n'ayant aucune terre à faire valoir, vous êtes parfaitement libre, ainsi je vous attends très-incessamment, afin que je vous installe bien avant de partir.

Il y a bientôt deux ans que je ne vous ai vue! j'ai cruellement souffert depuis lors! En vous embrassant je serai mieux ; et en vous laissant près de mes filles je n'aurai plus que la douleur de les quitter, sans avoir pour elles la moindre inquiétude. Caroline, songez bien que je me trouve ici trop à plaindre, pour ne pas finir par succomber si j'y reste. Je ne puis quitter Paris si vous n'y venez pas. Voyez donc ce que vous voulez faire.

Comtesse de Roseville.

LETTRE II.

Mme DORCY A LA COMTESSE DE ROSEVILLE.

Elle hésite a accepter de quitter M**. — Ses craintes sur la manière dont les nobles recevront une roturière. — Pension de trois mille francs.

Ma bien-aimée Amélie me connaît trop bien pour douter de ma bonne volonté à faire tout ce qui pourra contribuer à rétablir une santé qui me cause de vives inquiétudes. Elle sait que dès qu'elle croit utile à ses enfans que j'aille m'établir à Paris, il est certain que je quitterai avec empressement ma modeste retraite, pour aller prendre possession d'un appartement que l'amitié embellira des charmes du souvenir! Mais, plus âgée que mon aimable amie, habituée aux réflexions que doivent nécessairement faire naître la solitude et de grands chagrins, Amélie trouvera tout simple, qu'avant de me rendre à ses vœux, je hasarde encore quelques observations; elles ne changeront peut-être rien à ses projets; mais je serais coupable de ne pas les lui adresser.

Devant mon éducation aux bienfaits de votre famille, mariée par elle, vous devez croire que je n'ai qu'un désir, celui de trouver le moyen de m'acquitter en partie envers elle, en contribuant à vous rendre le repos que vous avez perdu; ainsi ce n'est nullement la crainte de me déranger qui me fait souhaiter de rester ici, où je suis si affligée d'être éloignée de vous, mais où je suis tranquille, grâce à votre tendre sollicitude qui a veillé à mes intérêts, et qui est parvenue à terminer d'une manière favorable les procès intentés par les parens de mon mari.

Connaissant l'exaltation de votre jolie tête, le romanesque de votre imagination, je pense quelquefois que ce voyage, que vous désirez faire, ne vous remettra pas; et que, loin de vos enfans que vous chérissez, vous éprouverez des inquiétudes déchirantes, que mon active amitié ne parviendra pas à calmer. Elles détruiront le bon effet que nous attendons d'un changement d'air et de lieu. Il me semble qu'il vaudrait mieux tâcher de surmonter ce découragement qui s'est emparé de vous, que de risquer de l'augmenter ; cela ne manquera pas d'arriver, si, après avoir parcouru différentes villes, avoir visité tous les monumens célèbres, vous vous retrouvez aussi triste et aussi souffrante qu'à Paris. Un retard de courrier, une lettre perdue, vous persuaderont qu'il est arrivé quelque accident fâcheux aux objets de vos affections; vous voudrez revenir, et toutes ces agitations mineront davantage votre santé. Vous serez alors convaincue qu'il n'y a plus de remède à votre état; et la consomption prendra la place d'une crise nerveuse, que votre volonté suffirait pour surmonter.

Je vous vois d'ici faire votre mine boudeuse, et me reprocher ce que vous appelez ma froideur. Une longue habitude de souffrances morales m'a peut-être fait perdre un peu de cette sensibilité qui, chez vous, est dans toute sa force; mais lorsque je pense à vous, à vos enfans, à ma fille, je sens que mon cœur est capable de tout ce qu'il y a de tendre, et je suis alors persuadée que je ne suis devenue que raisonnable, et pas du tout inaccessible aux sentimens que doit éprouver une femme.

Je crains, ma chère Amélie, que mademoiselle de Vieville ne voie avec peine mon installation chez vous. Je ne suis pas noble; elle ne me trouvera peut-être pas digne de figurer parmi ses illustres amis; et certainement, malgré ma tendresse pour vous, et mon respect pour l'âge et la naissance de votre tante, je ne supporterais pas d'être, chez vous, dans un état de dépendance, qui ne convient pas à mon caractère; il deviendrait plus fier encore, si on cherchait à me faire sentir que je suis déplacée dans votre salon. Ma tendre amitié pour vous peut me dicter tous les sacrifices, hors celui de laisser humilier le nom obscur, mais sans tache, de mon époux.

Consultez donc mademoiselle de Vieville; et si vous pensez que je puisse n'être ni blessée de ce côté, ni contrariée dans mon plan d'éducation pour vos enfans, je suis prête à vous obéir. Alors, si mes remontrances ne produisent, comme je le crains, aucun effet sur vous, dans quinze jours je serai près de vous avec Alicie, et nous rivaliserons de zèle pour essayer, non de vous remplacer près de vos filles, ce serait impossible, mais de les consoler de votre absence, tâche bien difficile.

Vous pensez bien que je ne suis pas dupe de la rente de 3000 fr., et que cette ingénieuse manière de me faire accepter un nouveau bienfait me pénètre d'une bien vive reconnaissance. Votre époux ne nous connaissait pas assez pour qu'il ait pu penser à nous pendant le peu de temps qu'il a été malade. Il n'a vu sa filleule que le jour de sa première communion, fixé par son père pour être celui de son baptême; ainsi il est impossible qu'il ait songé à elle. C'est vous, ma généreuse Amélie, qui avez trouvé ce moyen d'augmenter encore l'aisance que je vous dois.

Pour vous témoigner combien je suis touchée de cette dernière preuve de votre attachement, je l'accepte en partie, c'est-à-dire que je consens à ce que les professeurs d'Alicie soient à votre charge. Elle est, d'après vos vœux, destinée à être la gouvernante de vos filles; elle doit donc avoir des talens réels, pour les transmettre à ses élèves. Voilà pourquoi je ne refuse pas d'ajouter à la masse d'obligations que je vous ai déjà; vous prenez soin de l'augmenter chaque jour, sans qu'il me soit possible de voir redoubler l'affection que je vous porte, et qui depuis long-temps a atteint son apogée.

Madame Dercourt, dont je vous ai parlé souvent, se désole de mon projet de départ. J'étais la seule personne de cette ville qu'elle aimât à voir. Elle craignait d'être comprise dans les tracasseries qui se font sans cesse dans la société. Elle ne peut s'habituer à l'idée que nous serons séparées pour long-temps. Je m'afflige aussi beaucoup de la quitter. Cette charmante femme m'est très-chère, et je la laisserai seule avec une fille dont le caractère peu agréable avait besoin d'être réprimé. Sa mère, douce, bonne, et malade, n'avait pas la force de la gronder; et je me chargeais de ce soin avec tout le zèle que je puisais dans la conviction que c'était travailler au bonheur de cette jeune personne, autant qu'à celui de madame Dercourt. Alicie était un modèle à suivre : sa douceur et son exemple obtenaient plus de sa compagne que les leçons les plus sévères.

D'après une lettre que j'attends de vous, je mettrai en ordre mes affaires ici. Ma maison sera gardée par Marguerite, qui trouvera dans le plaisir d'en être maîtresse une compensation au chagrin qu'elle aura de me voir m'absenter. Écrivez-moi donc promptement, mon amie, pour me faire connaître vos ordres suprêmes, auxquels je me soumettrai en fidèle sujette. La plaisanterie de votre enfance et de ma famille qui vous faisait surnommer *ma petite reine*, devient aujourd'hui une vérité, car votre volonté décidera absolument de ce que je ferai. Jamais votre empire ne fut plus despotique. Vos droits sont plus sûrs que tous ceux des souverains les plus puissans; ils sont acquis par une bonté, une bienfaisance, et une amabilité extrêmes, et accordés par la reconnaissance, et l'amitié la plus vive.

Adieu, chère Amélie, prenez courage, chaque jour qui s'écoule est un pas vers votre guérison. La douleur telle violente qu'elle soit s'émousse à la longue. Vous ne le croyez pas maintenant; mais je suis là pour vous l'assurer, et vous le prouver. Calculez toutes les peines dont j'ai été accablée depuis dix ans, et voyez si on meurt de chagrin. Vous seriez inexcusable de ne pas tenir à la vie, puisque vous embellissez l'existence des autres ; et particulièrement celle d'une amie, qui vous doit le peu de plaisir qu'elle ait éprouvé.

Caroline Dorcy.

LETTRE III.

LA COMTESSE DE ROSEVILLE A M.ᵐᵉ DORCY.

Réponse aux craintes de madame Dorcy. — Mademoiselle de Vieville. — Les préjugés. — Projets de voyage a Bagnères.

Paris.

J'ai en effet toujours trouvé doux de commander, chère Caroline, j'en conviens. Aussi puisque vous m'assurez que je n'ai qu'à ordonner pour être obéie, *je veux* que vous veniez immédiatement. Je vous donne cependant deux jours pour faire vos malles, payer vos comptes, faire vos visites d'adieu, ce qui sera passablement long ; votre humeur conciliante vous portant à faire des politesses à toutes les personnes de la société de votre petite ville, avec lesquelles vous êtes parvenue à rester bien...

J'accorde deux autres jours pour madame Dercourt seule ; j'espère qu'elle me saura gré de cette complaisance ; enfin je vous permets de consacrer toute une matinée pour voir vos amis les pauvres ; votre respectable curé, et les dignes sœurs qui soignent les malades ; ensuite vous monterez en diligence, vous vous reposerez à Etampes chez votre oncle ; le lendemain vous repartirez, et vous arriverez près de moi, que l'espoir de vous embrasser a presque remise. Vous voyez, chère amie, que je ne suis pas si impérieuse que vous le pensiez ; une semaine de patience est assurément beaucoup pour moi, et cependant je m'y soumets.

Mlle de Vieville est enchantée de votre arrivée, qui empêchera que rien ne soit changé dans ses habitudes. Elle sait que vous aurez la bonté de faire le soir son piquet, pour lequel elle trouve peu d'amateurs, ce dont par parenthèse elle ne cesse de s'étonner. Elle blâme la mode de l'*écarté*, jeu d'antichambre à ce qu'elle prétend. Je lui ai assuré que vous le détestiez, et elle vous estime de partager ses principes ; on devrait suivant elle, repousser de la bonne compagnie un moyen de déranger des jeunes gens, qui risquent des sommes considérables qu'ils n'oseraient porter dans une maison de jeu. Mademoiselle de Vieville sait qu'Alicie, bonne et complaisante, lui lira, pendant une heure par jour, quelques pages des romans qu'elle préfère, de ses sermons favoris, et qu'elle copiera notre généalogie; aussi elle vous attend toutes deux avec la plus vive impatience.

Je ne réponds pas à vos objections sur votre naissance. Nous ne sommes plus, Dieu merci, dans un temps où la première des vertus soit d'avoir eu, il y a quatre ou cinq cents ans, un ayeul brave, noble et courtisan assidu de quelque roi. Pour réussir et être bien vu dans le monde aujourd'hui, il faut y apporter des qualités estimables, de l'esprit, des talens et de l'instruction. On oublie le passé pour ne voir que le présent. C'est vous dire que vous y serez à merveille.

Ma tante a sans doute conservé quelques préjugés du siècle de Louis XV; mais elle a trop de mérite pour ne pas rechercher celui des autres, et pour ne pas le préférer aux titres et aux grandes places qu'elle sait bien n'être pas toujours accordées aux hommes les plus faits pour les occuper. Soyez donc rassurée sur une crainte que vous n'auriez jamais dû avoir; et soyez persuadée que, chez moi surtout, vous ne pouvez qu'être aimée et estimée comme vous méritez de l'être.

Je resterai huit jours avec vous, pour avoir le temps de causer, et pour voir votre fille bien à mon aise. Cette époque passée, rien ne pourra me retenir, et je partirai contre vents et marée, pour les eaux de Bagnères. Je passerai en revenant par toutes les villes du midi qui méritent d'être vues. Je m'y arrêterai tant que je m'y trouverai bien. Dès que l'ennui viendra m'y saisir, je m'en irai bien vite. J'ignore combien durera mon absence.

Rien ne me déplaît comme un projet dont toutes les chances sont calculées. J'aime les choses singulières, inattendues; et je serais désespérée de prévoir ce qui doit m'arriver. Je suis toute ranimée depuis quelques jours. Je fais des emplettes dans tous les magasins. Ma tante de Granville prétend que ma voiture ne pourra contenir tout ce que j'achète. Elle ne sait pas que je veux que partout elle ait, autour d'elle, la quantité de petites choses *confortables* auxquelles elle est habituée. Elle ne se plaindrait certainement pas d'en être privée, mais elle serait intérieurement contrariée, ce que je dois éviter.

Je m'occupe aussi du petit trousseau qu'Alicie trouvera en arrivant. Une jeune personne de seize ans, telle raisonnable qu'elle soit, n'est pas insensible à une toilette recherchée. Je désire, que loin de sa maisonnette chérie, qu'elle quitte pour moi, votre fille éprouve ici quelques nouvelles jouissances, qui puissent la consoler de celles auxquelles je la fais renoncer; et qu'elle ne regrette pas trop cette campagne, que je lui fais abandonner. Quant à vous, qui prétendez être vieille à trente-six ans, vous vous fâcheriez, si je vous faisais faire des robes à volant, des toques à plumes, etc. Rassurez-vous, *madame et respectable amie,* vous n'aurez que des douillettes bien amples et bien chaudes, de grands bonnets sans prétention, des souliers fourrés, et tout l'attirail d'une personne revenue des vanités de ce monde.

Je n'ai que le temps de vous embrasser, car

toute reine que je suis, je fais tout par moi-
même, et n'ai pas encore de ministre dans lequel j'aie assez de confiance, pour le charger
de soins si importans; ce qui doit être infiniment plus commode, que de s'astreindre à
commander, payer, etc. J'attends votre arrivée
pour me reposer.

Comtesse de Roseville.

LETTRE IV.

Mme DORCY A LA COMTESSE DE ROSEVILLE.

Préparatifs de départ. — Manière de se faire aimer en province.

Tout est en rumeur autour de moi, ma chère Amélie. Nous faisons nos malles, recevons les visites de toute la ville; écoutons le détail vingt fois répété, d'une foule de commissions dont nous sommes accablées; nous répondons à cent questions faites à la fois, par les élégantes du lieu; promettons de ne rien oublier, en un mot, nous ne savons où nous en sommes; et cette agitation si différente de notre calme accoutumé, serait un vrai supplice, s'il ne nous prouvait que nous travaillons à nous rapprocher de vous. Cette idée me fait supporter tous les petits ennuis qu'entraînent les voyages.

Quittant pour un temps illimité une solitude dans laquelle j'ai vécu vingt ans, j'ai beaucoup de petits ordres à donner, pour que l'on ne s'aperçoive pas trop que je n'y suis plus. Je ne croyais pas qu'une personne aussi peu importante que moi eût tant de choses d'obligation à faire avant de partir.

Vous vous moquerez de ces devoirs, que je me suis imposés; vous aurez tort; il est doux d'être bien avec tout le monde; il en coûte peu pour y parvenir. Il ne faut que savoir s'ennuyer quelquefois, en se soumettant à des usages contraires à nos goûts; à faire avec l'air du plaisir quelques parties de boston; à subir sans se plaindre, la perte de quelques fiches, à écouter patiemment d'anciennes histoires longuement racontées par de bonnes vieilles femmes, heureuses de prouver par le récit du passé, qu'elles ont été jeunes, jolies et aimées avec excès. C'est un canevas sur lequel elles brodent plus ou moins, et qu'il faut admirer sans objection. Ces petites concessions ne me sont point pénibles. J'ai contracté sans trop de peine, ces complaisances, qu'il faudra que l'on ait un jour pour moi. La pensée, que je les imposerai à mon tour, me donne le courage de tout supporter sans humeur.

Savez-vous, mon Amélie, que votre amour-propre aura à souffrir beaucoup pour moi, pendant les huit jours que je serai, à Paris, près de vous ? Une provinciale, qui ignore totalement les manières de la haute société, fera sûrement mille inconvenances, que votre amitié regardera comme de vrais malheurs. Pour vous éviter le chagrin de rougir de mes inévitables bévues, je placerai toujours ma fille devant moi. Sa naïve figure, sa bonne grâce naturelle, empêcheront que l'on s'occupe de moi. Derrière ce *retranchement*, j'étudierai ce que je verrai, afin de prendre plus promptement le ton que je dois avoir pour vous plaire. Mon désir de vous être agréable en tout, me fera faire de rapides progrès; et quand vous partirez, j'aurai déjà acquis une teinte de ce vernis d'élégance, qui me manque.

Alicie, malgré sa raison, est non-seulement

enchantée de vous aller voir, ce qui serait prouver qu'elle en a beaucoup, mais aussi d'admirer Paris. Elle s'en fait une idée tellement avantageuse, que je crains fort que cette ville ne réponde pas entièrement à ce que ma fille en attend.

Elle croit, par exemple, qu'elle y sera reçue avec autant d'amitié que dans nos petites réunions. Habituée à la bienveillance générale, elle n'imagine pas qu'elle puisse rencontrer autre chose dans le nouveau cercle où elle va se trouver. Que dira-t-elle, cette pauvre enfant, lorsqu'elle verra les yeux se fixer sur elle, avec le désir de lui découvrir des défauts ou des ridicules? Quand, dans les rues, elle rencontrera à chaque pas, des mendians tendant vainement une main suppliante, à de jeunes et belles personnes, richement parées, qui répondront à peine aux prières de la misère, et repousseront durement une malheureuse mère demandant du pain pour le groupe d'enfans dont elle sera entourée! De ce moment toutes les beautés des promenades, celles des monumens disparaîtront, pour ne laisser à ma fille d'autre impression que celle, si pénible, qu'elle éprouvait lorsqu'ici elle contemplait des maux qu'elle ne pouvait soulager ! Son cœur généreux et sensible ne jouira plus de tous les séduisans objets qui l'auront charmée, et ne se rappellera que les larmes qu'elle aura vu répandre. Ses seules émotions seront celles de la plus profonde pitié, et de la plus vive indignation.

Voilà ce que je me répète depuis plusieurs jours, et ce qui atténue le plaisir que je me promets en vous retrouvant. Je n'ai jamais manqué de courage lorsque j'étais seule, en proie à la douleur; mais je sens que je n'en aurais pas, si Alicie éprouvait la plus légère peine. Je suis, comme vous voyez, bien éloignée, mon amie, de ce stoïcisme dont vous m'accusez souvent. Je dis *accusez*, parce que je le trouverais un tort véritable dans une femme née pour aimer; tandis qu'il est une qualité dans un homme, qui doit être brave moralement autant que physiquement, et dont le mâle caractère doit être préparé aux évènemens les plus douloureux. Sa force seule peut en rendre à sa compagne, qui ne sait que pleurer; consoler, si on souffre autour d'elle, et s'affliger quand elle ne peut y réussir.

Je m'aperçois un peu tard, chère amie, que j'ai pris un ton qui ne vous convient pas. Vous me gronderez de n'être pas plus gaie, quand je vais vous joindre. Vous aurez raison ; mais je n'aurai pas tort de réfléchir d'avance aux moyens de ne pas trop me déplaire à Paris. Tant que vous y serez, tout me paraîtra bien, puisque je vous quitterai peu. Vous partie, en sera-t-il de même ? Enfin, c'est pour vous que j'y vais ; vous avez exigé cette preuve de mon attachement ; maintenant je ne dois penser qu'à la joie de vous la donner.

D'aujourd'hui en huit je serai près de vous. Je vous défie d'imaginer quelque chose de plus sincère que ma tendresse pour vous, et l'impatience que j'éprouve à vous en assurer autrement que par écrit.

Caroline D.

LETTRE V.

Mlle DORCY A Mlle DERCOURT.

Voyage de M*** a Paris. — La diligence. — Portrait de madame de Roseville. — Son histoire. — Ses enfans. — Description de l'appartement de madame Dorcy chez madame de Roseville. — Plaintes de mademoiselle de Vieville, sur la décadence du gout en France.

Vous avez tant insisté pour que je vous écrivisse aussitôt mon arrivée, ma chère Zoé, que je croirais manquer à l'amitié, si je ne vous donnais de mes nouvelles, avant même d'avoir eu le temps de parcourir l'immense ville dans laquelle nous sommes arrivées, il y a trois jours. Nous avons été bien étonnées et très-heureuses en arrivant à Longjumeau d'y trouver madame de Roseville, qui nous attendait devant la poste.

Aussitôt que la diligence s'est arrêtée, nous avons entendu une douce et pénétrante voix s'écrier avec émotion : « *Caroline, êtes-vous là?* » et se révolter ensuite contre la lenteur du conducteur à ouvrir la portière. Madame de Roseville aidait à baisser le massif marche-pied, et avant qu'un seul des voyageurs eût eu le temps de descendre, elle était montée dans la voiture, et s'était précipitée dans les bras de ma mère ; elle pleurait, riait, demandait pardon à nos compagnons de voyage, et s'excusait sur l'impossibilité d'attendre patiemment à Paris cette *lourde machine*, dans laquelle elle ne concevait pas que l'on osât entrer.

Elle était si occupée de ma mère, que j'étais complètement oubliée ; enfin, lorsque nous fûmes tous dehors de cette *vilaine boîte*, j'eus mon tour des caresses de cette charmante personne. Avec une incroyable vivacité, elle louait ma figure, critiquait mon chapeau, parlait de son bonheur de nous revoir, du chagrin qu'elle éprouverait à nous quitter bientôt; elle exhortait les postillons à se presser d'atteler, à nous mener ventre à terre.

Ces mouvemens si rapides, ces phrases qui se succédaient sans ordre, n'avaient cependant rien de brusque, et tout en madame de Roseville est gracieux, élégant, et plein de charme. Elle est plutôt petite que grande, faite à peindre; sa blancheur est extrême; ses yeux sont bleus, ses cheveux blonds; on peut être assurément beaucoup plus jolie; mais je ne crois pas que l'on puisse trouver un ensemble qui plaise davantage. L'expression ravissante de ses traits fait oublier qu'ils ne sont pas tous réguliers, et l'on serait fâché de rien changer à cette femme, dont toutes les paroles annoncent le meilleur cœur et les sentimens les plus élevés; tout ce qu'elle dit est prononcé avec tant d'obligeance, qu'on est touché, en l'écoutant, comme si on était l'objet d'une attention délicate. Vous avez voulu des détails sur elle, j'espère que vous voilà satisfaite *.

* Le portrait de madame de Roseville n'est point de

Après s'être presque fâchée contre les postillons qui ne se pressaient pas assez au gré de ses désirs, et même contre ma mère qui voulait l'engager à la patience, nous sommes parties dans sa voiture. Madame de Roseville a jeté par la portière une poignée de pièces de monnaie à tous les pauvres attirés par un brillant landau : « Je veux, a-t-elle dit, que tous ceux qui me » rencontreront aujourd'hui se ressentent de » mon bonheur. »

Vous jugez bien, ma chère Zoé, que la conversation n'a pas été languissante entre deux amies si heureuses de se retrouver. Malgré l'étourderie de madame de Roseville, il est aisé de juger que son cœur est loin d'être consolé de la mort de son mari ; elle a parlé de lui avec une tendresse, une vénération et une reconnaissance qui donnent la meilleure idée de son âme.

M. de Roseville fut sauvé dans une bataille,

---

fantaisie. Son modèle existe : et sans la crainte de lui déplaire, je nommerais celle qui inspira autant d'attachement que de respect. Heureusement, on la reconnaîtra, en lisant plusieurs traits de sa belle âme, que j'ai placés ici sans y rien ajouter.

par le courage de M. de Vieville, père de madame de Roseville. Aux dépens de ses jours, ce dernier sauva ceux de ce jeune homme, seul rejeton d'une illustre famille. Ayant reçu en le défendant de graves blessures, il mourut au bout de quelques jours.

M. de Roseville, apprenant qu'il laissait une fille ayant peu de fortune, résolut sans la connaître, de lui faire partager la sienne, qui était considérable. Il chercha cette jeune personne, qui n'avait que quatorze ans; elle vivait à la campagne, près de ses deux tantes et de ma mère, élevée par M. de Vieville. Ils furent fiancés, et mariés trois ans après.

Leur bonheur fut bien court. M. de Roseville mourut à trente-six ans d'une fluxion de poitrine, gagnée à un incendie, où il travaillait comme un simple ouvrier, afin de donner l'exemple. Son zèle préserva plusieurs chaumières, mais la fatigue, et une transpiration arrêtée, l'emportèrent en peu de jours.

Sa veuve désolée fut elle-même si malade, que l'on craignit pour sa vie. Sa jeunesse, sa force, les soins les plus empressés triomphèrent; après les plus cruelles inquiétudes, elle fut rendue à sa famille, à ses nombreux amis, et à la classe indigente, dont elle a toujours été l'appui. Sa convalescence fut cependant lente et pénible, et sa santé n'est pas même entièrement remise. On pense qu'un voyage dans le Midi la guérira; et comme elle a des propriétés aux environs de Toulouse, elle s'y rend avec une de ses tantes. Nous restons ici avec l'autre, près de ses filles, qu'elle ne veut point exposer aux fatigues d'un long voyage, et qui ne doivent pas être dérangées dans leurs études.

Madame de Roseville voulait que ma mère occupât son appartement; mais cet arrangement n'ayant pas été accepté, nous habitons le second étage de l'hôtel, avec les enfans. Ils sont charmans, caressans, et aimables comme leur mère.

Ma chambre touche à celle de Laure et de Marie, et donne dans celle de maman. J'y ai trouvé tout ce qui peut flatter mes goûts. Un bon piano, des crayons, un métier, une boîte à ouvrage contenant tous les outils, laines, soies, perles nécessaires aux petits travaux de notre sexe. Une collection complète de musique est bien rangée dans un casier sous le piano, et deux grands cartons de modèles sont près d'un chevalet J'oubliais encore une table pleine de couleurs et de brosses pour peindre à l'huile. J'ai observé que je ne peignais pas encore : « Oh! je le sais, » m'a répondu la comtesse; mais, la semaine » prochaine, vous aurez un excellent maître ; » dessinant bien déjà, vous ferez de rapides » progrès, et vous pourrez bientôt vous servir » de ce présent, que je vous offre, comme en— » couragement. Il faut absolument qu'à mon » retour, je trouve dans mon salon le portrait » de mes filles, et celui de votre bonne mère, » peints par vous. C'est donc pour moi que je » vous prie de vous appliquer. »

C'est avec cette grâce qu'elle oblige. Si on n'était pas tout naturellement porté à l'aimer, on croirait presque pouvoir se dispenser de la reconnaissance envers elle ; elle a l'air si heureux en étant agréable aux autres, que, loin de refuser ses bienfaits, on croit servir son *égoïsme*. C'est vraiment elle qui paraît l'obligée, lorsqu'elle a réussi à deviner ce qui peut convenir aux autres.

Ma mère est attendrie du matin au soir, chaque instant lui découvrant une nouvelle attention de son incomparable amie, qui s'est rappelé tous ses goûts pour les satisfaire, avant qu'ils ayent été exprimés. Son appartement est meublé non pas avec une frivole élégance; mais avec toute la commodité qui convient à une personne habituée à la campagne. Une bibliothèque composée des ouvrages favoris de ma mère, une grande bergère, un rouet, une table à écrire, couverte de papier, de plumes, sont ce qui frappe le plus. Dans le cabinet de travail, rien d'inutile; mais rien de confortable n'a été oublié.

Les armoires, les commodes sont pleines de tout ce qui compose la toilette de deux femmes d'âges différens. Nous nous étonnions de ce que tout allait à merveille, sans que l'on eût pris mesure.

La comtesse s'est mise à rire, en disant que sans doute une bonne fée était venue à son secours. Cette fée est tout simplement Marguerite qui avait ordre d'envoyer des modèles, et surtout de n'en pas dire un mot.

Mme de Roseville ne nous permet pas de la

remercier; elle prétend que c'est elle qui nous doit de la reconnaissance du sacrifice que nous avons fait de nos habitudes; et qu'il est tout naturel qu'elle veuille que nous nous trouvions bien chez elle, puisque nous avons consenti à y venir.

Si vous et votre mère étiez avec nous, ma chère Zoé, je ne regretterais plus que le petit jardin planté par mon père, et mes poules. Je vous prie instamment de donner souvent un coup d'œil à ma basse-cour; et de me dire si *mon peuple* est heureux malgré mon absence. Je vous charge aussi de visiter Adélaïde, et de me mander quand elle et ses enfans auront besoin de quelque chose. Je le leur enverrai; de long-temps je n'aurai rien à dépenser pour mon entretien; et ma modeste pension pourra être beaucoup plus utilement employée. Je ne vous demande pas pardon de vous charger ainsi de mes affaires. Je connais votre amitié, et le plaisir que vous trouvez à obliger. Aussi je me dispose à en abuser souvent.

Je ne prendrai mes leçons que la semaine prochaine; celle-ci étant consacrée à Mme de Roseville, qui ne veut pas que nous la quittions, puisqu'elle part dans huit jours.

Mlle de Vieville que je craignais beaucoup, comme vous savez, ne la connaissant pas, est une aimable personne qui me comble de bontés. Je m'applique à prévenir ses désirs ; et nous sommes très-bien ensemble. Pourvu qu'on écoute ses plaintes sur la perte des paniers, de la poudre, des talons et des anciens usages ; que l'on ait l'air de s'amuser de quelques anecdotes de la cour de Louis XV, qu'elle raconte du reste avec esprit ; qu'on lui laisse vanter l'ancienneté de sa maison, et qu'on lui lise quelque roman héroïque, elle est enchantée. Tout cela n'est pas difficile, et je m'y soumets d'autant plus volontiers, que je vois que ma mère et Mme de Roseville m'en savent gré.

Dans ma première lettre je vous parlerai de Paris ; de ce qui m'y plaira le plus. Je crois que j'ai vu ce qu'il y a de mieux, c'est l'hôtel de Mme de Roseville, où tout est bien, où chacun est obligeant pour son voisin, et paraît satisfait de son sort. Pourquoi n'en est-il pas de même partout ?

Adieu, chère amie. Ecrivez-moi avec de longs détails sur tout ce que vous faites. Parlez-moi beaucoup de vous et de votre mère, et croyez que, quoique habitant Paris, je ne m'en occupe pas moins de ce qui se passe à la campagne.

ALICIE.

LETTRE VI.

LE MARQUIS DE BLIGNY AU COMTE DE PARKER.

DISPARITION D'UNE JEUNE ANGLAISE. — LORD CHOULMONDLEY. — LES PAYSANNES GALLOISES. — LEUR COSTUME. — LES BARDES MÉNÉTRIERS. — M. PICHOT. — LONDRES. — SON OPÉRA. — PARURE DES DAMES. — APOTHICAIRES. — ABUS DE LA MÉDECINE ANGLAISE. — ANECDOTES A CE SUJET. — RÉVÉRENCES DES ACTRICES. — CABALES. — LORD MELBURN. — MISS BANTI ET MISTRISS ÉLISBERT. — TRIOMPHE DE CETTE DERNIÈRE. — MAISONS ANGLAISES. — LAQUAIS DES NOBLES. — CHASSEURS ET COUREURS.

LONDRES.

Eh bien, mon sentimental ami ! votre désespoir est-il un peu calmé ? et après avoir bien gémi sur le départ inopiné de votre belle, avez-vous fini par prendre votre parti sur une disparition si extraordinaire? Se sauver ainsi avec sa mère, au moment d'être unie à l'homme que l'on aime, qui vous donne un beau nom, et une grande fortune, me paraît inexplicable. Il y a dans cette ingratitude quelque chose de si révoltant, qu'au lieu de faire ce que vous a dicté votre passion, je me serais vite consolé ; je n'aurais point couru après la jolie fugitive, dans la crainte de parcourir plusieurs parties du monde avant de la rencontrer; et je serais resté tranquillement à Londres, pour profiter des plaisirs dont on y jouit.

Mon amitié pour vous m'a d'abord donné l'idée de vous accompagner dans vos recherches; mais une partie de chasse était organisée chez lord Chouldmondley, et ma foi je vous ai laissé suivre seul une aventure dont je brûle cependant de savoir la fin. Si vous découvrez le motif d'une fuite que rien ne peut excuser, je vous supplie de me le mander sur-le-champ; et si par hasard votre mariage était prêt à se conclure, un mot de vous suffirait pour me faire monter en chaise de poste ; je veux vous servir de témoin. vous êtes bien sûr que personne ne remplira ce rôle avec plus de gravité, d'importance et de plaisir. Cela posé, je ne vous parlerai plus que des vœux que je forme pour votre bonheur. Je n'entends pas grand'chose aux phrases sentimentales ; mais qu'une occasion de se couper la gorge pour vous se présente, et vous verrez si l'amitié m'est inconnue.

Il faut convenir que si je ne m'étais pas amusé avec vous dans ces admirables montagnes du pays de Galles, je saurais fort mauvais gré à miss Sophia et à sa mère de nous y avoir retenus si long-temps. Rien ne me paraît plus agréable que la vie que l'on mène ici, et je n'y regrette que vous ; je voyais cependant quelquefois avec plaisir les belles paysannes galloises descendre légèrement de leurs romantiques habitations, pour venir danser dans la vallée. Coquettement coiffées d'un chapeau d'homme, posé de côté, sur un bonnet entourant leur joli visage, elles me plaisaient plus que nos beautés à la mode ; et les vieux bardes, tenant leur harpe prête à redire les airs nationaux, qui charmaient leurs ayeux, qui charment leurs petits-enfans, et charmeront encore les descendans de ceux-ci, avaient pour moi beaucoup plus d'attrait que les mauvais ménétriers de nos provinces, qui écorchent si impitoyablement les oreilles des châtelaines modernes daignant souvent partager les jeux des villageoises.

Si j'avais le goût de la littérature, et le talent de peindre mes sensations, je me ferais le Walter Scott de ces magnifiques contrées. Hélas! il faut me borner à regretter que cette mine si riche de mœurs inconnues ne soit pas encore exploitée. Si vous n'aviez pas été uniquement occupé d'un seul objet, vous auriez pu écrire un ouvrage sur ce sujet; mais votre amour absorbait tout; et à peine daigniez-vous admirer avec nous les cascades, les points de vue incomparables, que nous rencontrions à chaque pas. La plus belle création de la nature était pour vous miss Sophia!... Toutes les autres vous intéressaient peu ; tandis que, donnant le bras à madame Dickson, j'avais tout le temps de m'extasier sur ce que je voyais autour de moi, et de satisfaire, par mon admiration, l'amour-propre national de cette excellente femme.

A peine avez-vous touché barre dans cette ville, que, sur un faible indice, vous êtes parti pour la France, où vous espérez rejoindre les fugitives. Vous voulez que je vous écrive tout ce que je verrai ici ; mais vous me connaissez assez pour être persuadé d'avance que je ne vous parlerai que vaguement d'un gouvernement trop sérieux, pour que je veuille m'en occuper. D'ailleurs, autant je suis *profondément* instruit sur tout ce qui tient aux usages du grand monde, aux modes et aux plaisirs d'une grande ville, autant je suis ignorant en politique ; ainsi, il est convenu que ces graves questions seront écartées de notre correspondance, et que je ne vous entretiendrai que de ce qui sera à ma portée. Vous avez d'ailleurs lu et relu le voyage estimé de M. Pichot, qui assurément vaut mieux que ce que je pourrais écrire ; je ne vous parlerai donc que de ce qu'il a négligé, comme trop loin de son caractère réfléchi, et observateur de grandes choses.

Je commencerai par vous dire que j'allai hier à l'Opéra, dans la loge de notre ambassadeur. La salle me parut plus grande que celle de Paris, elle est d'un aspect fort triste, toutes les loges étant drapées de rouge foncé, couleur nationale ; elle peut et doit être chère aux Anglais, mais elle est fort difficile à éclairer. Des girandoles contenant des bougies sont posées sur le devant des loges et produisent un bel effet. Les femmes sont toutes en grande parure ; d'une beauté qui frappe les étrangers, peu habitués à trouver réunies tant de figures remarquables. Je rends hommage à la régularité de leurs traits, à l'éclat de leur teint, aux formes parfaites de leurs mains et de leurs bras ; mais je préfère la tournure élégante, la grâce du maintien, les physionomies piquantes de nos Françaises ; elles éclipsent tout, lorsqu'elles s'avisent d'être jolies. Il faut plus *chercher* parmi nos compatriotes ce qu'admirent les peintres ; mais aussi, une fois que l'on a *trouvé*, c'est la perfection.

Les Anglaises se mettent mal ; elles se chargent de fleurs, de plumes, de clinquant, de pierres fausses, et portent vraiment sur elles toutes les nuances de l'arc-en-ciel. Il semble qu'elles veuillent donner des échantillons de toutes les couleurs des phioles de leurs *chimists*, dont les boutiques se remarquent à chaque coin de rue. Les premiers jours, j'étais étonné de voir tant de Bertholet, de Thénard, etc., qui sont si rares chez nous. Je questionnai, et j'appris que ce titre de *chimists*, qui semble annoncer de grandes connaissances, est pris par les *apothicaires*. Il paraît qu'en Angleterre, comme en France, ce mot déplaît extrêmement; et que l'on rougit du nom, tout en prenant une profession qui doit être ici fort lucrative, puisqu'elle est tant exercée.

Vous allez vous écrier que je cours d'un sujet à un autre, sans rime ni raison. Eh bien! voilà comme la sagesse a quelquefois tort de se moquer de la folie. Les dames anglaises et les *chimists* peuvent fort bien se trouver dans le même article, puisque les unes font vivre les autres.

Nulle part on ne prend autant de drogues qu'à Londres. Une jolie Parisienne se contente du verre d'eau sucrée à la fleur d'orange, dans toutes les occasions importantes, telles qu'une partie de spectacle manquée, une inexactitude de couturière, etc. L'élégante de Londres prend à tout instant du kina, de la thériaque, du calamel *, et toutes les horreurs reléguées

---

* Mercure mitigé dont les Anglais font un usage extraordinaire. Ils le prennent souvent immédiatement avant ou après leurs repas.

maintenant, grâce à Dieu, par nos médecins modernes, dans la laide, sale et noire rue des Lombards. Toutes les cheminées des charmantes maisons des squares ressemblent à une pharmacie, tant elles sont couvertes de bouteilles de toutes grandeurs. Il serait impossible d'y trouver place pour les jolies bagatelles des superbes magasins du Strand et de Bond Street, qui sont en France des choses indispensables pour les femmes à la mode.

Allant l'autre jour chez la belle duchesse de Bedford, elle me trouva pâle, me demanda avec bonté si j'étais malade, et voulut me faire avaler une petite fiole contenant du *calamel*. Je lui dis qu'ayant passé la nuit au bal, je me sentais très-fatigué, mais que je me portais à merveille. J'eus beaucoup de peine à lui persuader que je ne devais pas profiter de son offre.

En sortant de chez elle, où, entraîné par une conversation spirituelle, j'étais resté plus long-temps que je ne comptais, je me rendis chez la ravissante lady ***. Je m'étais fort pressé pour ne pas la faire attendre, ayant promis de l'accompagner dans Bond Street*. Il faisait une chaleur étouffante; j'arrivai en nage et fort rouge, ce que lady*** voulut bien remarquer; et, aussitôt se levant avec empressement, elle alla chercher une bouteille qu'elle me présenta avec un sourire, en m'assurant que je serais remis après en avoir bu le contenu; c'était encore du *calamel*!... Je refusai de nouveau cette maudite drogue, qui me poursuivait depuis le matin, et j'en fus quitte pour la peur.

Je suis très-convaincu que cette générale manie de médecine porte sur les nerfs des Anglais, et contribue en grande partie à leur don-

---

* Rue de Londres où se trouvent les plus beaux magasins. Il est du bon ton de se montrer dans tous; mais il est rare d'y voir faire des emplettes aux dames, qui exercent continuellement la patience des commis. Elles se font montrer les plus belles étoffes, les bijoux les plus précieux, sans en être tentées tant elles sont habituées à les voir, et remettent toujours au lendemain pour se décider. Elles reviennent en effet, et sont aussi indécises que la veille. Cette manie de courir les boutiques a fait ajouter un verbe à la grammaire; on dit que l'on va *shopper* (*magasiner*). C'est une bien sotte manière d'employer ses matinées; elle est générale parmi les élégantes.

ner le spleen, dont ils sont souvent atteints. Qu'ils établissent quelques boulangers de plus ; suppriment plusieurs apothicaires, et ils s'en porteront mieux *.

Je reviens à l'Opéra, dont l'orchestre est loin de valoir les nôtres. Point d'ensemble, point de nuances ; les musiciens, individuellement médiocres, veulent cependant se faire remarquer ; ils soufflent et raclent de toutes leurs forces, et font un tel vacarme, que les chanteurs qui ne sont pas doués de moyens extraordinaires parviennent difficilement à se faire entendre. Excepté madame Pasta, toujours parfaite dans le rôle de Desdemona, tout m'a paru détestable.

Les décorations sont négligées, et les machines si mal organisées, que ce sont des valets à la livrée du roi, qui chargent sur leurs épaules le trône du doge, ou le temple de Sémiramis, ce qui nuit un peu à l'illusion des changemens à vue ; celle que doit inspirer le

---

* J'étais à Londres, il y a neuf ans ; on m'a assuré qu'il y avait dans la ville, deux boulangers de moins que d'apothicaires.

jeu entraînant de madame Pasta est aussi très-affaiblie par l'usage absurde auquel cette habile actrice a dû se soumettre. Lorsqu'elle est fort applaudie, elle est obligée de faire au public trois profondes révérences, qui se renouvellent plusieurs fois, si l'enthousiasme continue.

Les Anglais, qui poussent si loin le goût de la vérité au théâtre, devraient sentir que c'est détruire tout l'effet d'une scène, que de faire quitter au personnage l'attitude qui lui convient pour prendre celle d'une servitude, dont le caractère libéral de cette nation devrait d'ailleurs dispenser les artistes.

John Bull* ne peut guère se montrer à l'Opéra, car le paradis, seule place où il soit admis, est à six francs; ce qui m'empêche de concevoir comment les cabales peuvent s'organiser dans une vaste salle, remplie des gens les plus marquans de l'Angleterre, et où le parterre est occupé par tous les élégans. Il est certain cependant que plusieurs talens distingués ont souvent été repoussés, afin de protéger le séjour d'acteurs médiocres, aimés de ce fantasque et noble

* Le peuple.

public. Il ne se contentait pas de siffler; mais jetait avec profusion sur le théâtre, des pommes, des oranges, etc. Le *pitt* (parterre,) est la place la plus chère. Les hommes y sont très-parés. Le roi actuel étant prince régent, allait y faire des visites aux personnes de sa connaissance, sans que cette familiarité, éloignée de l'étiquette à laquelle on est habitué en France, parût ridicule. Elle était à peine remarquée.

Le vieux lord Melburn, qui se rappelle toutes les anecdotes de sa jeunesse, me contait l'autre jour, que la fameuse madame Banti fit renvoyer, il y a trente ans, une danseuse à la mode, nommée mademoiselle Élisbert, parce que les applaudissemens se partageaient également entre elles; ce que l'altière chanteuse ne pouvait supporter. Ayant menacé de quitter le théâtre, si on ne congédiait pas une rivale qui avait, dans les pieds l'agilité que l'on admirait dans son gosier, madame Banti força le directeur de se soumettre de ses volontés, et mademoiselle Élisbert cessa de faire partie de l'Opéra.

Le soir, au moment où madame Banti parut, elle fut assaillie de huées, de sifflets, et obligée de rentrer dans la coulisse, la rage dans le cœur. Le tumulte continua, on demanda avec fureur mademoiselle Élisbert. Le directeur parut; redoublement de tapage; enfin, après quelques minutes de pantomime, il finit par faire entendre la promesse de rappeler l'exilée : « Qu'elle vienne tout de suite, » s'écria-t-on de toutes parts.

Il n'y eut moyen de faire cesser le train qui se continuait, autrement qu'en allant chercher mademoiselle Élisbert; elle arriva en souliers noirs, en robe de couleur, fit trois révérences au public, qui lui cria de danser; elle se pencha vers le chef d'orchestre, qui immédiatement joua le *horn-pipe*, danse nationale, qui fut exécutée en perfection par la jolie opprimée, devenue triomphante; on lui jeta des bourses d'or, et sa faveur, à partir de cette époque, ne fit que croître encore.

Voilà, mon ami, un échantillon de la volonté ferme de nos voisins. Même en fait de plaisirs, ils ne veulent pas qu'on leur fasse la loi, et ne souffrent pas une injustice, même au théâtre !

Au lieu de copier leurs modes, de singer

leurs manières, et de nous emparer de leurs usages, qui ne conviennent ni à nos mœurs, ni à notre climat, nous ferions mieux de prendre un peu de leur esprit; qui leur fait préférer le droit des gens à toute autre considération.

Avec la meilleure volonté du monde, de critiquer ce peuple, dont il est convenu que nous devons dire du mal, tout en cherchant à l'imiter, on est forcé d'avouer que rien n'est comparable à la tenue des maisons de Londres, et de l'innombrable quantité de voitures qui circulent dans les rues. Je ne connais rien de plus délicieux, que cette propreté recherchée qui se remarque dans les habitations les plus simples, comme les plus riches.

Des filles, fraîches et robustes, sont seules chargées de l'entretien de ces demeures, où il serait impossible de trouver un seul coin, qui ne fût pas tous les jours exactement lavé. Des tapis couvrent les escaliers, les vestibules, aussi bien que les chambres à coucher et les salons. Les meubles d'acajou sont frottés avec le plus grand soin; les marbres nettoyés; enfin il semble que personne n'habite ces maisons, tant on y remarque d'ordre.

Les hommes sont exclusivement réservés pour tout ce qui a rapport aux voitures et aux chevaux. Lorsqu'ils conduisent leurs maîtres, les cochers sont presque toujours parés de gants blancs et de bouquets; ce qui me fit supposer que tout le monde se mariait, la première fois que je sortis dans les rues. On me dit qu'il serait de mauvais ton d'avoir des gens assez peu aisés pour être privés de fleurs.

Les plaques des chevaux sont magnifiques, les harnais sont tenus avec une rare perfection. Les valets de pied portent à la main de grandes cannes à pomme d'argent, quand ils sont au service d'une femme présentée et titrée. Dans ce pays d'égalité, une bourgeoise telle riche qu'elle fût, n'oserait faire prendre cette marque de noblesse à ses gens. Il établit une grande différence entre l'épouse du banquier millionnaire, et celle du duc et pair criblée de dettes. Elles sont quelquefois toutes deux à pied, suivies d'un laquais; mais la canne est encore là, pour apprendre aux modestes piétons, quel rang ces dames occupent dans la société. J'ai remarqué, que le peuple ne se dérange pas plus pour l'une que pour l'autre. Il se croit le droit de suivre son chemin, sans s'inquiéter s'il gêne ou non, une riche héritière ou une altesse. *Chacun pour soi*, tel est le proverbe le plus suivi à Londres, et l'on serait mal venu, si on exigeait de la politesse sur les trottoirs. Les femmes grosses seules y sont les objets des égards les plus grands. Il n'est pas un charbonnier, un portefaix qui ne se range, pour la laisser passer. Ce n'est pas son titre de femme, qui lui attire ce respect; c'est celui de mère future d'un citoyen; il lui vaut ces égards, qui cesseront au bout de quelques mois!

Presque tous les laquais portent des aiguillettes, ce qui a très-bonne façon, mais ne peut être adopté que dans ce pays, où cet ornement ne fait pas partie du costume militaire. On ne souffrira jamais en France, que la *livrée* puisse être confondue avec *l'uniforme* *.

---

* Nous voyons cependant la mode des *chasseurs* devenue presque générale en France, dans la haute classe de la société; prise aux étrangers, elle doit choquer chez une nation comme la nôtre, où la carrière militaire fut toujours regardée comme la première. On pourrait pardonner à des banquiers cette manie d'éta-

Sans doute on peut être fort estimable dans toutes les classes ; mais il sera toujours nécessaire d'établir une distinction entre l'homme payé pour se soumettre à tous les caprices d'un maître débauché, et le soldat recevant une faible somme pour défendre sa patrie aux dépens de ses jours. Il faut bien le consoler de

ler leur or jusques sur les habits de leurs valets ; il est plus difficile d'expliquer comment des généraux consentent à laisser monter derrière leurs voitures, des hommes ridiculement affublés d'un sabre, (qu'ils ne pourraient tirer pour se défendre, s'ils étaient offensés,) et d'énormes moustaches qui ne peuvent faire peur qu'aux petits enfans. Il est impossible de ne pas éprouver quelque peine à voir profaner ainsi les aiguillettes et les épaulettes d'or, qui ne devraient être que le glorieux prix de nombreuses victoires !...

Espérons que ce luxe ridicule sera bientôt supprimé ; les insignes de l'honneur seront rendus à leur véritable destination, et ne seront plus exposés à être arrachés par quelque crocheteur ivre, dans un cabaret, où il se sera pris de querelle avec un officier d'antichambre.

Si l'on veut absolument que les passans remarquent la différence qui existe entre un grand seigneur et un simple particulier, pourquoi ne pas reprendre des *cou-*

son peu de fortune, par la gloire et la considération qui s'attachent à son état.

Je suis effrayé de la longueur de cette lettre. A un autre jour de nouveaux détails. J'attends de vos nouvelles avec la plus vive impatience.

Marquis DE BLIGNY.

reurs, en les dispensant toutefois de se tuer pour précéder avec un chien danois, deux fougueux coursiers ? Ceux-là, du moins, ne copiaient que l'exagération de la coquette recherche des femmes. Ils étaient couverts de paillettes, de plumes, de fleurs, de rouge, de mouches ! C'était presque une épigramme des modes du temps. Il vaudrait mieux voir les nôtres exposées ainsi à la risée publique, que d'avoir à confondre un laquais avec un défenseur de la patrie.

LETTRE VII.

Mlle DERCOURT A Mlle DORCY.

Regrets de la séparation des deux amies. — Détails d'une soirée de petite ville. — Portrait du maire et de sa femme. — Projet ingénieux d'une vieille cuisinière.

Que je vous trouve heureuse d'être à Paris, ma chère Alicie, et que je regrette de ne pouvoir aller vous y joindre! Depuis votre départ, je n'ai pas cessé de pleurer, et je ne sais, en vérité, quand je prendrai mon parti de ne plus vous voir. Vous seule pouviez me consoler d'être ici, où je n'ai plus d'autre plaisir que d'imaginer ceux de la ville que vous habitez. Ne pouvant me les figurer d'une manière exacte, je tâche de les deviner ; mais combien la réalité doit passer tout ce que mon esprit se plaît à se créer.

Je ne conçois pas plus vos regrets de quitter un mauvais village que vous ne comprendrez ceux que j'éprouve d'y rester. Cette fois, cependant par hasard, je suis plus raisonnable que vous; car il est juste de s'affliger de ne pas connaître la capitale d'un grand royaume; et il est presque fou de vouloir ignorer tout ce qui s'y passe. La Providence aurait dû changer nos positions mutuelles; nous eussions été satisfaites toutes deux, tandis que le contraire arrive. Je pense bien que peu de jours suffiront pour vous accoutumer à votre nouveau genre de vie; au lieu que je gémirai de la continuité du mien.

Vous voulez que je vous parle de nous. Que pourrai-je vous en dire? Ma mère regrette la vôtre; elle est devenue plus sérieuse que de coutume, ce qui n'est pas fait pour me distraire. Nos deux premières soirées se sont écoulées sans que nous ayons pu prononcer une phrase de suite; notre conversation n'ayant que vous pour objet, les larmes de ma mère empêchaient de la continuer. Les journées n'étaient pas plus gaies. La vieille Marguerite venait souvent nous attrister de ses jérémiades; elle nous racontait des rêves affreux qui prouvaient clairement, disait-elle, que la diligence était versée; le hurlement du chien de basse-cour, le cri des corbeaux s'envolant de la tour de l'église, effrayés par le son des cloches, redoublaient les craintes ridicules dont elle nous étourdissait. Tout cela a duré jusqu'à la réception de votre billet à cette bonne femme.

J'avoue que je m'attendais à recevoir de vos nouvelles, au moins en même temps qu'elle; mais, plus heureuse que moi, elle en a eu trois jours après votre départ, et je n'ai votre lettre que depuis ce matin. Je conçois que l'arrangement de vos jolis présens ait absorbé vos premiers momens. A votre place, j'eusse agi de même; seulement ce n'eût pas été une cuisinière qui eût obtenu mon premier souvenir, mais bien l'amie de mon enfance. Ce reproche vous prouvera le prix que j'attache à vos lettres, et vous me pardonnerez une franchise dictée par le cœur.

Je vous fais mon compliment sincère sur vos succès auprès de mademoiselle de Vieville. Vous êtes une vraie enchanteresse, qui charmez tout ce qui vous approche. Je m'imagine parfaitement la plaisante figure de votre nouvelle amie. Je la vois d'ici, avec le respectable bonnet à bec, le *parfait contentement*, les talons et le nœud de diamans, attaché près du col, par un velours noir, qui fait mieux ressortir le brillant de deux joues couvertes de rouge. C'est, j'en suis sûre, un vrai portrait de famille ambulant, dont je me divertirais bien plus encore de près que de loin. Parlez-m'en souvent, ce sera l'ombre des jolis et frais tableaux que vous me ferez de Paris.

Quant à madame de Roseville, elle me paraît charmante d'après ce que vous m'en dites. Je la trouve seulement bien difficile à consoler; au bout de deux ans elle pleure encore son mari; quoiqu'elle puisse se procurer toutes les jouissances du luxe et du grand monde, où elle peut aller tant que bon lui semble. Je regretterais sans doute, comme elle, l'homme qui m'aurait donné les moyens de satisfaire tous mes goûts; mais je tâcherais de me distraire avec ses bienfaits ; en profiter pour chercher à rétablir ma santé, serait un hommage à sa mémoire, tout aussi réel qu'un deuil prolongé, que quelques personnes peuvent taxer d'exagération.

Vous me donnez beaucoup de détails sur elle ; et vous ne me dites rien de sa toilette ; ce serait cependant plus curieux pour moi, qui ignore entièrement les modes, que la description d'un visage que je ne puis copier, malgré toute ma bonne volonté. Avec un peu d'intelligence, on devine à demi-mot, et mon adresse me permettrait au moins l'imitation de sa parure. Réparez donc votre négligence. J'ai un bon motif pour désirer d'être initiée dans les secrets de la coquetterie des femmes de Paris.

Ma mère, toujours bonne, consent, pour me distraire de la tristesse dans laquelle je suis plongée, à me mener aux assemblées du maire, si fier de joindre ce titre à celui de notaire, dans un chef-lieu de canton, et je ne serai pas fâchée d'écraser toutes ces petites bégueules qui font les impertinentes, parce qu'elles sont plus riches que nous. Je ne suis pas, à beaucoup près, aussi douce que vous, mon amie; et comme j'ai moins d'empire sur moi-même, j'ai eu le malheur de ne pas plaire à ces demoiselles, qui étaient polies avec vous, autant qu'elles le sont peu pour moi. Il est donc tout naturel que je prenne plaisir à les contrarier par mon élégance.

Hier, nous allâmes à une de ces soirées, à laquelle se trouvaient tous les gros bonnets de la ville. Le maire les reçut avec cette gaîté de mauvais goût qu'il possède au dernier point. Il leur décocha de suite une dixaine de calembourgs, plus détestables les uns que les autres, et nous força d'écouter deux ou trois plats couplets, qu'il avait improvisés le matin. Madame *son épouse*, aussi grosse, noire et serrée que de coutume, mit plus de dignité dans son maintien; et craignant sans doute que son faux ratelier ne s'échappât de sa bouche avec un sourire, elle conserva un imperturbable sang-froid, malgré la bruyante hilarité de son mari. En revanche, elle parla beaucoup de sa lessive, des futures vendanges, et surtout de son beau-frère le député, ce qui intéressa fort la compagnie, jusqu'au moment où les tables furent préparées pour le sempiternel boston, de rigueur, dans ces brillantes réunions.

On accola donc quatre par quatre les plus grotesques figures de l'assemblée ; et lorsque les *dignités* furent occupées du soin important de se disputer avec acharnement quelques liards, la jeunesse eut la permission de former des contredanses, au bruit discordant d'un mauvais piano, dont le son sortait avec peine, sous les doigts peu exercés de la fille de la maison. Son talent n'est pas contesté par les connaisseurs, depuis que vous n'êtes plus ici pour leur faire sentir la différence qui existe entre une exécution agréable et une nullité désespérante. Les clercs de l'étude étaient nos danseurs, et les riches meunières nos danseuses.

Je ne m'habituerai jamais à rencontrer ces jeunes personnes dans ce qu'on est convenu d'appeler la *société* ; et s'il ne fallait pas absolument voir quelqu'un, on resterait volontiers chez soi : mais on perdrait l'usage de la parole ; et il vaut mieux, à tout prendre, aller se divertir des ridicules de ces gens-là, que de risquer de devenir muette.

Ma mère a fait, avec sa complaisance ordinaire, le piquet du bon docteur; il s'est, comme de coutume, mis en colère vingt fois en une minute; ce qui ne l'empêche pas d'être un excellent et respectable homme; il supporte fort bien ses quatre-vingts ans et tous ses rhumatismes, etc.

Après avoir bu un verre d'eau sucrée, unique rafraîchissement qui ait été offert, chacun s'est retiré chez soi, enchanté de la soirée. Quant à moi, je me suis ennuyée à la mort; et je ne puis concevoir, que vous eussiez le courage d'être gracieuse, avec tous ces fastidieux personnages. Ils ont cependant eu à mes yeux un bon moment: celui où ils ont unanimement fait votre éloge, et témoigné des regrets sur votre séjour à Paris. J'étais tentée alors de les aimer; mais comme s'ils avaient deviné mes bonnes intentions, une lourde gaucherie de leur part m'a fait tout de suite rentrer en moi-même, et je me suis moquée d'eux de plus belle.

Vos poules vont bien, et sautent comme si vous étiez là. Marguerite voulait faire une collection de leurs œufs, pour vous les envoyer au bout du mois; parce que, disait-elle, vous aimez les œufs frais. Que dites-vous de cette délicate attention, à laquelle j'ai eu de la peine à la faire renoncer ? Elle s'est consolée de ne pouvoir exécuter cet ingénieux projet, en cueillant toutes les fleurs des environs, elle en fait des paquets qu'elle vous enverra pour des tisannes. Je lui permets de se livrer à cette occupation ; elle lui fera trouver le temps moins long. D'ailleurs, quand elle effeuillera tous ces simples, elle sera chez elle ; et nous y gagnerons de ne pas entendre ses *tristes pronostics infaillibles sur sa chère enfant.* On n'y croit pas ; mais cela impatiente malgré soi.

Adélaïde est venue ce matin. Son fils est placé dans une ferme, où l'on recevra aussi sa sœur, après sa première communion, qu'elle fera dans trois mois. Les autres enfans se portent bien, excepté votre filleul, qui a été malade ; le docteur y va régulièrement : « Il suffit, m'a-t-il dit, » qu'Alicie s'intéresse à cet enfant, pour que je » le soigne extrêmement ; veuillez l'écrire à votre » amie. » Ce que je fais, en vous demandant quelle recette vous possédez, pour vous faire si généralement aimer.

Ma mère me mène à Chambord cette semaine, ce qui m'égayera peut-être. Je vous dirai ce que je pense de cette habitation destinée à notre jeune prince, qui devrait bien y venir, pour mettre un peu de mouvement dans ce triste pays.

Maman se porte bien. Elle vous embrasse, ainsi que madame Dorcy. J'en fais autant ; mais avec moins de résignation, en pensant au chemin qu'il faudrait parcourir, pour que ce baiser fût réel. Adieu, mon amie ; loin de vous, vos lettres sont toute ma consolation. Aurez-vous la cruauté de m'en refuser une chaque semaine ?

Les sœurs de l'hospice parlent de vous avec une tendre affection ; les malades vous regrettent. Ils disent que votre vue et vos douces paroles soulageaient leurs maux.

Zoé Dercourt.

LETTRE VIII.

Mlle DORCY A Mlle DERCOURT.

Reproches sur la moquerie de mademoiselle Dorcy. — Quelques ridicules de province rachetés par de grandes vertus. — Bienfaisance de madame Choreau. — Orphelins adoptés. — Les mendians de Paris. — M. de Belleyme. — Obligations qu'on lui a. — Opéra. — Effet qu'il produit. — La Vestale.

Je n'aurais jamais pensé, ma chère Zoé, qu'il me fût possible de recevoir une lettre de vous, pleine d'assurances d'amitié, sans en éprouver un grand plaisir; c'est cependant ce qui est arrivé.

La vôtre, attendue avec impatience par votre meilleure amie, loin de calmer le chagrin de l'absence, n'a fait que l'augmenter encore.

Votre cœur, si bon, si tendre, ne peut-il donc vous faire deviner toute la peine que ma mère et moi ressentons en vous voyant vous livrer au penchant que vous avez pour la moquerie ! Si vous saviez combien il nous afflige, vous feriez quelques efforts pour le surmonter; et au lieu de nous faire des portraits qui, sous votre plume, deviennent de vraies caricatures, vous nous manderiez les actions de ceux que vous tournez en ridicule. Ils ne sont pas en effet habitués au grand monde; ils peuvent se disputer au jeu, ne risquant pas de paraître âpres au gain, puisque le bénéfice est trop médiocre pour que l'avarice puisse être regardée comme le motif de leur humeur. Ils disent, *mon épouse*, *au logis*, *cadeau*, *conséquent*, et mille autres choses de mauvais goût; se mettent mal; n'entendent rien aux arts, je vous accorde tout cela; mais ils ont, par leur industrie, fait une fortune solide, qu'ils répandent en bienfaits; ils soulagent leurs semblables; font travailler les jeunes gens; secourent les vieillards et les infirmes; et je vous avoue que ces honnêtes bourgeois me semblent préférables aux élégans dont je suis entourée ici, quoique ceux-ci ne prononcent pas une parole qui ne soit du meilleur ton; que leur toilette ne soit fort soignée, et leurs manières pleines de grâce et de noblesse.

Après avoir admiré tout ce qui frappe d'abord en eux, je me demande quel usage ils font de cette fortune dont ils sont propriétaires, sans s'être donné la moindre peine pour l'acquérir, et dont ils parlent sans cesse. Lorsque je pense qu'ils l'emploient uniquement *pour eux* en objets de luxe; qu'ils perdent des sommes énormes en paris pour des chevaux; qu'ils dépensent pour une fête ce qui assurerait le bonheur de vingt de nos pauvres familles; tout ce qui m'a éblouie un instant, devient à mes yeux autant de défauts révoltans; leur sourire me paraît une grimace; leurs discours des mensonges; et je regrette de ne plus être avec nos bons campagnards qui ne s'attendrissent pas à tout propos, ne vantent pas leur sensibilité à chaque minute, mais qui la prouvent en allant dans l'asile du malheur découvrir les moyens de consoler !

Je vous connais assez, ma chère Zoé, pour être persuadée que la réflexion vous fera sentir que j'ai raison. Votre esprit vif, et votre caractère plus jeune encore, que votre âge, vous entraînent quelquefois; mais votre belle âme suffit pour vous ramener aux sentimens de bonté et d'indulgence qui conviennent à notre sexe timide et faible. Lorsque j'étais près de vous, vous étiez plus rarement disposée à la moquerie; ma froideur et mon sérieux retenaient les épigrammes sur des lèvres qui ne doivent laisser échapper que de douces paroles; elles embellissent la laideur même, et doublent l'agrément d'un joli visage, auquel elles donnent une expression ravissante. Puisque je suis loin, que ma présence ne peut plus influer sur vous, je vais vous indiquer un moyen sûr, pour mettre un frein à cette causticité qui nous afflige. Dès que vous serez parmi ces braves gens qui vous paraissent ridicules, songez au bien qu'ils ont fait. Rappelez-vous quelques-uns des traits honorables de leur vie; et au lieu de vous moquer d'eux, vous chercherez à leur plaire; et vous y réussirez, car pour cela vous n'avez qu'à vouloir.

Par exemple, au lieu de rire en regardant madame Choreau, qui vieille, laide et bossue, porte encore des bonnets ornés de rubans, couleur de rose, songez qu'elle distribue par an, au moins vingt layettes à de pauvres femmes, qui n'auraient pas de quoi vêtir leurs enfans, et gémiraient en leur donnant ce premier baiser maternel, qui serait pour elles mêlé de tant d'amertume ! Elles reçoivent aussi de la même bienfaitrice le bouillon, le vin qui leur est nécessaire ; leur chirurgien est payé ; enfin, madame Choreau se charge d'acquitter les mois de nourrice de ces petits malheureux auxquels les mères, usées par le chagrin et la souffrance, ne pourraient offrir qu'un mauvais lait ; il altérerait leurs forces, dès leur bas-âge ; et ces infortunés perdraient une partie de leurs moyens futurs d'existence, qui tous sont dans la vigueur de leurs bras !

Croyez-vous qu'après ces réflexions vous trouverez madame Choreau grotesque et bizarre ? Je suis sûre qu'elle ne vous paraîtra que la plus estimable des femmes, surtout lorsque vous vous répèterez que cette fortune qu'elle emploie si bien, a été le fruit de son industrie et de quarante ans de privations personnelles. Dites-moi si vous ne lui pardonnez pas maintenant sa prédilection pour votre couleur favorite, qui lui paraît plus gaie que le noir et le gris, qui conviendraient mieux à son âge.

Il en sera de même relativement à M. Barry; il a le tort de jouer, et de rester dans un salon avec des femmes, le chapeau sur la tête; de ne parler que de son commerce, de ses talens à bien saisir le moment d'acheter ou de vendre ses grains; du voyage de huit jours qu'il fit à Paris il y a trente ans; et parle avec assurance d'une ville qu'il prétend connaître, comme s'il y fût resté une partie de sa vie. Au milieu de ces petits travers, vous découvrirez une expression de probité et de franchise qui suffirait pour faire tout excuser. Pour achever de faire disparaître ce qui au fait n'est que manque d'usage, vous vous souviendrez de ces deux orphelins qu'il recueillit au péril de ses jours dans le temps de la terreur; il les a fait élever avec soin à Tours, où ils sont bien établis; il leur laissera ses nombreuses propriétés, et il a rompu pour eux un mariage qui lui convenait, afin de ne pas risquer que des enfans et une femme pussent nuire à ces orphelins. Quand on lui parle de cette action avec l'admiration qui lui est due, il répond

avec la plus touchante simplicité : « Je ne
» pouvais faire autrement, m'étant chargé de
» remplacer les parens de ces pauvres petits,
» il fallait bien être leur père ; si j'avais eu à
» moi un tas de marmots, j'aurais peut-être
» regardé ceux-là comme des étrangers, et les
» remords eussent troublé ma vieillesse, tan-
» dis que je mourrai heureux*. »

Eh bien, ma Zoé, maintenant lui permettez-vous de garder son chapeau parce qu'il souffre d'un rhumatisme dans la tête ? et trouverez-vous qu'il ait tort de parler beaucoup d'un commerce qui l'a mis à même d'être bienfaisant ? Je pourrais multiplier les citations de ce genre, et vous prouver que les dehors singuliers cachent souvent des qualités et des vertus, que ne possèdent pas les hommes les plus recherchés ; mais ces deux exemples vous suffiront pour vous faire desirer de découvrir les autres.

* L'auteur de cette action vit encore ; chéri de ceux auxquels il sacrifia un amour partagé, il recueille le prix de sa noble conduite, en se voyant entouré de l'affection de ces enfans, et de l'estime générale. J'ai changé son nom, certain qu'il serait fâché qu'il fût publié.

Il serait trop affligeant pour moi de vous entretenir davantage de mademoiselle de Viéville. Vous ne vous attachez qu'à son extérieur, fort loin en effet de la ressemblance avec nos merveilleuses du jour ; quoiqu'elle ne porte nullement le costume, dont il vous a plu de la déguiser. Elle est douce, bonne, indulgente, ce qui me paraît le point important à soixante ans. D'ailleurs, elle est tante de madame de Roseville ; ce titre suffirait pour me la faire respecter, quand son caractère ne m'inspirerait pas tout naturellement pour elle, les sentimens d'une tendre vénération. N'en parlons jamais, vous m'affligeriez ; il vaut donc mieux, pour toutes deux, ne causer que de Paris, que vous aimez tant sur sa réputation, et que peut-être il est préférable de voir de loin que de près ; on le croit alors le centre de tous les plaisirs ; on n'imagine pas qu'on fasse autre chose que de s'y amuser ; et, lorsqu'on l'habite, on découvre que, si cette ville renferme, en effet, les sources de jouissances les plus vives, celles des arts, de l'industrie et des sciences, elle est aussi le lieu du monde où se trouvent réunis le plus de maux et de douleurs de tous genres. A chaque pas on est arrêté par des troupes de mendians, qui sachant qu'on y est blasé sur la commisération que l'on doit au malheur, étalent presqu'avec joie les plus horribles plaies, les difformités les plus cruelles, pour essayer de ranimer une commisération que n'inspire plus le cœur. Ces infortunés sont forcés de bénir ces affreuses erreurs de la nature, qui arrachent à la pitié le faible tribut qui doit leur donner du pain!...

Dans les premiers jours de mon arrivée, ma bourse était vidée presqu'en sortant de l'hôtel, ce qui me faisait éprouver, pendant le reste de mes courses, une tristesse de cœur impossible à dissiper. N'étant pas riche, il a fallu malgré moi ne pas me livrer à ce que me dictait ce que faisait naître la vue de ces misérables; j'eusse été entraînée plus loin que je ne pouvais aller; aussi me voilà déjà devenue comme ces Parisiennes qui me paraissaient si peu charitables. Il ne faut donc pas les accuser de dureté, d'inhumanité, elles ne peuvent vraiment agir autrement; et cette nécessité de calculer toujours le bien que l'on peut faire, est un des tourmens d'habiter une grande ville. Dans notre village, il est si aisé de trouver les moyens d'adoucir le sort des indigens ! leur nombre est limité ; mais ici !... Croyez-moi, chère Zoé, ne regrettez pas Paris.

Avant de partir, madame de Roseville a voulu me mener à l'Opéra. Voilà ce qui est au-dessus de tout ce que j'imaginais ; mais je trouve que j'ai eu trop de choses à admirer dans une soirée. A chaque instant, j'aurais désiré pouvoir *mettre le sinet*, et arrêter la représentation ; mes émotions étaient si fréquentes, que je n'avais presque pas la faculté d'en jouir ; elles se succédaient avec une telle rapidité, que je ne pouvais les analyser ; dans le moment où mon admiration avait besoin d'être exprimée, un autre objet plus fait pour l'exciter m'avait fait oublier ce qui m'avait charmée la seconde précédente.

* M. de Belleyme vient de mettre ordre au triste spectacle que présentaient les rues de Paris, on n'y est plus exposé à gémir constamment, sur le nombre des infirmités de l'humanité ; les enfans et les femmes grosses peuvent maintenant sortir sans rentrer chez eux l'esprit dangereusement frappé de ce qu'ils ont vu. Il n'est point d'éloges qui puissent payer ce bienfait rendu à toute une population. Le raconter suffit.

La superbe musique de la Vestale, le talent des chanteurs, la beauté incomparable des décorations, la perfection de la danse, tout cela m'a étourdie; et je suis sortie du spectacle avec un mal de tête fou, dont madame de Roseville s'est moquée, en disant que c'était de ma faute; qu'il ne fallait pas écouter et regarder tout avec tant d'attention, et que je devais suivre l'exemple que me donnaient les autres dames. Elles parlent tout le temps; passent leur soirée à se saluer, à recevoir des visites dans leurs loges, et à faire tout haut des remarques, non sur ce qui se passe en scène, mais sur tous ceux qui remplissent la salle. Il me semble qu'à leur place, quand je voudrais causer, je resterais chez moi; si je voulais recevoir mes amis, je ferais ouvrir ma porte; ce qui serait infiniment plus commode que de faire son salon d'un lieu où la chaleur est excessive. Il est vrai que la mode exige que l'on s'y montre; et ici, c'est une loi à laquelle on se soumet sans réflexion.

Madame de Roseville reçoit un grand nombre de gens de lettres et d'artistes, société que préférait son mari. Tous ceux qui ont du talent sont sûrs d'être bien accueillis par elle, pourvu que leur ton réponde à ce que l'on doit attendre d'hommes remarquables par leurs connaissances.

Hier matin, M. Gros, peintre, dont on admire en ce moment le plus bel ouvrage, a fait dire à madame de Roseville, que, si elle voulait se rendre à Sainte-Geneviève, il la recevrait *dans son atelier*. Cet atelier est un échafaudage établi sous la coupole, que l'habile artiste vient de couvrir d'un chef-d'œuvre.

Nous sommes toutes parties pour aller admirer cet ouvrage immense qu'un autre grand talent a loué mieux que personne : voici comment.

M. Gérard, premier peintre du roi, accompagnait S. M., qui avait voulu joindre son approbation à celle de son peuple. M. Gros lui expliquait qu'il avait eu l'intention de représenter la monarchie française en *quatre époques :* celle du règne de Clovis, de Charlemagne, de Saint-Louis et de Louis XVIII. « Vous vous êtes donc trompé, interrompit M. Gérard, car vous l'avez peinte en *quatre chants*. »

En effet, c'est de la poésie qu'une telle

création, « Gérard a raison, *M. le baron*, » ajouta le roi, en donnant à M. Gros un titre qui lui était dû, mais qu'il n'avait point encore.

Il fut ainsi récompensé de son beau travail de la manière qui pouvait lui plaire le plus : par une faveur accordée par son souverain, et par un éloge charmant de son digne émule. Son dévouement aux Bourbons et son génie méritaient cette double jouissance de cœur et d'amour-propre [*].

Après avoir monté quatre cent trente marches, je crois, nous nous sommes trouvées près de M. Gros, entouré de plusieurs membres de l'Institut ; tous admirateurs de cette galerie de nos rois, dont chaque figure est réellement un chant par tout ce que l'on y découvre. Il suffit

---

[*] M. Gros, apprenant qu'un de ses collègues, qui avait été fort jacobin, venait d'obtenir la décoration de la légion-d'honneur, s'écria: « Vraiment ? ah c'est qu'il » a coupé un morceau de son bonnet rouge pour mettre » à sa boutonnière. » Ce mot fut répété dans Paris, et affligea fort l'homme sur lequel il avait été dit, et qui, dans la révolution, s'en était montré très-partisan, mais qui est revenu d'erreurs que sa jeunesse pouvait faire excuser.

de la regarder pour savoir les actions de ces princes. La conviction de la foi se trouve sur les traits de Clovis; le feu du plus vaste, du plus profond génie sur ceux de Charlemagne; la résignation et la piété la plus vive font reconnaître Saint-Louis; et la douleur tempérée par l'espérance anime la noble figure de Louis XVIII. Mais ce qui m'a émue au dernier point, c'est l'expression sublime du visage de madame la dauphine. On y lit tous ses malheurs!... je défie de ne pas répandre des larmes, en voyant celles qui tombent de ses yeux. On éprouve le besoin de suivre ses regards qui s'élèvent douloureusement vers l'apothéose de sa famille! Cette consolation est nécessaire; elle est procurée par une perfection au-dessus de tout éloge.

On prétend que les artistes sont jaloux entre eux. J'ai eu l'occasion de voir le contraire hier. M. Girodet, dont le nom est devenu européen, était avec nous. Transporté d'admiration, il courait d'un groupe à un autre, montait à l'échelle qui devait le rapprocher de ces colossales figures; descendait serrer la main au créateur de ces tableaux magiques; remontait encore, et, dans son enthousiasme, voulait forcer madame de Roseville à grimper avec lui à cette échelle, pour détailler les beautés d'un bras, d'un œil, d'un nez, qu'il prétendait que nous ne voyions pas assez. En joignant à cet exemple celui de M. Gérard, il me paraît prouvé que si la médiocrité, toujours satisfaite d'elle-même, est envieuse et injuste, le véritable mérite ne peut jamais l'être. Cela seul suffirait pour ennoblir les vrais talens, et donner le désir d'en acquérir *.

Vous me demandez, chère amie, quelle

* M. de Châteaubriand, dont les immortels ouvrages sont hors de toute comparaison, accueille avec la plus grande bienveillance les jeunes auteurs qui débutent dans une carrière qu'il parcourt avec tant de gloire. Ce n'est pas avec l'air protecteur d'un supérieur qu'il reçoit ceux qui vont lui soumettre les premiers essais d'une plume peu exercée, mais avec une bonté qui les rassure. Ses conseils sont affectueux, ses éloges accordés avec une franchise parfaite ; et lorsque, malgré lui, il est obligé de critiquer, c'est avec une telle douceur, qu'il donne l'envie de mieux faire, et ne décourage jamais.

On lui doit plusieurs écrivains qui honorent la France, (particulièrement M. de Lamartine) pour les-

recette j'emploie pour me faire aimer. En vérité, je n'en sais rien. Je suis tout naturellement les impulsions de mon cœur, qui me portent à obliger. J'écoute les vieillards, en me rappelant de jolis vers adressés par l'un d'eux à une jeune personne :

. . . . A votre âge, ma jeune amie,
. . . .
Parler c'est étourdir, écouter c'est apprendre.

Je joue avec les enfans ; je danse et je ris avec mes compagnes ; je plains les malheureux ; je questionne même les *meunières* qui me donnent d'excellentes leçons de ménage. Voilà tout mon secret ; il dépend de vous de vous en servir ; ce sera me rendre heureuse, car vous le deviendrez en inspirant la bien-

quels il fut toujours un appui, un exemple et un ami.

MM. Boyeldieu, Paër, agissent avec cette même générosité à l'égard des jeunes compositeurs qui les consultent, et qui, d'abord leurs élèves, éprouvent le noble désir de suivre les traces de tels maîtres. La supériorité dans tous les genres est donc impartiale et bienveillante.

veillance autour de vous; c'est la plus douce chose que je connaisse.

Ma bonne Marguerite m'a élevée. Elle m'a soignée pendant une cruelle maladie, avec une activité que l'on ne pouvait attendre de son âge, elle m'aime comme son enfant. Je lui devais donc ma première lettre, d'autant plus qu'elle est superstitieuse, comme toutes les personnes qui n'ont pu recevoir une éducation qui détruit les préjugés ridicules. J'étais sûre qu'elle serait inquiète plus qu'une autre, ajoutant foi à mille choses qui vous paraissent, avec justice, dépourvues de raison, mais dont je ne puis blâmer ma bonne, craintive à l'excès, surtout dès qu'il s'agit de moi. Voilà, ma Zoé, pourquoi je lui ai écrit aussitôt mon arrivée. Dites-lui que je la remercie de ses soins, et que je lui enverrai une provision de lin pour exercer son talent de bonne fileuse.

J'attends avec impatience votre relation de Chambord. Ma mère détestant de se déplacer, je n'ai pas vu ce château, il m'intéresse doublement maintenant, puisqu'il doit appartenir à un jeune prince, dont j'entends déjà vanter de tous côtés les vertus héréditaires.

J'avais encore mille choses à vous dire, mais la comtesse, partant dans trois jours, veut que je voie avec elle ce qu'il y a de plus curieux à Paris; et elle ne m'accorde que peu de temps pour causer avec vous. Elle s'amuse extrêmement de la surprise que me fait éprouver une foule d'objets auxquels elle est habituée; et elle ne veut pas perdre une des occasions de s'amuser de ma *provincialité*.

Adieu donc, ma bonne Zoé. Je vous embrasse tendrement.

LETTRE IX.

M*me* DORCY A M*me* DERCOURT.

ENTRÉE D'ALICIE DANS LE MONDE. — SA MANIÈRE DE S'Y CONDUIRE. — EXAGÉRATION DES JEUNES GENS A LA MODE. — M. LE VICOMTE DE CHATEAUBRIAND. — LE SALON DE MADAME DE STAEL. — LA PRINCESSE DE LA TRIMOILLE. — ANECDOTE DE 1816. — MESDAMES ROLAND, DE COURBONNE, DE BASSANO, ET DE B....T. — M. ROLAND, ACTEUR DE L'OPÉRA. — MM. DE MESNARD, DE FITZ-JAMES ET DE LA POTHERIE. — LE GÉNÉRAL L...., A LA CHAMBRE DES DÉPUTÉS. — BELLE RÉPONSE QU'IL FAIT A M. DE LA POTHERIE. — DUEL FUNESTE. — POÈTES MODERNES. — MM. CASIMIR DELAVIGNE, SOUMET, GUIRAUD, PICHALD, BRIFFAUT, VICTOR HUGO, PARSEVAL DE GRANDMAISON, D'ANGLEMONT, DE COUPIGNY, LEMERCIER. — MOT SPIRITUEL QU'IL ADRESSE CHEZ ***, A MADEMOISELLE B... — MM. ALISSAN DE CHAZET, DE PLANARD, SCRIBE, ÉTIENNE, ETC. — AMOUR-PROPRE DE M. DELRIEU, MESDAMES TASTU, DELPHINE GAY ET SA MÈRE. — JOLIS ROMANS.

JE voulais vous écrire depuis plusieurs jours, ma chère amie, mais il m'a été impossible de trouver le temps nécessaire pour causer avec vous autant que je le désirais. J'ai allégué aujourd'hui une migraine, pour pouvoir rester dans ma chambre, et vous parler avec détail de tout ce qui m'est arrivé depuis que je vous ai quittée.

Madame de Roseville donne ce soir un concert, pour faire entendre à ma fille quelques artistes distingués. J'ai prévenu Alicie que je n'étais point malade, afin qu'elle ne fût pas inquiète. Madame de Roseville est montée me voir avant l'arrivée de sa société; elle m'a fait apporter du thé, du tilleul, de la fleur d'orange, de l'éther; et, après m'avoir bien recommandé de boire de tout cela, elle a emmené ma fille, qui m'a promis de ne pas trahir mon mensonge; il me permet de jouir du plus grand plaisir que je puisse éprouver, celui de m'entretenir avec vous. Il était d'ailleurs indispensable pour que ce prétexte ne devînt pas une réalité. Cette dissipation, dans laquelle je suis lancée depuis que je suis à Paris, m'a extrêmement fatiguée, et j'ai besoin de repos. Dès que la comtesse sera partie, c'est-à-dire après demain, nous prendrons, j'espère, un genre de vie plus conforme à nos goûts et à notre santé. Mademoiselle de Vieville aime le monde ; elle recevra beaucoup ; mais elle se couche de bonne heure, ainsi, du moins, les veillées seront supprimées.

Ce que Zoé a mandé à ma fille de votre tristesse m'a pénétrée de reconnaissance, ma chère amie, et quoique très-accoutumée à croire à votre bonne et ancienne amitié, chaque preuve nouvelle que j'en reçois me touche comme si c'était la première. Je voudrais cependant vous savoir plus résignée à une séparation que je n'ai pu éviter. Je dois tout faire pour une famille à laquelle je suis redevable de l'éducation que j'ai reçue, et qui, dans toutes les pénibles circonstances de mon existence, a été toujours mon appui et ma consolation. L'intérêt de ma fille exigeait aussi que je me soumisse à un déplacement qui m'a été extrêmement pénible ; ce n'est pas à mon âge que l'on se sépare d'une amie comme vous, que l'on quitte la maisonnette où l'on goûta les douceurs d'une union heureuse ; on ne s'éloigne pas sans gémir d'une vieille gouvernante que l'on ne trouvera peut-être plus au retour, et qui partagea avec zèle les soins donnés à votre enfant; enfin on ne renonce pas aux habitudes auxquelles on tient, sans calculer, avec une sorte d'effroi, celles qu'il va falloir adopter.

Me voici à Paris, sans savoir combien de temps j'y resterai. La jeune et singulière tête de madame de Roseville n'a jamais su former un plan pour l'avenir; son excellente tante se soumettant aux moindres volontés de cette nièce chérie, il est impossible de deviner où ses fantaisies conduiront une personne qui s'ennuie de tout, et qui court toujours après des impressions nouvelles. Il faut donc se raidir contre la contrariété que cause l'incertitude, et nous consoler mutuellement d'une cruelle absence en nous écrivant.

Zoé vous servira de secrétaire, puisque vous êtes fatiguée d'écrire; mais je ne laisserai pas à ma fille le plaisir de vous donner quelques détails sur ce qui m'entoure. En vous parlant de tout ce que je verrai, je croirai presque que vous partagez mes sensations, et puisque la réalité du bonheur m'est refusée pour quelque temps encore, je tâcherai de me contenter d'une illusion !

Alicie a été telle que je supposais qu'elle serait au milieu des objets nouveaux, dont elle est entourée. Simple, modeste, et ne cherchant pas plus à cacher le plaisir que lui causent les chefs-d'œuvre des arts, la conversation des gens instruits qui sont reçus ici, que l'ennui qu'elle éprouve en se soumettant à mille usages gênans et fatigans, ignorés dans notre petite ville. Elle désire apprendre ; questionne tout bas et avec discrétion quelques personnes âgées auxquelles la comtesse l'a particulièrement recommandée ; elle les remercie sans phrase, sans exagération ; enfin sa sincérité ne se dément pas. Elle n'a point été embarrassée des complimens outrés de quelques jeunes gens, convaincue qu'ils se servent des mêmes paroles avec toutes les femmes ; et que ces discours qui lui paraissent ridicules, comme ils le sont en effet, sont une espèce de vocabulaire, que ces Messieurs sont obligés d'employer pour se conformer au bon ton. Elle a réussi complètement dès son entrée dans le monde, et je ne crains pas de dire que c'est une justice. Il est impossible de trouver plus de talens unis à plus de raison, de bonté, et de défiance de soi-même. Madame de Roseville l'appelle sa *petite sauvage*, et se désole de ne pouvoir l'emmener avec elle, ce qui m'avait été demandé; mais ce que j'ai refusé comme vous pouvez croire. J'ai allégué la nécessité de lui faire terminer son éducation avec des professeurs habiles.

Malgré toute la confiance que m'inspire le caractère solide d'Alicie, je ne me déterminerais pas à la laisser partir avec une femme possédant toutes les qualités du cœur, mais dont la légèreté ne serait pas sans danger. A dix-huit ans on a besoin de l'expérience d'une mère attentive, ou de la tendresse éclairée d'un mari, pour persévérer, dans la route que l'on doit continuer à suivre, et je ne renoncerai à diriger Alicie, que pour la confier à un époux de son choix, et conséquemment, digne de mon estime. Je vous parle longuement d'elle, mon amie, connaissant la tendresse que vous lui portez. J'exige en retour des détails sur Zoé, dont les petits défauts disparaîtront, soyez-en sûre, avec l'âge et vos conseils.

La société de madame de Roseville est charmante; seulement je la trouve trop nombreuse.

On n'y voit point des femmes affichées par une conduite scandaleuse, ni d'hommes devenus célèbres et recherchés par des aventures, qui, au lieu d'être des titres de gloire pour eux, devraient en être de blâme et de honte. On rencontre chez la comtesse quelques femmes légères et coquettes, quelques jeunes gens trop dissipés sans doute; mais le vice est banni de chez elle, dans quelque rang qu'il soit placé. Beaucoup de grands seigneurs, d'hommes de lettres, de savans, d'artistes se succèdent dans le salon de madame de Roseville, qui a tout ce qu'il faut de naissance, d'instruction, d'élégance et de talens, pour plaire aux uns et aux autres. J'ai particulièrement remarqué différentes personnes, avec lesquelles je veux vous faire faire connaissance, afin que vous ne soyez étrangère à rien de ce qui m'entoure.

Votre goût pour la politique, votre curiosité pour tout ce qui y a rapport, vous a fait connaître déjà une partie du caractère de MM. de Châteaubriand, de Fitz-James, de Mesnard, de la Potherie, de Maillé, de Lévis, qui sont les hommes de la cour qui viennent le plus assidûment; je pourrais donc me dispenser de vous donner des détails sur eux. Dès qu'ils tiennent au gouvernement, je crois que vous êtes à cet égard infiniment mieux instruite que moi, car vous lisez avec attention leurs discours ; mais leur vie privée vous est moins connue, et comme j'éprouve toujours un grand bonheur à donner des louanges, je vous raconterai quelques traits de ces loyaux Français, dont les actions sont dignes de leurs emplois, et du nom qu'ils portent. Vous serez, d'ailleurs, ravie d'avoir des preuves à opposer à nos politiques de province, qui, ayant constamment vécu loin de l'ancienne noblesse, prétendent la connaître, et certifient d'un air capable, qu'elle est tout-à-fait avilie et méprisable. Sans doute de nouvelles et brillantes illustrations ont droit à nos respects ; mais pourquoi tout accorder aux unes, et rien aux autres ? Pour faire briller ceux qui ont fait en trente ans plus qu'on ne faisait autrefois en plusieurs siècles, est-il donc nécessaire, de chercher à anéantir des gloires consacrées par le temps ? Ces anciens gentils-hommes ne sont-ils pas Français ? et parce qu'ils ont eu le malheur de naître quelques années trop tôt, faut-il donc absolument chercher à répandre sur eux le ridicule ! Quant à moi, qui ne suis point de leur classe, j'avoue que je ne crois pas que l'on puisse rencontrer plus d'obligeance, de politesse et de bonté, que dans les hommes que je viens de nommer. On oublie près d'eux, qu'ils sont les conseils et les amis du roi, pour ne s'apercevoir que de l'agrément de leur conversation, et des frais qu'ils font pour plaire, et se faire aimer.

Je n'ai malheureusement fait qu'apercevoir M. de Châteaubriand, qui sortait du salon comme j'y entrais; j'en ai été vivement contrariée. Après avoir lu avec enthousiasme les pages sublimes de l'écrivain, j'aurais désiré entendre causer l'homme dont le génie osa contredire celui de Napoléon; qui donna sous le roi sa démission de ministre, et qui, pour être plus extraordinaire encore que son talent, sortit sans fortune d'une place brillante, où d'autres ont acquis autant de millions que d'ennemis. Personne, m'a-t-on dit, n'est plus simple dans le monde, et ne sait mieux mettre à l'aise les gens embarrassés de se trouver près de lui.

On m'a conté une anecdote qui lui est arrivée en 1814, époque à laquelle toutes les têtes étaient montées d'une manière déplorable, puisqu'une opinion brouillait souvent les familles les plus unies. Vous verrez combien M. de Châteaubriand était plus sage que les autres, auxquels il doit apparemment être supérieur en tout.

Engagé à un bal chez madame la princesse de la Trémoille, il donna l'ordre à son cocher de le conduire rue Royale; il ne put indiquer le numéro de l'hôtel; mais comme des lampions devaient être à la porte, on pensa que toute autre indication était inutile. La voiture part, arrive rue Royale, elle entre sous une voûte, où tout annonçait une fête. M. de Châteaubriand monte rapidement l'escalier; se fait annoncer dans un salon resplendissant de lumières, rempli de dames très-parées; il cherche des yeux la princesse, et voit avec étonnement madame de Staël s'approcher de lui avec l'empressement d'une maîtresse de maison recevant avec joie un hôte inattendu. M. de Châteaubriand était en effet chez cette femme célèbre; elle donnait un bal dans la maison voisine de celle de madame la princesse de la Trémoille.

La méprise du cocher fut expliquée, et ces deux personnes, si dignes de se rencontrer, furent peut-être en secret charmées d'une aventure qui les mettait à même de passer quelques instans ensemble; ce qui alors ne pouvait être que l'effet d'un heureux hasard, leur manière de penser et leur société étant absolument différentes.

On oublia la politique pour jouir de tout ce qu'une pareille conversation devait offrir de charmes. Au lieu de se disputer avec aigreur, comme cela n'arrivait que trop à cette époque, on regretta sans doute de ne pouvoir renouveler souvent de semblables réunions. Ce fut un armistice passager entre deux puissances de forces presque égales, gémissant d'être obligées de se combattre. Plus tard, les idées se calmèrent; on s'entendit pour vouloir le bonheur de la France, et les deux noms immortels, réunis dans toutes les bibliothèques, ne furent plus séparés dans la société. La charmante madame Récamier se chargea, dit-on, de faire signer une paix durable à ses deux amis, qu'elle regrettait de voir désunis*.

* Une autre aventure arrivée dans la même année,

M. le comte de Mesnard fut toujours le plus dévoué des officiers de l'infortuné duc de Berry. Il conte, de cette dernière victime de la révolution, mille actions qui font bénir de

peut servir de contre-partie à celle qui vient d'être citée. Je vais la raconter pour prouver combien, dans les mêmes circonstances, le mérite et la sottise agissent différemment.

Madame de Bassano, toujours bonne et obligeante dans le temps de la faveur de son mari, avait conservé beaucoup d'amis après la chute de Napoléon. De ce nombre se trouvait madame Roland de Courbonne, qui, ayant reçu de la duchesse des politesses, plus que des services, continuait à la voir avec empressement, lorsque tant de personnes affectaient de la méconnaître maintenant qu'elle était déchue de sa splendeur.

Madame de Bassano, venant faire une visite à madame de Courbonne, se trompa d'étage, et se fit annoncer dans le salon du premier; elle y vit plusieurs dames de son *ancienne connaissance*, mais où elle n'aperçut pas celle qu'elle venait chercher. Elle imagina que la maîtresse de la maison allait paraître bientôt; et sans y être invitée, elle prit place dans un cercle où l'on ne se dérangea pas pour elle, tandis qu'autrefois tout le monde se fût hâté de lui offrir le fauteuil d'honneur.

Quelques minutes se passèrent sans que personne daignât adresser la parole à la duchesse, qui, naturelle-

plus en plus une mémoire environnée de tant de regrets. Par sa place, approchant *Madame*, à tout instant, il prend à tâche de lui plaire, en cherchant les occasions d'exercer la bien-

ment froide, conservait aussi le plus profond silence; enfin madame la marquise de B....t, (dont le mari, jadis chambellan de Napoléon, grâce au duc de Bassano, aspirait à être gentilhomme de la chambre du Roi,) se leva, et s'approchant d'un air railleur de madame de Bassano, lui dit que, surprise d'une visite qu'elle ne s'attendait pas à recevoir, elle imaginait qu'il y avait quelque erreur, et que sûrement *Madame la Duchesse* était entrée par distraction dans ce salon. — Ne suis-je pas chez madame de Courbonne ? — Non, madame, vous êtes chez moi, répondit madame de B....t, tâchant de se grandir, en redressant fièrement sa tête. — Je ne conçois pas ma bévue, reprit la duchesse en se levant avec dignité ; j'aurais dû plutôt m'apercevoir que ce salon ne pouvait être celui de madame de Courbonne, dont les manières douces et polies sont toujours imitées par ses amis. Je ne me pardonnerai pas d'avoir pu imaginer un instant que, chez elle, on se crût le droit d'oublier ce que l'on doit au malheur.

En achevant ces mots, madame de Bassano monta chez madame de Courbonne, encore péniblement affectée de cette désagréable scène, qui lui avait appris à

faisance de S. A. R. et de mettre la princesse à même d'encourager les savans, les artistes et les industriels, auxquels il ne manque souvent, pour réussir, que d'être plus connus.

connaître une ingrate de plus. Elle fut consolée par les attentions qui lui furent prodiguées par madame de Courbonne, pour laquelle les chagrins et les disgrâces de ses amis sont de nouveaux liens qui l'attachent. Je ne connais personne qui puisse se plaindre d'elle, mais j'aurais mille choses à dire qui prouveraient toute la noblesse de ses sentimens.

Devant une vive reconnaissance à M. de Lavallette, elle eut le bonheur de la lui prouver lorsqu'il fut poursuivi pour une affaire qui est presque devenue une chose heureuse pour lui, puisqu'elle a fait paraître dans tout son éclat la vertu de sa femme. Madame de Courbonne, sans réfléchir aux dangers qu'elle pouvait courir en se mettant en opposition avec la police forcément sévère dans ces momens de troubles, n'hésita point à cacher un proscrit qui lui avait été utile. Elle s'est constamment sacrifiée pour les autres, et n'a joui que du bonheur de servir ses amis. Elle avait besoin de ce dédommagement pour la consoler des violens chagrins qui lui ont été réservés.

M. Roland fut fort applaudi, lors de ses débuts à l'Opéra, dans le rôle d'Arsace, composé pour lui par M. Catel. Le succès de l'ouvrage fut complet; on s'étonne

C'est ainsi que l'on prouve son attachement aux princes, et non en cherchant à les isoler d'un peuple généreux et fidèle, qui brûle du désir de s'approcher de la famille royale, dont tant de perfides conseils voudraient l'éloigner.

M. le duc de Fitz-James, loyal et brave chevalier dans toute la force du terme, mérite autant l'affection des siens que l'estime de ses concitoyens. Un seul trait suffira pour vous faire connaître toute la générosité de son cœur.

Les événemens de 1815 lui firent découvrir un fils naturel de son père, qui, par sa belle conduite, prouvait assez qu'ils étaient du même sang. Le duc s'empressa de l'appeler près de lui, le présenta aux princes, qui le comblèrent de bontés Quelques années après, une belle

qu'il ne soit pas remis en scène, il plairait sans doute encore plus que dans sa nouveauté; la musique en était trop forte pour l'époque, et serait tout-à-fait dans le goût moderne.

M. Roland quitta le théâtre lors de son mariage avec mademoiselle Lespescheux, riche héritière; ils prirent le nom de leur terre de Courbonne.

Anglaise, admirant le courage déployé par M. le chevalier de Fitz-James, dans une circonstance difficile*, le choisit pour son époux. Ce fut le duc qui dota son frère, lui servit de père à l'église, et, contre l'usage, fit part de son mariage. La reconnaissance de l'un a été égale aux bienfaits de l'autre *.

M. le comte de la Potherie joint à beaucoup d'esprit une originalité et une franchise peu communes. Se trouvant dans la salle d'attente de la Chambre des Députés, (dont il est membre) auprès du général L**., nouvellement nommé, celui-ci lui demanda de quel côté il s'asseyait?

---

* M. le chevalier de Fitz-James, lors du retour de Napoléon de l'île d'Elbe, était lieutenant dans un régiment de ligne. Il fit entendre le cri de *vive le roi* à la tête de sa compagnie, qu'il supposait prête à proférer celui de la révolte, par lequel on lui répondit en effet. M. de Fitz-James, outré de voir ainsi fausser des sermens dont on n'était pas relevé, rompit son épée, en disant qu'il ne pouvait s'en servir désormais, ne voulant plus commander à des hommes qui méconnaissaient leur devoir.

Cette action inattendue surprit tellement les soldats, qu'ils ne songèrent pas à barrer le chemin à l'officier qui donnait sa démission d'une si étrange manière. M. de Fitz-James se cacha pendant plusieurs jours, et,

—Général, dit le comte de la Potherie, toujours comme en 1815, en face de vous. — « Eh
» bien ! répondit le général L.., aujourd'hui,
» comme alors, nous prouverons que, dans tous
» les partis, l'honneur français est le même, et
» nous certifierons tous deux notre mutuelle
» horreur pour la guerre civile, le plus grand
» des fléaux. »

Étant placé à table, un jour, près d'un autre
général d'une opinion différente de la sienne,
on parla de la convention, et M. de la Potherie

après des peines inouïes, rejoignit en Espagne monseigneur le Dauphin.

A la seconde restauration, il fut nommé successivement capitaine, et chef de bataillon dans la garde royale. Il reçut la croix de Saint-Louis, et celle d'officier de la Légion-d'honneur.

Pour le récompenser de sa bonne conduite dans la dernière guerre d'Espagne, où il se distingua en Catalogne, il obtint le commandement du 18e régiment de ligne; il en est encore colonel.

Il s'était engagé comme simple vélite, sous l'empire, à l'âge de dix-sept ans. Son courage l'avait fait arriver sans faveur, sans protection, au grade de lieutenant. Il fut décoré de la Légion-d'honneur, en Pologne, sur le champ de bataille.

témoigna, avec sa franchise ordinaire, toute sa haine pour cette assemblée. — C'est une institution qui a mal tourné, mais qui avait de bonnes choses, dit le général ***. — Monsieur, elle a amené toutes les horreurs de la révolution, et comme nous ne voyons pas ces événemens des mêmes yeux, nous ne pouvons nous entendre. — Vous détestez la révolution, et moi aussi, et peüt-être plus que vous. — Alors il faut convenir, répondit le comte de la Potherie, que vous avez bien caché votre jeu ; car vous avez toujours employé votre épée à la défendre, et moi je me suis servi de la mienne pour l'attaquer.

Au reste, le comte de la Potherie est loin d'être servile, et d'approuver toutes les lois qui passent à la Chambre des Députés; plusieurs fois, il a très-ostensiblement montré la boule noire, par laquelle il protestait contre ce qu'il pensait devoir être nuisible à son pays. Il a commandé long-temps un régiment de la garde, composé en partie des *grognards* de Napoléon ; il était fort aimé de ces hommes pour lesquels l'honneur est tout, et qui l'admirent partout où ils le trouvent *.

* M. de la Potherie a été frappé, il y a trois ans, d'un

Parlons maintenant un peu des poètes, et commençons par celui dont les vers, en opposition avec vos idées, le placent à la tête de la littérature nouvelle : M. Casimir Delavigne.

Ses opinions ne sont pas les vôtres, et vous n'êtes pas, je le sais, disposée à lui rendre toute la justice due à son beau talent. Moi, qui suis tout à fait étrangère à l'exagération d'aucun parti, qui ne comprends rien aux affaires de l'état, je ne vois que le mérite et les qualités de l'homme célèbre ; ce qui doit rendre mes

malheur affreux. Son fils, jeune homme donnant de grandes espérances, sortant des pages, se rendit à Verdun où se trouvait le régiment dans lequel il venait d'être nommé sous-lieutenant. Une malheureuse querelle s'engagea entre lui et un officier beaucoup plus âgé. Un duel s'en suivit, et le jeune de la Potherie reçut une balle mortelle.

Comment ne pas déplorer le fatal point d'honneur qui exige que de braves militaires risquent, pour une parole inconsidérée, une vie qu'ils pourraient consacrer à la défense de leur patrie ? Ne devrait-on pas infliger une punition aux témoins, qui, plus de sang-froid, ne trouvent pas le moyen d'empêcher de si tristes combats ? C'est ce qui a lieu en Angleterre, aussi les duels y sont très-rares.

jugemens assez bons, puisqu'ils sont impartiaux.

Le talent de M. Delavigne n'est ni contesté ni contestable; la seule différence des avis est dans le plus ou le moins qu'on lui en accorde. Quant à ses vertus privées, elles sont peu connues et méritent de l'être. Excellent fils, M. Delavigne est un exemple à offrir à tous les jeunes gens qui se persuadent qu'ils se sont acquittés de leurs devoirs envers leurs parens, lorsqu'une fois par semaine, ils daignent aller s'informer de leur santé; et qui, après quelques minutes consacrées avec peine à leur famille, se hâtent de leur annoncer que de nombreuses occupations les forcent à courir où l'ennui, la fatigue les appellent, c'est-à-dire au spectacle ou au bal.

M. Delavigne loge avec son père, et rend à sa vieillesse tous les soins qu'il reçut dans son enfance. Chérissant son frère, il l'associe à ses succès au théâtre. Sa sœur, personne charmante, n'ayant point été heureuse par son mariage, a été consolée par celui qui prouve que ses beaux vers sont dictés par le cœur. Elle fait les honneurs de sa maison, où elle et ses enfans peuvent se croire chez eux. En un mot, quoique fort jeune, M. Casimir Delavigne est un *vrai patriarche*. C'est un singulier éloge pour un homme de son âge; c'est peut-être le seul auquel il n'ait pas été habitué, et celui qui lui convient le mieux. Je pense qu'il n'en est aucun qui lui plaise davantage. Passons à ses rivaux.

M. Soumet a fait plusieurs tragédies qui ont obtenu beaucoup de succès, et la charmante élégie de la Pauvre Fille; titre moins pompeux pour sa gloire, mais qu'aucune mère ne pourra lire sans désirer connaître son auteur. Il a été, dit-on, malheureux par ses affections, et sa figure conserve une expression de tristesse, qui intéresse dès le premier abord. On sent en l'écoutant qu'il est sincère même en employant l'exagération, lorsqu'il parle des sentimens que peut causer la perte d'un objet chéri! Une imagination du midi, exaltée par la douleur ou par son pénible souvenir, ne peut s'exprimer comme nous autres paisibles habitans des provinces tempérées. M. Soumet ne dit rien comme un autre, il discute rarement, ne dispute jamais; quand on le contredit, fatigué de soutenir long-temps son opinion, il se tait, et l'instant d'après, ses idées ayant changé de cours, il ne se rappelle plus d'avoir été contrarié. C'est un des plus grands ennemis du romantisme, et par son beau talent il, doit le combattre avec avantage, par des exemples. Je l'ai entendu rendre franchement justice aux auteurs ses contemporains et ses rivaux suivant une route opposée à la sienne. Il les loue de bonne foi, cite ce qu'il y a de bon dans leurs ouvrages, et y applaudit avec plus d'enthousiasme encore que le public. On ne peut lui supposer du calcul dans cette honorable conduite ; sa distraction étant extrême, il ne saurait *suivre un plan*; il obéit à l'impulsion de son caractère dont on cite plusieurs actions dignes de son talent.

M. Guiraud son ami intime, dont nos filles ont souvent récité avec plaisir les gracieuses poésies savoyardes, et dont nous avons admiré les vers maternels des Machabées, est en tout opposé à M. Soumet, si ce n'est sur ses opinions relativement au mauvais goût, qui fait maintenant applaudir aux grands théâtres ce qui devrait être repoussé aux boulevards. On pourrait tolérer là toutes les extravagances qui se récitent aujourd'hui en vers baroques sur la scène qu'illustraient nos grands poètes. Les enthousiastes du moment tolèrent l'éloge de Ducis, traducteur du chef des romantiques, mais ils proscrivent sans pitié les personnes qui prononcent celui de Corneille, Racine et Voltaire. Il faut être provinciale comme moi, ou avoir, comme MM. Soumet et Guiraud, l'autorité d'un vrai talent pour oser avouer une préférence qui paraît si ridicule.

M. Guiraud est aussi gai que M. Soumet est sérieux. Il étonne ceux qui ont lu ses ouvrages, empreints d'une touchante mélancolie, à laquelle il paraîtrait devoir être toujours étranger. Sa vivacité lui donne le besoin d'être perpétuellement en mouvement, et ses continuelles promenades dans le salon rendent toutes les conversations graves et suivies impossibles avec lui, mais elles donnent plus de piquant à des mots spirituels dits sans y songer, et qui semblent n'arriver jusqu'à vous que comme par hasard. Après les avoir entendus, on cherche l'homme qui les a prononcés, il est déja à l'autre bout de la chambre, ne pensant plus qu'on va lui répondre. Sa tendre vénération pour sa mère est ce qui, suivant moi, lui donne le plus de droit à la bienveillance qu'on lui témoigne ; il est à ce sujet tout aussi parfait que M. Delavigne avec son père. Je ne puis m'empêcher de louer toujours, ce qui devrait être trop fréquent pour être cité ; malheusement des fils comme ces messieurs se rencontrent trop rarement pour ne pas être forcé d'admirer un sentiment si naturel *.

Nous voyons aussi fréquemment les auteurs dont les noms vont suivre. M. Pichald dont la douceur habituelle contraste d'une manière frappante avec l'énergie un peu rude de Léonidas **.

* M. Guiraud vient de publier un roman en plusieurs volumes. C'est le développement de ce qu'il avait déja supérieurement dit dans sa pièce de vers intitulée : *Le Prêtre*. C'est le meilleur manuel des devoirs de l'épiscopat ; il devrait être lu par tous ceux qui se destinent à un état si honorable lorsqu'il est bien rempli.

** M. Pichald est mort dernièrement d'une maladie de poitrine compliquée, suite de longs chagrins et d'un excès de travail. Il a été fort regretté, non seulement à cause du talent dont il avait fait preuve, et de celui qu'il pouvait acquérir, mais aussi pour ses rares

M. Brifaut, poète agréable, qui dit avec une sorte d'hésitation de jolis vers, ce qui y ajoute toute la grâce de l'improvisation; il eût peut-être dû chercher à prouver par quelque grand ouvrage, qu'il était digne de sa nomination à l'académie, que l'on trouve généralement un peu anticipée. Mériter un choix est beaucoup; mais il faudrait le justifier, pour fermer la bouche aux critiques nombreux qui s'acharnent presque toujours aux nouveaux élus.

M. Parseval de Grandmaison qui, malgré son

qualités sociales. Il a laissé une veuve et deux enfans dans une position peu aisée. Le roi, toujours empressé de faire le bien, leur a accordé une pension de 1500 francs.

On a lieu de s'étonner que cet exemple du souverain n'ait pas été suivi par les comédiens, et qu'ils n'aient pas fait jouer immédiatement la tragédie de *Guillaume Tell*, sur laquelle M. Pichald fondait de grandes espérances. C'eût été un hommage à sa mémoire qui eût adouci les regrets de sa famille. Peut-être, dans *dix ans*, songera-t-on à représenter cet ouvrage! le sacteurs recueilleront seuls alors le bénéfice des représentations, ils ne pourront du moins ravir aux enfans la gloire de leur père, devenue leur unique héritage!

âge avancé, récite avec gaîté d'exacts et riants tableaux des plaisirs de la campagne, et avec noblesse les hauts faits de nos chevaliers.

M. Victor Hugo, tant loué, tant critiqué, dont les ouvrages justifient presque également les deux opinions de ses prôneurs et de ses détracteurs.

M. Édouard d'Anglemont, cherchant ses inspirations dans nos vieilles chroniques, reproduites par lui, souvent avec bonheur, et toujours avec singularité.

M. Lemercier, possédant un beau talent et le caractère le plus honorable. Il ne se soumit jamais à la basse adulation d'un courtisan, et sut conserver son indépendance sous le règne de Napoléon, qui tenta vainement de l'éblouir par des offres brillantes. La reconnaissance lui eût imposé silence dans plusieurs circonstances. Il voulut être libre d'exprimer hautement ses opinions, et refusa tout ce qui lui fut proposé par un homme, dont il admirait le vaste génie, sans approuver son despotisme. M. Lemercier ne confondit jamais le *grand guerrier* et l'*empereur;* il louait l'un et condamnait l'autre, détestant sa tyrannie.

M. Lemercier joint à la profondeur et à l'originalité des pensées, une connaissance parfaite des anciens auteurs. Sa conversation est gaie et piquante. Qui que ce soit ne trouve plus vite une réponse spirituelle. Avec tant de moyens d'être envié, il est cependant généralement aimé comme un *bonhomme*. Il ne partage pas toujours les idées de ses amis, désapprouve souvent leur conduite, mais ne se brouille point avec eux.

Un grand acteur, avec lequel il était uni par le plus tendre attachement, se sépara de sa femme (dont M. Lemercier était aussi l'ami), et se lia avec une jeune personne spirituelle qui logea chez lui et prit son nom. Plusieurs années s'écoulèrent, et mademoiselle B.... croyant apparemment que le temps a force de loi, se persuada qu'elle était réellement mariée, au point de dire un jour à M. Lemercier, qui discutait avec elle devant du monde : « Je » ne conçois pas, monsieur, que vous teniez » tête si obstinément à la femme de ***.—Mais » vous ne l'êtes pas, je l'ai vue hier.—Comment, » vous osez me dire que je ne suis pas unie à » votre ami ? — Oui, sans doute, puisque son

» divorce n'a pas été prononcé. — *Cochon !*
» s'écria mademoiselle B.... furieuse. — Eh bien!
» messieurs, avais-je tort, repartit en riant M. Le-
» mercier, de soutenir que mademoiselle n'était
» pas la femme de T***? Il n'eût certainement
» pas épousé une personne s'exprimant ainsi. »

Cet à-propos fit rire tout le monde, mais ne fut pas pardonné par mademoiselle B..., accoutumée aux flatteries de tous les habitués de la maison. Revenons maintenant aux autres poètes reçus ici.

M. de Coupigny, auquel on doit une foule de charmantes romances mises en musique par Garat. Il a, dit-on, un talent remarquable pour jouer les proverbes ; mais il y attache beaucoup moins d'importance qu'à celui de *pêcher*. Voilà où il place son amour-propre, ce qui surprend ; il pourrait avec justice en avoir sur des sujets plus flatteurs.

M. Alissan de Chazet, qui a fait plusieurs jolis vaudevilles, des couplets de circonstance qui survivent à leur inspiration, et une foule de charmantes pièces de vers d'un genre aussi noble que la conduite politique de leur auteur. Son esprit vif et varié, se prête à tous les genres avec une égale facilité. Je ne connais personne qui soit plus agréable à écouter, parce qu'il dit des choses pleines de sens et de mordant, sans jamais prononcer une méchanceté, et que ses complimens, tournés avec une grâce parfaite, ne sont jamais fades. Il a fait des vers sur la *Conversation;* ils étaient inutiles pour en peindre tous les charmes : il suffisait à l'auteur de causer *.

M. de Planard, auteur d'un grand nombre d'ouvrages très-agréables, son esprit égal, doux et indulgent le rend l'homme le plus aimable à rencontrer.

M. Delrieu, si amusant par son amour-propre excessif, qui ne peut être comparé qu'à celui de feu Lemierre. Il a fait une tragédie d'Artaxercès, estimée des gens de lettres, mais qui n'a point attiré la foule. Pour la décider à prendre le chemin de la Comédie-Française, on m'a assuré que chaque jour de représentation de sa pièce, M. Delrieu s'arrêtait dans les rues devant toutes les affiches, et s'écriait avec enthousiasme : « Ah ! on joue ce soir Artaxercès ! c'est un superbe ouvrage, qui mérite d'être

---

* Il a publié depuis quinze ans plusieurs ouvrages importans en littérature, en morale et en politique.

vu et revu. J'irai certainement applaudir au talent de M. Delrieu. » Il se fait, dit-on, pardonner son orgueil par une réunion de qualités, qui lui ont valu de nombreux amis ; ils s'amusent de ce léger travers, au lieu d'essayer d'en corriger l'homme estimable, pour le caractère duquel ce petit ridicule est une tache.

Madame de Roseville reçoit encore MM. Scribe, Étienne, Alfred de Vigny, etc. ; mais je ne les ai pas assez vus pour oser dire ce que j'en pense. Les deux premiers ayant obtenu de brillans et nombreux succès sur tous les théâtres de Paris, n'ont pas besoin de mes éloges, quant à leur talent ; et je ne connais pas leur caractère de manière à vous en parler.

Plusieurs femmes éminemment distinguées doivent se trouver dans cette nomenclature poétique.

Madame Tastu dont la muse douce et tendre plait si généralement, et qui pourrait, sans sa modestie égale à son talent, s'élever bien plus haut, en nous révélant toute sa puissance de moyens, qu'elle s'efforce de cacher *.

* Ses chroniques de France viennent de paraître, et justifient cette prédiction.

Mademoiselle Delphine Gay, dont on ne songe plus à regarder la belle figure dès qu'on l'écoute *parler*; dans ses ravissantes compositions, brille également tout ce qu'inspire un cœur de femme, et ce que pourrait dicter à un homme l'amour de la patrie.

Sa mère a publié plusieurs jolis romans, écrits avec esprit; ils ont le mérite d'intéresser, sans avoir recours aux moyens de terreur employés si souvent. Madame Gay a peint avec vérité tous les sentimens qui peuvent agiter l'âme d'une femme, et elle a prouvé que le charme du style tient lieu d'événemens accumulés.

Je voulais vous parler de quelques hommes remarquables dans les sciences et les arts; mais cette lettre est déjà si énormément longue, que je réserverai ces portraits pour le premier courrier. Je vous enverrai aussi ceux de quelques femmes, modèles de notre sexe.

Je vous parlerai des savans avec moins de connaissance de cause; ils me sont si supérieurs que je n'oserai guère les juger. Pour apprécier des vers élégans et faciles, il suffit d'aimer la poésie, et d'avoir le sentiment de l'harmonie des mots; tandis que pour parler hardiment de minéralogie, d'astronomie, de mathématiques, de chimie et de botanique, il faut avoir étudié long-temps; et vous savez qu'excepté ce qu'une habitation prolongée à la campagne donne tout naturellement de ces sciences, j'y suis totalement étrangère. Tant bien que mal, je tâcherai cependant de vous donner une idée de tous les personnages célèbres que je verrai. Je me retrouverai sur mon terrain en vous entretenant des musiciens et des peintres. Les deux arts charmans qu'ils cultivent ont été suivis par moi, avec une application qui m'y a fait réussir assez pour que je puisse en causer sans trop de désavantage, surtout avec une amie indulgente comme vous.

Avec tant de genres de mérites différens, vous croirez que l'on doit souvent avoir à arrêter des discussions fâcheuses, à apaiser les disputes excitées par l'amour-propre; rien de tout cela : l'obligeance de la comtesse s'étend sur tous ceux qu'elle reçoit. Ils savent fort bien qu'une querelle ferait fermer une porte ouverte pour tout ce qui est honorable et distingué; on s'amuse chez elle; on veut y revenir, et l'on s'entend en quelque sorte pour lui plaire, et rendre sa maison agréable. On craindrait d'affliger la femme que l'on trouve toujours prête à rendre service, sollicitant avec chaleur une grâce, lorsqu'elle est juste; et souscrivant à toutes les œuvres de bienfaisance ou d'utilité publique ; on ne peut la remercier qu'en étant aimable, et l'on y réussit.

J'approuve tout à fait que vous meniez Zoé chez les personnes qui sont destinées à former toujours sa société. Peu à peu votre fille s'accoutumera à les trouver moins ennuyeuses, et elle perdra l'habitude funeste de critiquer tout ce qui l'entoure. Surmontez donc votre paresse, ma chère amie, et soyez sûre que vous vous en trouverez bien, en voyant le caractère de Zoé s'assouplir par le contact de celui des autres. Sa fierté disparaîtra à la longue; et elle finira par s'amuser avec de bonnes jeunes personnes, qui n'ont qu'un défaut réel à ses yeux, qu'elle pardonnait cependant à Alicie et à moi : celui d'être *roturières*. Le titre de colonel que portait son digne père, ses épaulettes et sa croix de Saint-Louis sont toujours devant ses yeux dans votre salon ; tâchez donc qu'elle s'en éloigne souvent, mais avec vous.

Adieu, mon amie ; vous savez comme je vous aime. Dites bien au bon curé et au docteur que je ne les oublie pas, non plus que nos respectables sœurs grises. Madame de Roseville m'a remis pour elles un beau portrait du nouveau Pape, bien encadré; elle pense à tout ce qui peut me plaire, en songeant à mes amis; aussi vous recevrez en même temps, une petite table à ouvrage, qui a été achetée pour vous, par cette gentille comtesse; elle n'oublie rien, et, au milieu des embarras inévitables d'un long voyage, elle trouve le moyen d'arranger une brillante soirée, de régler ses comptes avec son intendant, de convenir de ses affaires avec son notaire, de choisir des maîtres pour Alicie, et de faire emplette des présents qu'elle veut distribuer avant de partir. Je conçois que l'on ait vingt projets en une minute ; mais je ne sais comment on peut faire pour les exécuter tous. Il faut pour cela une activité de tête, et une force de volonté, dont mon indolence s'effraye rien que d'y penser. Il n'y a que pour vous aimer, et vous le dire, que je ne me fatigue pas. Il est minuit, et voilà Alicie qui me gronde. J'étais avec vous, il est bien simple que je me sois oubliée à ce point.

LETTRE X.

LE COMTE DE PAHREN AU MARQUIS DE BLIGNY.

M. D'OBRÉE, NÉGOCIANT A NANTES. — CLISSON. — M. LE BARON LEMOT. — S. A. R. MADAME; PRÉSENT COMMANDÉ PAR ELLE. — M. LE GÉNÉRAL DE BOYNE. — SA FEMME. — SA MORT.

NANTES.

Non, mon cher Marquis, je ne suis pas consolé de l'événement inattendu qui m'a privé tout à coup de mes espérances de bonheur pour l'avenir; ce n'est pas avec mon caractère que l'on peut, en si peu de temps, changer d'idées et de sentimens. Trahi très-jeune dans mon premier amour, j'ai pendant plusieurs années évité avec soin de me rencontrer souvent avec des femmes agréables, voulant ne plus éprouver des chagrins qui vous sont inconnus, et qui, croyez-moi, décolorent toute une existence. Je voyageai dans les divers royaumes de l'Europe ; mais au lieu de chercher les plaisirs des grandes villes, je m'entourais de tout ce qui avait rapport aux sciences et aux arts ; je m'appliquais à les cultiver, afin de tâcher de parvenir à oublier tout ce qui, malgré moi, revenait sans cesse m'obséder. Je vous rencontrai par hasard à Paris, au cours de M. Villemain, dont l'éloquence m'entraînait, et faisait de mes matinées les plus agréables instants de ma vie. Transporté par lui au milieu des hommes célèbres, dont il analysait avec tant de talent les ouvrages, je me trouvais dans un monde idéal, qui m'empêchait de songer à celui-ci ; le calme peu à peu rentrait dans cette âme de laquelle il était banni depuis tant de jours ! Votre gaîté s'amusa de mon air grave et réfléchi, que vous prîtes d'abord pour un pédantisme, que je hais plus que vous. Vous vous approchâtes de moi avec le désir de plaisanter sur les prétentions que vous me supposiez; mais en m'abordant, votre cœur, plus sensible que vous ne pensiez vous-même, fut touché de me trouver les yeux pleins de larmes, en écoutant ce que disait M. Villemain, d'un malheureux, entraîné vers la tombe par un amour sans espoir! Votre mobile physionomie perdit tout à coup la légère expression de causticité qu'elle avait prise, et en regardant celui qui me prenait la main avec effusion sans me connaître, je le vis si digne de partager mes pénibles sensations, que de ce moment je devinai un ami!

Nous nous revîmes chaque jour au cours; puis chez moi, chez vous, partout enfin, et votre heureux caractère, votre constante indulgence pour cette faiblesse, que je ne pouvais surmonter, et surtout une bonté inaltérable, produisirent l'effet que vous en attendiez. L'amitié vint me consoler; et je ne me plaignais plus des maux qui m'avaient conduit près de vous. Je consentis à vous suivre en Angleterre, que vous vouliez voir; mais je mis pour condition que nous commencerions par le pays de Galles et l'Ecosse, espérant que les beautés sévères de cette nature sauvage achèveraient de chasser tout ce qui parfois venait encore me poursuivre. Ce voyage projeté par moi est la cause de mes nouveaux chagrins ; et ceux-là ne finiront pas ; ils ne viennent pas d'une imagination exaltée pour la première fois ; l'amour-propre blessé n'est pour rien dans les vifs regrets que j'éprouve ; la jalousie y est plus étrangère encore ; car malgré ses torts avec moi, Sophia est un ange de pureté, dont il me sera impossible de suspecter jamais la franchise.

Le hasard me la fit rencontrer soutenant sa mère évanouie, sur le haut d'un rocher ; le bonheur que j'eus de leur être utile, m'attacha à ces dames, qui me permirent d'aller chez elles ; la patience avec laquelle elles supportaient la position la moins aisée, la tendresse extrême qu'elles se portaient mutuellement, l'ordre que je remarquai dans ce modeste ménage, les talens dont Sophia faisait un noble usage, me faisaient penser qu'elle serait l'épouse la plus parfaite, l'amie la plus sûre, la mère la plus dévouée, comme elle était la fille la plus tendre. Je résolus de lui offrir ma main et ma fortune. Mes sentimens pour elle n'avaient rien de ce brûlant délire que j'éprouvai jadis. J'étais toujours heureux près d'elle, mais jamais agité. Voilà ce que vous ne croyez pas, et ce que je ne puis assez vous répéter. J'avais le dessein de me fixer dans ces contrées favorisées de la nature et oubliées du vice, persuadé que là seulement on pouvait connaître le bonheur. J'écrivis à mon oncle pour lui faire part de mes intentions, ne pensant pas qu'elles fussent en opposition avec les siennes. Au lieu de la réponse favorable que j'en attendais, je reçus la lettre la plus sèche, et *l'ordre* de revenir sur-le-champ, après avoir renoncé à ma *ridicule passion*, afin de contracter *immédiatement un mariage convenable*. Il ajoutait que si je ne me soumettais pas à ses volontés, il me deshériterait; et qu'alors au lieu d'une immense fortune, je me trouverais réduit à celle de mes parens que j'avais perdus dès l'enfance.

N'étant point ce que vous appelez amoureux de Sophia, j'eusse peut-être pu céder à des représentations amicales, pour satisfaire l'ambition d'un vieillard que je connais peu, mais auquel je dois du respect; le ton absolu de mon oncle, loin de produire l'effet qu'il en attendait, me fit au contraire presser les préparatifs d'une union, à laquelle j'étais plus décidé que jamais, et qui réalisait tout ce que j'avais rêvé de plus doux sur la terre.

Un ordre à moi! à un Polonais chérissant sa liberté de préférence à tout! me *forcer* à prendre une épouse par un froid et sordide calcul! quelle absurdité de penser que je m'y soumettrais.

Je cachai à Sophia ces détails qui eussent été douloureux pour elle, et je résolus d'aller à Londres faire quelques emplettes indispensables. A mon retour, hâté par le désir de revoir ma nouvelle famille, et de lui apporter tout ce qui amènerait l'aisance, où je n'avais vu que la gêne, je ne trouvai qu'un vieux concierge, en larmes, qui m'apprit le départ de ses maîtresses. Il me remit un billet de Sophia ne contenant que ces mots :

« Je vous aime trop pour ne pas vous fuir ;
» adieu, plaignez celle qui ne vous oubliera ja-
» mais. »

Je crus avoir découvert que ces dames étaient à Londres; là, j'appris qu'elles étaient parties pour le Hâvre. Je suivis leurs traces, mais elles avaient déjà dix jours d'avance, et je ne pus les rejoindre.

Il m'a été impossible de savoir au Hâvre quelle route elles ont prise ; cependant j'ai lieu de croire qu'elles se dirigent vers Bordeaux, où elles ont des amies ; et je vais m'y rendre.

Je le répète, je ne suis point amoureux ; mais aucune femme ne me paraissait plus digne d'une tendresse exclusive, que cette Sophia, que vous paraissez croire légère ; et si je perds l'espoir de la retrouver, je renonce pour toujours au monde, qui me serait odieux sans elle. Pardon, mon ami, de revenir aussi longuement sur des détails dont la plupart vous sont connus ; mais j'ai besoin d'en parler, et votre amitié excusera une confiance qu'elle seule peut inspirer.

Je ne comptais pas m'arrêter dans cette ville ; mais le respectable M. d'Obrée*, pour lequel

---

* Ce citoyen estimable vient d'être enlevé par une mort presque subite.

S. A. R. Madame, à son passage à Nantes, avait été reçue par lui, avec une recherche que la princesse accueillit avec d'autant plus de grâce, qu'elle vit dans

j'avais une lettre de créance, m'a conseillé de visiter la Melleray, couvent de trapistes fort intéressant, par l'industrie qui s'y déploie; et qui rend le pays environnant riche et heureux. J'irai donc; peut-être ce lieu sera-t-il le seul asile où je puisse trouver la paix! Si l'on n'était pas lié par des vœux, je n'hésiterais pas à m'y fixer, dans le cas où mes recherches seraient vaines ; cette considération me fera réfléchir avant de me priver de la faculté la plus chère à l'homme : celle de n'agir que d'après sa volonté.

Je n'ai vu ici que M. d'Obrée dont on m'avait fait un éloge, qu'il me paraît justifier, par l'emploi que je crois qu'il fait de son immense fortune. Il a l'air trop satisfait pour n'être pas bienfaisant. Le souvenir du bien que

l'empressement qu'on mettait à sa réception, un témoignage d'amour pour son auguste famille. Elle en manifesta sa satisfaction à plusieurs reprises. Revenue à Paris, elle commanda pour M. Dobrée un service à la manufacture de Sèvres, sur lequel doivent se trouver les portraits des Bourbons. Ce magnifique présent n'est point achevé; il sera sans doute envoyé au fils de M. Dobrée, pour lequel il deviendra le plus honorable héritage.

l'on a pu faire, doit seul donner cette habitude de contentement, que l'on ne saurait avoir, si on ne s'occupait qu'à amasser des millions, sans en faire un noble usage.

Le souvenir que je conserve du respectable M. de Boyne* retiré à Chambéri, sa ville natale, pour y être le consolateur de tous les affligés, et plusieurs exemples de ce genre, me font espérer que de beaux jours peuvent encore m'être réservés; sans être aussi riche que lui, je puis aussi cependant venir au secours de mes semblables.

Pendant mon voyage en Suisse, je connus ce respectable vieillard. Il me prit en amitié; ne

---

* Le général de Boyne vient de terminer son honorable et longue carrière, dans Chambéry sa ville natale; elle lui doit la fondation d'un vaste et bel hopital, une magnifique église, une fontaine, et une salle de spectacle. Il ne négligea jamais une occasion d'être utile.

Il avait, pendant l'émigration, épousé mademoiselle d'Osmond, remarquable par ses talens et sa charmante figure. Il n'en eut point d'enfans, et s'en consola en se déclarant le père de tous les orphelins.

La perte d'un tel homme en est une irréparable pour la ville dans laquelle il avait fixé son séjour.

chercha point à me persuader que je n'étais pas très-malheureux; mais il me conduisait avec lui dans ses courses charitables ; et sa conduite m'a convaincu, que l'argent peut en effet procurer une véritable félicité, celle d'être utile aux autres. Ce n'est que lorsqu'on est privé de ces consolations, qu'il doit être permis de se plaindre de son sort.

Clisson est superbe, et mérite tout ce que l'on en dit. L'on ne peut assez admirer le bon goût du célèbre Lemot *, qui, en embellissant

* Sculpteur auquel on doit plusieurs des plus belles statues de nos jours; il avait pris le titre de baron de Clisson que son fils, qui lui survit, conserve, m'a-t-on dit.

Je concevais que M. Lemot désirât attacher à son nom, celui d'un lieu dont il a conservé l'ancienne splendeur, en y ajoutant toute l'élégance de notre siècle ; mais je ne comprends pas que son fils ne trouve pas préférable à tout autre, le nom que son père a su illustrer par des talens remarquables. La vraie gloire est sans doute celle qui nous est transmise par l'être qui nous donna le jour. Pourquoi donc ne pas s'en enorgueillir en renonçant à tous les avantages qui lui sont étrangers? Le temps, fera oublier l'origine de cette illustration, tandis que celle d'un grand artiste se transmet d'âge en âge.

ce beau lieu, a su lui conserver la couleur de gothicité qui lui convenait. Tout ce qui tient au connétable est en ruines ; mais les soins du propriétaire actuel empêchent qu'elles ne se dégradent entièrement, et nos descendans pourront comme nous s'étonner de la grandeur de ce siècle, où tant de férocité s'alliait si étrangement à des actions héroïques et sublimes! Clisson et Duguesclin sont deux noms inséparables, quoiqu'ils offrent assurément le plus singulier contraste.

Adieu, mon ami, écrivez-moi, soyez heureux autant que je souffre.

LETTRE XI.

Mlle DERCOURT A Mlle DORCY.

Route de M*** a Chambord. — Description du parc et du chateau. — Singulière spéculation d'un Anglais. — Vipères de Sologne. — M. de Saumery. — Blois. — Son chateau. — Les oubliettes. — Jeu du baton. — Ménars. — Son orangerie. — M. le maréchal de Bellune. — Madame la maréchale. — Histoire tragique de madame de Lusignan. — Calomnies a ce sujet. — Vases donnés par Napoléon. — M***..

Arrivée hier de Chambord, chère Alicie, mon premier plaisir est de vous rendre compte de cette course; de vous dire quel effet a produit sur moi cette importante ruine, assez colossale pour que la bande noire ait reculé devant le projet de la détruire; et enfin de vous exprimer tout le bonheur que j'ai éprouvé, en lisant votre lettre, si aimable et si indulgente. Je méritais d'être grondée ; je l'ai senti dès que je vous ai lue ; et au lieu des reproches dont vous deviez m'accabler, je n'ai reçu que de douces réprimandes. Soyez sûre qu'elles seront suivies ; je vais maintenant vous faire une description qui ne sera pas brillante, mais qui du moins aura le mérite de la plus grande exactitude.

Nous partîmes d'ici à sept heures du matin, dans la modeste et dure cariole, maman, moi, et le docteur, qui consentit à conduire son paisible cheval qu'il nous prêtait ; tant soit peu entêté, il n'obéit guères qu'aux coups de fouet de son maître, qui, malgré leur ancienne intimité, ne néglige pas de lui en distribuer une assez grande quantité, et il veut justifier apparemment l'antique adage de : *qui aime bien châtie bien.*

Nous nous arrêtâmes à Saint-Laurent, où nous fîmes un triste déjeuner dans une assez mauvaise auberge. Le docteur grondait de ce que le café était trouble, de ce qu'au lieu de crème on ne nous servait que du lait, et de ce que la cassonnade remplaçait le beau sucre de la raffinerie Chavanne d'Orléans. Il nous reprocha aigrement notre goût des voyages, qui pendant toute une journée allait le faire mourir de faim. Ma mère le consola, en lui apprenant qu'elle avait fait mettre dans le coffre de la voiture, un bon pâté, et deux bouteilles de ce petit vin blanc qu'il aime. A cette nouvelle, il devint assez gai jusqu'au moment où nous entrâmes dans ce que l'on nomme le Parc-de-Chambord, et qui n'est réellement qu'une étendue de pays de sept lieues, entourée de murs.

Le terrein en est si mauvais et si sablonneux que le pauvre cheval avait beaucoup de peine à nous traîner; ce qui fit recommencer avec énergie les gronderies de notre conducteur, sur la sottise de suivre deux femmes assez folles pour se déranger afin de voir ce qu'il y a au monde de plus triste : de *vieilles pierres* noires, éparses dans le lieu le moins pittoresque. A cela nous n'avions rien à répondre, car en effet, il est impossible de trouver à louer des champs de sarrazin mal venu, d'avoine clair-semée, et de pommes de terre mortes avant de mûrir.

C'est là tout ce que l'on rencontre jusqu'à un assez joli pont en pierre, qui conduit au château ; on le découvre seulement alors, parce qu'il est bâti dans un fond, au bord d'une petite rivière appelée la *Cosson*. On dit que jadis elle était limpide et courante ; maintenant les roseaux et les joncs, s'en sont emparés ; de sorte que ce que l'on y voit le moins, c'est de l'eau. Ce marais donne des fièvres affreuses pendant plusieurs mois de l'année ; et l'on pense qu'il sera fort difficile de remédier à ce qu'une négligence prolongée a occasioné. Il n'est pas douteux que s'il y a quelque moyen d'assainir le pays, ce sera le premier ordre que donnera l'excellente princesse, dont chaque heure est marquée par un bienfait[*].

Rien ne saurait vous donner l'idée du singulier

---

[*] C'est ce motif qui fit renoncer Napoléon au projet d'établir à Chambord, la maison impériale qui fut instituée à Écouen.

et majestueux aspect de cette immense ruine ; au premier coup d'œil, elle présente assez celui d'une ville, dont les bâtimens seraient des églises serrées les unes contre les autres ; ce qui produit cette illusion, ce sont des cheminées qui toutes ont la forme d'un clocher. En approchant, on voit que cette masse n'est composée que d'un seul édifice, et l'étonnement pour changer de nature n'en est pas moins grand. Si les fées avaient pu élever quelque chose dépourvu d'élégance et de grâce, on serait tenté de croire qu'elles ont créé ce palais extraordinaire ; mais elles préféraient sans doute le bon goût à la lourde magnificence. Les hommes, par un amour-propre excessif, ont seuls pu être capables d'aimer mieux l'un que l'autre.

Tout atteste à Chambord que des sommes énormes ont été dissipées dans ce lieu. Le plan et la position de cette construction royale sont également mal choisis : pas la moindre commodité dans la distribution intérieure ; pas la plus petite échappée de vue ; tout ce qui entoure cette demeure, jadis si somptueuse, est d'un aspect monotone et triste. Les arbres y viennent rabougris : pour trouver un bel ombrage, il faut aller chercher la forêt qui est à deux lieues. Il y a bien, devant un des côtés du château, un petit jardin entouré de murs à hauteur d'appui ; mais il est devenu dangereux de s'y promener, les vipères communes en Sologne*, s'y étant choisi un domicile. Elles ne sont pas même cachées sous des fleurs ; ces lieux abandonnés n'en offrent plus que de sauvages, et en petit nombre.

Après avoir traversé une grande cour pleine de débris, de pierres, de plomb, de vitres cassées, etc., l'on entre dans le palais par une très-vaste salle des gardes, au milieu de laquelle se trouve le fameux escalier double, merveille du temps de François Ier. Deux personnes partant ensemble du bas, ne se rencontrent qu'en haut. Elles peuvent faire la conversation pendant qu'elles montent, par de petites lucarnes, pratiquées de côté pour recevoir le jour, qui

* La piqûre des vipères de Sologne n'est pas mortelle, mais on a remarqué que les membres atteints par elle, procurent une enflure qu'il est difficile de guérir, et que des hydropisies sont souvent la suite de ces blessures. Les vendangeurs portent habituellement des guêtres de peau pour éviter de pareils malheurs.

pénètre par les hautes fenêtres de la salle des gardes.

L'appartement du roi est immense, mais toutes les pièces, excepté celle de réception, sont en *fausse équerre*, choquant l'œil de la manière la plus désagréable, et empêchant de les rendre susceptibles d'être meublées à la moderne. On a demandé pour les réparations indispensables de Chambord, telles que parquets, croisées, plafonds et portes, *quatre millions :* ce qui fait supposer que monseigneur le duc de Bordeaux aimera mieux habiter Rosny, si parfaitement arrangé par son auguste mère ; et ce qui prouve que l'acquisition de ce domaine, qui a tant fait de mécontens, était une spéculation gauche de toutes manières ; car les revenus sont fort loin de rapporter l'intérêt de l'argent ; l'entretien des murs de clotûre est à lui seul un objet très-considérable. Le prince de Neufchâtel avait voulu renoncer au don qui lui avait été fait de Chambord, par Napoléon, sous la condition d'entretenir ces murs pour la conservation du gibier. Il lui en coûta la première année, *cinq cent mille francs*. Les dépenses excessives nécessitées par le mauvais état de cette grande propriété, ont décidé la princesse de Neufchâtel à la vendre; et c'est d'elle que les souscripteurs en ont fait l'acquisition.

Le gardien est poli, obligeant; il montre avec complaisance le peu de choses curieuses qui ont résisté au vandalisme révolutionnaire; plusieurs sculptures, quelques bas-reliefs, et particulièrement deux statues soutenant une petite tourelle, et qui sont, dit-on, des portraits de François Ier et de Diane de Poitiers. Pour moi, j'avoue que j'aurais plutôt reconnu dans ces deux grossières figures, un portefaix et une cuisinière, que le roi chevalier et la *belle des belles*. Leurs chiffres enlacés se trouvent dans plusieurs endroits; et la *Salamandre*, arme particulière de François, se remarque partout.

Nous voulions monter dans la lanterne, espèce de pavillon plus élevé que le reste de l'édifice, et duquel on découvre une vue admirable de la plus grande étendue; mais l'escalier qui y conduit est tellement dégradé, que l'on défend d'y poser le pied.

On nous fit remarquer une table de marbre extrêmement large et longue, sur laquelle fut ouvert le maréchal de Saxe, auquel Chambord a appartenu pendant quelque temps. Au lieu d'y porter les yeux, je les détournai bien vite; et je pense que l'on devrait épargner aux femmes, qui sont en général aisées à émouvoir, le spectacle d'une telle curiosité; elle ne pourrait figurer convenablement, que dans un amphithéâtre de chirurgie. Notre sexe parcourt ce château si vanté, pour y chercher de glorieux souvenirs, y recueillir quelques traces de ce troubadour couronné, qui, malgré sa mauvaise opinion sur nous, ne pouvait se dispenser de nous chanter toujours; et qui, pour faire fleurir les arts dans notre belle patrie, n'imaginait pas de meilleur moyen que de donner un grand empire aux dames, tout en les critiquant, quelquefois avec amertume. Il savait qu'un de leurs regards a souvent plus de prix, que les plus brillantes récompenses du souverain.

Etant dans le cabinet du roi, j'ai pensé aux vers si connus de :

> Femme souvent varie,
> Bien fol est qui s'y fie.

Le temps a fait justice du vitreau sur lequel était

gravé cet impertinent mensonge. J'en ai été charmée ; car peut-être aurais-je, malgré tout mon respect, pour le lieu où je me trouvais, anéanti cet injurieux distique.

Avant que Chambord eût été acheté pour monseigneur le duc de Bordeaux, un Anglais avait imaginé de le louer trente mille francs par an, avec la totalité de la chasse, qu'il comptait revendre aux habitans des environs. C'était un vrai *chasseur noir* qui eût dépeuplé tout le canton, si son fermage eût duré ; mais heureusement il renonça promptement à cette spéculation, qui ne lui réussit pas.

Afin de plaire au docteur, et de le mettre de belle humeur pour le retour, nous consentîmes à revenir par la route de Blois ; elle est la plus longue ; mais elle nous faisait passer par un joli château appartenant à un homme fort aimable, M. le marquis de Sauméry [*]. Le parc est planté avec un goût exquis ; l'habitation est

[*] Frère de madame de Castellane, mère de madame Fritz Portalès. Cette dame avait un grand goût pour les serpens ; elle recevait ses visites avec plusieurs de ces animaux favoris, qui s'enlaçaient autour de ses bras et de son col.

agréable et commode, et nous parut d'autant plus charmante, qu'elle contrastait d'une manière frapante, avec ce que nous venions de voir à une demi-lieue de là.

M. de Sauméry était, avant la révolution, gouverneur de Chambord; nous l'avons trouvé entouré d'une famille aussi aimable qu'unie; le docteur qui est lié depuis long-temps avec eux, était enchanté d'avoir fait une partie, qui lui permettait de jouir d'une société qui paraissait nous plaire aussi; nous la quittâmes avec un véritable regret.

Pour nous consoler de n'avoir pu prolonger notre visite, nous causâmes de ceux que nous venions de quitter; et nous arrivâmes à Blois sans nous en apercevoir. Nous nous décidâmes à y coucher, pour reposer le cheval qui n'en pouvait plus. Je fus ravie de ce petit retard apporté à notre retour; il nous permettait de visiter le château de cette ville, auquel sont attachés des souvenirs, qui doivent nous faire aimer plus encore notre siècle, exempt de tous les crimes de la féodalité de celui de Louis XI.

En lisant ensemble l'histoire de France, nous nous communiquions, si vous vous en souvenez, l'horreur que nous inspirait le caractère astucieux et cruel de ce roi, que les hommes d'état peuvent regarder comme un grand politique, mais que nous autres femmes ne pouvons que trouver un tyran; maîtrisé, à son tour, par ses superstitions (qu'il s'obstinait à prendre pour de la piété, et par des craintes, suites inévitables d'une conscience bourrelée. Eh bien, mon amie, nous étions encore loin de le détester assez! C'est au château de Blois qu'il faut aller pour lui vouer l'exécration qui lui est due *.

*C'est particulièrement au château de Plessis-es-Tours que l'on découvre, dit-on, jusqu'à quel point pouvait aller la cruauté et la méfiance de Louis XI. Il abusa sans scrupule de ce que l'on doit le plus vénérer: la religion et la royauté, pour imposer à ses sujets des impôts exhorbitans, des lois tyranniques; et pour lui faire subir, à la moindre opposition, les supplices les plus atroces.

Je n'ai pu visiter les restes de ce séjour, qui de palais de plaisance d'un roi était devenu une prison. Je ne puis donc en parler; *Quentin Durward* est heureusement imprimé, pour donner une idée juste de ce lieu formidable, qu'il peint avec les couleurs énergiques du génie.

En entrant dans la *prison des oubliettes,* on est saisi d'un frisson universel, en songeant à la foule de victimes qui y périrent par l'ordre de ce monstre. Il croyait expier de tels forfaits, en ajoutant une figure de saint à son chapeau, et en faisant quelque nouveau vœu expiatoire, que le peuple était chargé d'acquitter !

Figurez-vous, ma chère Alicie, un cachot suspendu, comme par un esprit infernal, sur des fossés d'une énorme profondeur, au milieu desquels se trouvaient des roues hérissées de faux, de couteaux et de poignards. Plusieurs trappes étaient pratiquées dans cet obscur réduit, de sorte que lorsque les malheureux prisonniers posaient les pieds dessus, une bascule les précipitait sur ces fatales roues, et de là dans les fossés correspondant à la Loire. Sans procès, sans jugement, et par son *seul bon plaisir,* le souverain se débarrassait ainsi de tous ceux dont son humeur ombrageuse croyait avoir à se plaindre.

Rien à Blois ne repose des sinistres pensées que font naître les *oubliettes.* Si l'on visite l'appartement habité par les rois de France (et que par parenthèse un bourgeois riche ne voudrait pas occuper, tant il est triste et mesquin), on arrive à la place où fut assassiné le duc de Guise, après le plus mensonger baiser. On n'aperçoit plus les traces de sang restées sur la pierre où tomba le prince. Un ingénieur, ennemi apparemment des traditions historiques, a fait élever un mur, qui cache ce que le concierge montrait jadis avec une grande vénération.

Pour se distraire de ce que l'on vient de voir, descend-on vers le côté du château bâti sous Louis XIII, on vous fait remarquer la fenêtre par laquelle s'évada Marie de Médicis, pour fuir les persécutions de son fils; et certes ce n'est pas ce qui serre le moins le cœur, que cette obligation où se trouva une reine de risquer sa vie pour quitter le royaume dont elle fut souveraine, et où régnait son fils! elle fut traitée par lui avec une dureté qui force presque à oublier les vices et les crimes de cette femme pour ne faire songer qu'à son malheur. Quels torts ne sont pas expiés par une telle punition! quand la raison et la justice la condamnent, la pitié l'absout!

Le château de Blois fut l'ouvrage de plusieurs rois. Louis XI y fit travailler et la barbarie est empreinte dans tout ce qu'il a fait élever. Louis XII continua ces travaux. Ce côté rappelle l'architecture élégante et légère des Maures. François I*er* voulut aussi attacher son nom à ce palais, et fit construire une troisième aile, où l'on retrouve les beautés et les défauts de Chambord; enfin Gaston d'Orléans se chargea d'achever la quatrième façade. Par ses ordres s'éleva le beau pavillon, qui forme la principale. Il n'eut pas les moyens de terminer ce qu'il avait entrepris; aujourd'hui même ce vaste édifice n'est pas fini.

Après avoir servi de résidence à des têtes couronnées, avoir retenti des rires et des chants joyeux des courtisans, en même temps que des gémissemens des victimes du despotisme le plus révoltant, il est devenu une *caserne*. Dans cette même cour où brillèrent les coches dorés des dames, entourés des fougueux coursiers richement caparaçonnés des guerriers les plus illustres et les plus galants, l'on voit maintenant des soldats s'exerçant au *jeu du bâton,* devant une galerie d'admirateurs en guenilles! Tristes vicissitudes de ce monde.

J'avais besoin de revoir autre chose que des

murailles noircies par le temps, de petites fenêtres où l'air passe à peine, et surtout de sortir d'un lieu où tout m'a attristée. Aussi est-ce avec ravissement que je me suis trouvée sur le pont charmant, bâti sur notre belle Loire. Rien de plus pittoresque que la vue de la ville de Blois, bâtie en amphithéâtre. Après avoir admiré la terrasse de la préfecture, et quelques maisons ornées de gothiques sculptures en bois fort bien conservées, nous nous sommes couchés exténués de fatigue.

Le lendemain à neuf heures, nous sommes partis, non sans avoir eu encore à supporter les reproches du docteur, sur ce qu'il n'avait pas, à Blois, de perruquier digne de lui poudrer la respectable coiffure, en harmonie avec les curiosités qui nous entouraient, et que l'humidité avait mise dans le plus triste état. Ma mère essaya de réparer le désordre; mais cette fois, sa peine et son obligeance furent perdues; et le mal ne put disparaître qu'à M*** où la perruque retrouvera la main habile qui depuis trente ans, se charge de la rajeunir.

Avant d'arriver dans notre village, nous nous arrêtâmes à Menars.

Bâti pour madame de Pompadour, je me figurais que ce palais devait être gracieux comme elle, et que partout le bon goût devait l'emporter sur une magnificence dont je pensais que la favorite devait désirer de se reposer. Je m'étais trompée ; au lieu de ce que j'attendais, j'ai vu une carrière de pierres taillées, chargées d'ornemens lourds et massifs. J'ai cherché vainement l'élégante simplicité qui convient à la campagne, je n'ai trouvé que le luxe insolent d'une courtisane, se plaisant à afficher sa honte, fière de son infamie, et ne rougissant pas d'étaler aux yeux innocens des jeunes et pures villageoises, une pompe presque royale.

Se rendant à Chambord avec le roi, madame de Pompadour admira la vue de la route dominant la Loire ; elle dit qu'un château bâti sur ce beau plateau serait une chose merveilleuse. Cette parole fut recueillie par Louis XV, qui donna ses ordres pour satisfaire ce désir fugitif. Six mois après il était exaucé, et l'on avait prodigué l'or, pour élever un monument qui perpétuerait une coupable faiblesse.

Le parc ne me parut point joli. De grandes allées droites forment sa partie supérieure ; et pour arriver dans le bas, qui offre de belles eaux produites par une source abondante, il faut continuellement descendre des marches de pierre; elles font communiquer de l'une à l'autre des terrasses qui vont jusqu'à la Loire. C'est une miniature de Versailles, à ce que disent ceux qui ont vu les deux endroits. J'aurais préféré des pentes de gazon, à toutes ces balustrades, qui peuvent convenir dans une ville, mais nullement au milieu des champs.

L'orangerie, citée autrefois comme un modèle dans ce genre, est en mauvais état : on a brisé pendant la révolution une magnifique statue de Louis XV, qui s'y trouvait. Il en reste quelques fragmens recueillis avec soin, qui sont d'une vérité parfaite, et d'un fini admirable.

Ménars appartient maintenant à l'un de nos maréchaux, M. le duc de Bellune*, aussi bon

---

* La terre de Menars était d'un entretien trop considérable pour la modeste fortune de l'honnête guerrier qui ne profita jamais de la victoire que pour tâcher d'adoucir le sort des vaincus. Il s'oublia constamment pour le bien public ; il a été obligé de vendre cette belle propriété, qui lui était d'ailleurs devenue désa-

dans son intérieur, qu'il était brave à l'armée. Il est fort aimé dans sa terre ; il fait beaucoup de bien.

L'horrible histoire que l'on nous a contée il y a peu de temps, paraît, d'après le dire de tous les paysans, dénuée de vérité, du moins quant aux détails que l'on s'est plu à

gréable à habiter, après l'évènement dont tout le monde s'est entretenu. Voici ce que j'ai appris d'une manière positive, des personnes chargées des informations qui eurent lieu après la mort de madame de Lusignan.

Cette jeune et intéressante personne avait un caractère défiant et soupçonneux, suite ordinaire d'une trop grande sensibilité. Dès le commencement de son mariage elle témoigna à son époux des craintes perpétuelles sur le peu de tendresse qu'elle lui supposait pour elle. Il la rassura d'abord ; mais enfin lassé de plaintes toujours renouvelées, il montra quelquefois de l'humeur et s'éloigna de son intérieur qu'on ne lui rendait pas agréable. Madame de Lusignan mit sur le compte de l'infidélité ce qui n'était qu'une conséquence de ses reproches ; et nourrissant dans la solitude (à laquelle la condamnait une santé de plus en plus mauvaise), une tristesse toujours croissante, elle prit la funeste résolution d'attenter à ses jours, après avoir fait un testament favorable à son époux. Elle s'empoisonna à Menars, et mourut dans les bras de M. de Lusignan !...

fabriquer, ou à dénaturer. La seule chose qui par malheur soit vraie, est la mort volontaire de madame de Lusignan ; elle s'est empoisonnée à la suite d'une longue maladie de nerfs, qui la faisait cruellement souffrir. Tout le reste est l'ouvrage de la plus odieuse malveillance. Comment ose-t-on inventer ce qui doit non-seulement nuire à une famille estima-

Madame la maréchale de Bellune, gravement malade à cette époque, ignora pendant plus de quinze jours la fin déplorable d'une personne qu'elle aimait. On la lui cacha de peur de lui causer une rechute dangereuse. Voilà l'*exacte vérité* sur un événement, dont se sont emparés les ennemis du maréchal, pour bâtir le plus monstrueux roman.

Quand la calomnie trouve tant de plumes disposées à la répandre, il est bien simple qu'une femme, qui en fut souvent la victime, repousse, chaque fois que l'occasion s'en présente, des contes injurieux pour son sexe. Voilà pourquoi je me suis étendue sur un fait, dont l'indignation des honnêtes gens a commencé à faire justice, et qui ne trouvera bientôt plus de créance que parmi les désœuvrés, qui n'ont de plaisir que dans le scandale qui les tire momentanément de leur apathie ; et chez les hommes qui, par leur conduite, doivent porter envie au maréchal duc de Bellune, dont la loyauté devient une critique naturelle de leur caractère.

ble, mais troubler pour jamais son repos, en laissant planer sur elle des soupçons infâmes?

L'ameublement de Menars est actuellement très-simple. La pièce qui me plaît le plus est une charmante bibliothèque, remplie d'un bon choix d'ouvrages. Il me semble que j'aimerais bien mieux l'étude, si je pouvais m'y livrer là. Quelle différence avec ma modeste petite chambre! qu'il y a loin de ces grandes et belles armoires en acajou et en glace, à mes vilaines planches de sapin, garnies de livres, utiles sans doute, mais seulement cartonnés! Il est triste, mon Alicie, de voir tant de gens heureux, et de l'être si peu soi-même ; surtout lorsque l'on était née pour posséder une grande fortune, base du bonheur en ce monde.

L'appartement du maréchal est bien celui d'un guerrier : peu de luxe, mais tout y rappelant de brillantes campagnes auxquelles il a puissamment contribué. J'ai remarqué sur la cheminée de sa chambre deux beaux vases en porcelaines, qui ont été donnés au duc de Bellune, par Napoléon; sur l'un se trouve le profil de ce souverain ; sur l'autre, je crois celui d'Alexandre. On sait gré au maréchal de conserver un pareil présent. Depuis l'abdication de l'empereur, il est resté fidèle aux sermens faits au roi; mais il conserve de la reconnaissance pour les bienfaits reçus avant le retour des Bourbons ; c'est prouver qu'il se souvient des leurs.

Je ne suis pas payée pour aimer la révolution, puisque ma famille y a tout perdu; mais j'honore ceux qui, pendant cette époque désastreuse, surent conserver pur et sans tache le nom de leur père. Quelle que soit leur origine, ils méritent le respect général, dont tant de grands seigneurs se sont rendus indignes, s'avilissant par des opinions aussi changeantes que les circonstances.

Pardon, mon cher Mentor, de vous avoir dit quelques mots de politique, dont vous ne vous mêlez jamais. Il m'a été impossible de parcourir ce château rempli des honteux souvenirs du siècle de Louis XV, et de ceux plus glorieux du nôtre, sans faire quelques réflexions, et sans vous les communiquer. Convenez qu'il est curieux de voir cette demeure d'une favorite d'un roi, devenue la propriété d'un général de la république!

Vous me blâmerez de m'occuper de ce que vous prétendez ne pas convenir à mon sexe et à mon âge; mais vos reproches seront adoucis par l'idée qu'enfin je pense à autre chose qu'à des futilités. Vous êtes un peu difficile à contenter : si je parle d'évènemens dont ma mère m'entretient toute la journée, vous me dites que je déraisonne; si je causais toilette, fête, etc., vous me diriez que je n'ai pas le sens commun; cela est embarrassant pour une personne qui, comme moi, suit toujours son premier mouvement. Soyez sûre que je tâcherai de mettre à profit vos bons avis, et l'exemple que vous me donnez depuis notre longue et douce intimité. Je n'arriverai pas de long-temps, (jamais peut-être,) à votre perfection; mais y aspirer, et travailler pour y parvenir, n'est-ce pas déjà quelque chose?

Nous parlerons beaucoup de mademoiselle de Vieville, pour vous prouver que je deviens meilleure.

Vous recevrez bientôt des noix contenant des gants. C'est la branche de commerce de Blois, que je suis le plus disposée à encourager; que feriez-vous d'ailleurs de vin, de cuirs, de vimaigre? Tout cela peut être la richesse d'une ville, mais ne me touche guères, n'étant point du petit nombre de choses qui puissent vous être agréables et que la médiocrité de ma fortune me permette de vous offrir, comme un souvenir de la plus tendre amitié.

Me revoici dans notre bicoque, qui me paraît rapetissée depuis que j'ai vu des colosses d'architecture. Il faut se contenter de ce que l'on a, ou du moins tâcher de se résigner à n'avoir pas mieux. Pour me donner du courage, écrivez-moi, et au milieu de votre brillante ville, n'oubliez pas votre meilleure amie, qui en est si éloignée.

Ma mère m'a promis de me mener voir Chanteloup (que l'on parle d'abattre,) et Chenonceaux. Nous irons peut-être jusqu'à Tours ; mais nous partirons par la diligence, afin d'être plus libres de nous arrêter dans les lieux remarquables, que nous voudrons visiter. Je suis charmée de ce projet qui me tirera de l'ennui que j'éprouve ici, et qui rendra ma correspondance moins monotone pour vous. Ma mère dans sa jeunesse a vu ces châteaux avec mon père; ils n'auront plus de charmes à ses yeux; quant à moi qui aime à voyager, je suis sûre d'avance de m'amuser; ma solitude depuis que vous êtes partie m'est insupportable, et je pleure comme un enfant chaque fois que je passe devant votre maison, ou que je vais m'asseoir dans ce petit berceau, au bout du jardin, où nous avons passé tant d'heures ensemble; j'y recevais des conseils, des leçons de vous; des louanges lorsque vous étiez contente de moi; de petits présens de votre ouvrage, comme récompenses de mes progrès. Maintenant tout est regret, là où tout était jouissance. Je me trouve bien à plaindre d'être séparée de ma sœur d'adoption, et je ne me console que par l'idée que, distraite par tous les objets nouveaux qui vous entourent, vous n'éprouvez pas la tristesse profonde que je ne puis parvenir à vaincre. Il faut que je vous quitte encore dans ce moment, ma chère amie, d'abord parce qu'il y a long-temps que vous me lisez, et ensuite parce que me voilà lancée dans mes lamentations; qui, une fois commencées, ne finissent plus. Adieu donc. Ce vilain mot me fait toujours autant de mal à écrire, que j'en éprouvai en vous le disant lorsque votre voiture vous entraînait loin de nous. ZOÉ.

LETTRE XII.

Mlle DORCY A Mlle DERCOURT.

Départ de madame de Roseville pour les eaux de Bagnères. — Concert donné chez elle. — MM. Bordogni, Adolphe Nourrit. — Romagnesi, Beauplan, Tulou, Brod, Gallay et Labarre. — MM. Rhein, Dusseck, Kalkbrenner, Baillot, Paer. — Madame Gardel. — M. Rouget, peintre. — Mademoiselle Robert, sourde-muette. — Histoire de madame Dickson. — Belles paroles d'une sœur grise. — Madame la comtesse Anquetil. — Son caractère. — L'Hôtel-Dieu. — Les Invalides. — Portrait de Napoléon. — Belle idée du Roi.

Mme de Roseville est partie hier, ma Zoé ; elle a été pour moi si parfaitement bonne depuis que je suis ici, que son départ m'afflige beaucoup. Son aimable caractère, la grâce d'un esprit cultivé, auquel elle n'attache aucune prétention, rendaient nos entretiens agréables autant qu'instructifs pour moi. Je préférais nos matinées passées ensemble, aux bruyantes réunions du soir, où je ne pouvais qu'à peine approcher la comtesse, obligée de s'occuper de toutes les personnes qui remplissaient son salon. Je n'ai jamais eu de goût pour ce que l'on appelle les plaisirs du grand monde; je ne pense pas qu'il me vienne. Si j'avais dû m'amuser de ces assemblées, où l'on ne cherche en général qu'à briller aux dépens d'autrui, celles auxquelles j'assiste depuis mon arrivée eussent produit cet effet; tandis que c'est avec joie que je vais être dispensée de continuer une dissipation si continuelle et si fatigante. A partir d'aujourd'hui je remonterai dans ma chambre tous les jours après le dîner, afin de travailler pour mes leçons du lendemain; à moins que mademoiselle de Vieville n'ait besoin de moi, ou qu'elle n'exige que je reste aux concerts et aux lectures qu'elle veut continuer une fois par semaine, en l'absence de sa nièce; madame de Roseville lui a laissé carte-blanche à ce sujet. Elle pense qu'une femme de qualité riche doit avoir une bonne maison, non-seulement pour soutenir son rang, mais surtout parce que c'est un moyen d'encourager les arts, et le commerce, en faisant connaître les artistes célèbres, et les inventions utiles. Elle a malheureusement peu d'imitateurs; les personnes possédant de grandes fortunes, ont perdu l'habitude de ce luxe, le plus profitable pour autrui; et dans ce siècle d'égoïsme, on songe plus à soi qu'aux autres.

J'ai entendu l'autre jour plusieurs artistes distingués, à une soirée arrangée pour moi par la comtesse. J'ai été enthousiasmée de la réunion de pareils talens. Madame Pasta a chanté, avec une expression difficile à surpasser, plusieurs morceaux de Paër, Caraffa, et un seul de Rossini. Elle a fait ainsi apprécier de belles choses oubliées ou inconnues ici, où il est de mode de n'exécuter que les opéras du *Maëstro* par excellence. On les sait par cœur, et cependant on s'obstine à les répéter tellement, que l'on finira par s'ennuyer de ce qui est en ce moment une véritable fureur. C'est un mauvais calcul d'épuiser ainsi ses jouissances, et de se priver de celles que ferait naître la variété et la comparaison de ses œuvres, avec celles de plusieurs compositeurs.

Bordogni et Adolphe Nourrit nous ont ravis par la grâce et la pureté de leur méthode. On a chanté plus de morceaux italiens que de français. Il n'y a que les provinciaux et les *étrangers* qui daignent demander quelquefois de la musique nationale. Dans un concert, elle est en général bannie; si vous en exceptez une ou deux romances, exécutées faiblement par les auteurs; qui préfèrent leurs productions à celles de tout autre, et vous forcent de les applaudir uniquement. Ils n'ont pas de voix, mais il faut que leurs compositions se vendent; ils vous condamnent donc à écouter ce qui souvent est peu agréable. M. Romagnesi et Beauplan, ne sont pas du nombre de ces fléaux de la société, ils plaisent toujours, et trop rarement, au gré de nos désirs, ils consentent à se faire entendre.

La partie instrumentale était confiée à MM. Tulou, Rhein, Brod, Gallay et Labarre; c'est dire qu'elle était digne du reste.

M. Rhein a été choisi pour mon professeur de piano. Sa méthode d'enseignement est celle du Conservatoire, où il a été répétiteur longtemps. Il joint au mérite de jouer sans effort, et sans la charlatannerie ordinaire des mains levées, mouvement de corps, etc., celui plus rare encore de *chanter* sur un instrument que l'on juge en général incapable de toucher et d'émouvoir, et susceptible seulement d'étonner par un déluge de notes. Ma mère qui a entendu Dusseck, Kalkbrenner et madame de Montgeroult, soutenait toujours que c'était trop restreindre les qualités du piano; en écoutant M. Rhein elle s'en est convaincue davantage. Il enseigne, dit-on, de la manière la plus parfaite; sa musique gracieuse est bien composée, aussi j'espère avec ses conseils faire de rapides progrès. J'aurai pour accompagnateur M. Baillot, dont l'immense réputation est encore au-dessous de ce qu'elle devrait être; il joint au plus noble caractère les plus agréables manières.

M. Paër, le meilleur maître de chant de Paris, viendra me donner quelques avis sur la manière de diriger une voix peu exercée.

En suivant, avec mes petites amies, les leçons de M. Lefort, j'achèverai d'acquérir ce qu'il est maintenant indispensable qu'une femme sache aussi bien qu'un homme, et ce que l'on négligeait autrefois de lui apprendre. L'histoire de tous les empires, celle de France particulièrement (car avant de s'occuper de ce qui s'est passé chez ses voisins, on doit ne rien ignorer de ce qui est arrivé chez soi,) et la langue française qu'il faut écrire avec pureté, pour bien sentir tous les charmes de nos grands prosateurs. M. Lefort est, de l'avis de tous les gens instruits, le professeur le plus habile. Sa justice, et son esprit de bienveillance le font aimer de ses nombreux élèves; ce qui est assurément le meilleur moyen de produire les plus heureux résultats.

Mme Gardel, qui a brillé long-temps à l'Opéra, nous donnera à Laure, Marie et moi, des leçons de danse. N'aimant pas le bal, je trouvais ce talent inutile pour moi; mais Mme de Roseville a été inflexible; elle a exigé que j'y consacrasse une heure, deux fois la semaine, afin d'apprendre à marcher sans disgrâce, et à faire la révérence. Elle n'approuve point la mode actuelle de sautiller, prise aux Anglaises, comme si on fût convenu de les copier, précisément, dans ce qu'elles ont de moins bien; la comtesse veut que je continue à être Française en tout, chose à laquelle je suis toute disposée.

M. Rouget, élève de M. David et peintre distingué, a été arrêté pour me perfectionner dans le dessin. Lorsqu'il me croira assez avancée, il me fera commencer la peinture. M. Girodet me permettra alors d'aller dans son atelier, où se réunissent quelques jeunes personnes qu'il protège. De ce nombre est une intéressante sourde et muette, mademoiselle Robert, qui a acquis un talent digne de son maître, et dont elle fait le plus noble usage.

La fortune de son père se trouvant momentanément dérangée par une faillite, qui lui enlève une partie de ses fonds, Fanny soutient sa famille, avec le prix de ses tableaux. Les amateurs s'empressent de les acheter d'abord pour leur mérite, et ensuite par le désir d'être utile à cette jolie et bonne Fanny. Je l'ai vue chez madame de Roseville, et je vous assure que l'on *cause* parfaitement avec elle. Son intelligence lui fait deviner tout ce que l'on dit, et ses gestes et son expressive physionomie répondent pour elle. Je suis fâchée que vous ne puissiez la connaître ; vous l'aimeriez, comme font tous ceux qui la voyent.

Pendant que je suis en train d'exercer mon talent pour la ressemblance, en vous traçant le portrait d'une aimable jeune personne, je dois aussi vous dire quelques mots de celle qui habite, depuis quelques mois, avec madame de Roseville. Voici comment elles se sont connues.

En allant à sa terre la comtesse s'arrêta à Mantes dans une auberge ; elle trouva tout le monde attendri de la position fâcheuse dans laquelle allait être une jeune Anglaise arrivée depuis quelques jours, avec une mère mourante. D'après l'avis de M. Maigne, excellent médecin, elle n'avait que peu d'heures à vivre. La maîtresse de l'auberge, bonne et bienfaisante, était décidée à aller implorer pour miss Sophia Dickson, une princesse à laquelle on ne s'adresse jamais en vain ; son altesse royale Madame, duchesse de Berry, qui précisément était à Rosny. Madame de Roseville empêcha cette démarche, en déclarant qu'elle remplacerait madame Dickson auprès de Sophia, si elle avait le malheur de la perdre.

La comtesse monta dans la chambre où pleu-

rait amèrement une femme belle encore, mais pâle, faible, et déjà à l'agonie. Touchée du spectacle de douleur qui s'offrait à ses yeux, madame de Roseville se précipita à genoux au pied du lit de la pauvre malade, près de la jeune fille baignée de larmes, et serrant celle-ci avec tendresse sur son cœur : « Je jure, s'écria-t-elle en
» anglais, de ne vous quitter qu'après le réta-
» blissement de madame Dickson, et de vous
» servir de mère si Dieu la rappelle à lui. »
Un regard de reconnaissance passionnée fut la seule réponse de l'infortunée madame Dickson; elle expira aussitôt, la scène qui venait de se passer ayant épuisé le reste de ses forces.

Madame de Roseville lui fit rendre les derniers devoirs, suivit son modeste convoi, et ne partit pour Roseville qu'après avoir acquitté tout ce qui était dû à l'hôtel.

Elle emmena sa nouvelle protégée, qui, à tous égards, est digne de la bienfaitrice que lui a envoyée la Providence. Sophia lui conta son histoire. De longs malheurs avaient forcé madame Dickson à venir chercher en France des moyens d'existence qui lui étaient refusés en Angleterre. Après avoir vendu le peu qu'elle possédait, elles'était embarquée avec sa fille, espérant trouver une place de gouvernante, et une de sous-maîtresse, dans quelque pension, pour Sophia ; sa santé altérée depuis long-temps se dérangea complètement à son arrivée au Hâvre, d'où elle s'obstina à partir, croyant pouvoir arriver à Paris. Elle comptait sur la protection du respectable ministre Forster, ancien ami de son mari ; mais une fièvre violente s'empara d'elle à Mantes. Elle reçut de l'aubergiste les soins les plus assidus, malgré qu'il sût par la malade qu'elle ne possédait plus que quelques louis ; il lui donna une garde, le meilleur médecin de la ville, et lui promit de tâcher de lui être utile auprès de l'*Ange de Rosny*.

Les charitables sœurs établies dans ce lieu par Madame, vinrent plusieurs fois consoler madame Dickson, quoiqu'elle fût protestante. Lorsqu'elle exprimait à ces héroïnes de notre religion l'étonnement de les voir si assidues près d'une hérétique : « Nous ne voyons en vous
» qu'une personne qui souffre, répondaient ces
» angéliques filles ; nous cherchons à diminuer
» vos maux sans nous occuper du reste. Quand
» vous serez bien portante nous parviendrons

» peut-être à vous éclairer sur votre erreur.
» Jusque-là ne songeons qu'à votre santé, et
» prions Dieu. » Les derniers momens de madame Dickson furent ainsi adoucis par les paroles des bonnes sœurs; elle mourut tranquille, emportant la certitude que sa fille avait retrouvé une mère.

Madame de Roseville s'est sincèrement attachée à Sophia, qui porte la reconnaissance pour sa protectrice jusqu'à l'enthousiasme; elle vit très-retirée, et ne suit la comtesse que dans ses courses du matin, presque toutes consacrées à des visites aux pauvres, et aux établissemens curieux. Le soir Sophia reste dans sa chambre, occupée de différents talents, que l'on trouve rarement réunis. Sa figure est douce et expressive; sa taille grande et belle; elle parle peu, et ne se défait de sa nonchalance et de sa mélancolie accoutumées que lorsqu'elle exprime son attachement pour madame de Roseville; elle s'anime alors, et son teint se colorant, ses yeux devenant vifs et brillans, elle est vraiment très-jolie. Elle retombe promptement dans cette langueur qui lui est habituelle, jusqu'à ce qu'il se présente une nouvelle occasion de faire l'éloge de la femme à laquelle elle veut consacrer sa vie.

Ma mère a observé à madame de Roseville qu'elle s'était engagée bien légèrement à se charger de cette jeune personne, qui, par un grand bonheur, mérite tout son intérêt, mais dont le caractère pouvait être fort difficile. «Vous » ne connaissiez ni sa famille, ni les causes de » ses malheurs qui eussent pu être la suite d'une » conduite peu honorable, ajouta ma mère. Vous » avez raison, répondit-elle, je le sens à pré- » sent, j'ai agi en étourdie dans cette circons- » tance comme dans mille autres ; mais pou- » vais-je réfléchir, lorsque je voyais leurs » larmes couler si justement. Il arriverait pa- » reille chose demain que je recommencerais, » j'en suis sûre. Heureusement que Sophia, par » sa conduite et sa tendresse pour moi, défend » mieux ma cause que je ne pourrais le faire, » et que ma fortune me permet de me passer » ces fantaisies-là, dont je ne me corrigerai » pas de sitôt ; à quoi donc serait-elle bonne, » si elle ne servait pas au bonheur d'obliger? »

De telles réponses mettent fin aux sermons qu'on voudrait lui faire ; et loin de la gronder, on admire ce que l'on était tenté de blâmer quelques instans auparavant.

Avant de reprendre le journal que je vous ai promis, je dois vous remercier de celui que vous m'avez envoyé sur votre course à Chambord. Dans plusieurs endroits de votre narration, j'ai pris ma mine sérieuse, qui vous faisait rire, mais qui cependant vous arrêtait au milieu d'une épigramme commencée. Par exemple, je trouve que vous avez eu grandement tort de vous moquer de l'humeur de votre bon docteur, ne trouvant pas à Saint-Laurent les petites aises qu'il a chez lui. J'aurais pensé que, touchée comme vous deviez l'être de ce qu'un vieillard de quatre-vingt-deux ans consentait à quitter sa maison, et à courir pour vous les routes dans une mauvaise cariole, vous eussiez gémi de le voir dans une misérable auberge, manquant des choses qui à son âge sont presque indispensables. Je vous sais trop d'esprit pour concevoir que vous puissiez vous amuser à propos d'une coiffure qui n'a que le tort d'être passée de mode, et qui me paraît infiniment moins ridicule pour un homme de l'âge du docteur, que ne le serait une perruque blonde bien frisée ; enfin je pense que vous avez reçu de lui tant de preuves d'amitié, que vous ne devriez apercevoir en lui aucune imperfection, la reconnaissance embellissant tout dans l'objet qui l'inspire ; et que vous devriez encore moins communiquer vos observations lorsqu'elles sont désavantageuses. Si vos lettres étaient vues on pourrait vous supposer un mauvais cœur, ce qui serait assurément une erreur, puisque vous l'avez sensible. C'est parce que la moquerie peut donner de vous une idée fausse, que je tiens tant à vous en corriger. Je ne vois qu'un badinage mal choisi, dans ce que les indifférens pourraient juger avec une extrême sévérité, et je sais que la bonté forme le fond de votre caractère ; mais il ne suffit pas d'être appréciée par vos amis, il faut encore que les étrangers ne puissent porter de faux jugemens sur vous.

Je vous répète, chère amie, les conseils d'une bonne mère, et ceux de l'excellent grand-père que j'ai perdu il y a quinze mois. Ne les quittant jamais je n'ai pas été une minute sans recevoir des avis, que la mauvaise santé de madame Dercourt l'empêchait de vous donner, puisqu'elle était forcée de garder souvent son lit. Votre vieille bonne a encouragé ce qu'elle eût dû réprimer. Ainsi vous êtes presque excusable d'avoir jusqu'ici peu réfléchi, et de vous être livrée inconsidérément à votre seul défaut, dont on riait autour de vous. Vous avez dix-huit ans; il faut sans relâche travailler à devenir ce que vous pourrez être dès que vous le voudrez; la meilleure et la plus gentille personne que je connaisse. Je *rabacherai* tant sur ce sujet que vous finirez par vous corriger, ne fût-ce que pour ne plus m'entendre gronder. Vous me reprocherez à votre tour ma sauvagerie dont je veux me défaire puisqu'elle déplait autour de moi; vous tâcherez de me faire sentir qu'à vingt ans on ne doit pas être sérieuse comme à cinquante; vous m'engagerez à quitter une gravité portée jusqu'à l'extrême. Enfin nous nous reprendrons mutuellement; et l'amitié sincère nous rendra plus dignes de l'inspirer. Maintenant revenons à Paris où vous aimez à me suivre.

Madame la comtesse Anquetil, modèle de bonté, d'obligeance et de piété filiale, me témoigne une bienveillance à laquelle je suis très-sensible. Toujours prête à faire ce qui peut plaire aux autres, elle a consenti à me conduire au spectacle, chaque fois que ma mère sera forcée de tenir compagnie à mademoiselle de Vieville. Madame Anquetil, occupée sans relâche à découvrir des pauvres à soulager, ou quelque occasion de solliciter nos princes pour l'infortune, n'a guère de temps à consacrer à ses plaisirs, d'autant que sa respectable mère est presque constamment malade, et que nulle garde ne pourrait la remplacer. Le désir d'être agréable à une pauvre provinciale, lui a fait prendre un engagement qui n'est point dans ses goûts. Nous irons une fois tous les quinze jours aux grands théâtres ; fort rarement aux autres, dont le genre de pièces, d'après ce que j'en entends dire, ne me plairait pas.

Nous allons demain voir Hamlet joué par Talma. J'aurai un grand plaisir à juger de l'effet d'une tragédie, traduite avec art, mais dont on a élagué tant de choses admirées en Angleterre. Je vous dirai ce que je pense du géant de la scène française, à condition que vous ne ferez part à personne de mes avis. Je puis les communiquer à une amie ; mais je serais désolée que l'on pût croire que j'ai la prétention de m'ériger en censeur, et de donner mes critiques ou mes louanges comme justes. Il est tout simple que je vous raconte les impressions nouvelles que je reçois. Il serait du dernier ridicule de vouloir prétendre en faire des opinions à suivre. Je suis persuadée que je me tromperai souvent, et que ce qui me paraîtra bien sera précisément ce qui sera blâmé par les connaisseurs. Je jugerai avec mon cœur, ce qui n'est pas je crois la meilleure manière, mais la seule que me permette mon ignorance.

J'ai visité, avec madame de Roseville, la veille de son départ, l'Hôtel-Dieu et celui des Invalides, les deux plus beaux établissemens qui honorent l'humanité, et qui suffiraient pour illustrer la ville dans laquelle ils existent. La vieillesse, la souffrance, sont dans ces lieux entourées d'une propreté si recherchée, qu'elle met presque l'élégance à la place du dégoût que devraient inspirer les réunions de tous les maux physiques. Les dortoirs sont grands, aérés, et frottés tous les jours ;

les rideaux de lits bien blancs; les malades portent du linge renouvelé souvent, et les cuisines sont tenues comme il faudrait que le fussent celles des particuliers.

A l'Hôtel-Dieu on a construit une terrasse couverte, pour que l'exercice ne pût être refusé en aucun temps aux convalescens pressés de quitter leur lit de douleur. Des sœurs attentives les surveillent, et à la moindre indisposition leur prodiguent les soins qu'on est habitué à attendre d'elles.

Nous sommes entrées au réfectoire des invalides pendant qu'ils étaient à table; nous avons goûté de leur soupe qui est très-bonne; leurs autres mets sont abondans et sains. Nous avons remarqué avec un vif intérêt un centenaire auquel tous ses camarades, jeunes par la comparaison, rendaient avec empressement tous les petits services d'une prévoyante bienveillance. Madame de Roseville lui a donné deux louis pour faire boire à notre santé, ce qui a excité une joie générale parmi ces vieux soldats, ravis de se réunir pour se raconter joyeusement, le verre en main, leurs hauts-faits d'armes, tant soit peu exagérés peut-être;

mais dont le fond est toujours vrai. Leurs honorables médailles en sont des preuves.

Nous sommes entrées ensuite dans une bibliothèque que l'on chauffe en hiver. Les armoires sont chargées de livres d'histoire et de tactique militaire. Les invalides peuvent en prendre, sans toutefois sortir de cette pièce, autrefois ornée d'un portrait de Napoléon. Il était représenté à cheval, franchissant le mont Saint-Bernard.

C'était lui qui avait fondé cette bibliothèque, où tous ces héros mutilés trouvent de grandes jouissances sans fatigue. Les plus habiles dans la lecture se mettent à l'écart pour lire tout haut à ceux de leurs camarades qui sont privés d'un talent qu'ils envient.

Ces groupes offriraient de bons modèles à nos ingénieux et spirituels lithographes. Chacun de ces braves suit avec intérêt la description des belles batailles des siècles passés; il peut espérer que son nom sera un jour illustre comme celui des soldats cités dans ces passages qui les intéressent si vivement; ainsi au déclin de leur vie, l'avenir s'étend pour eux, lorsqu'il paraît devoir être fini, et l'idée que leur bravoure leur survivra, les console d'être condamnés à une inaction souvent prématurée. Dans l'âge où se perdent les trompeuses illusions de la jeunesse, ces vieillards conservent la plus douce de toutes pour eux, celle de la gloire!

On ne voit plus dans l'église que quelques rares drapeaux. Ceux qui avaient été pris en grand nombre dans les campagnes d'Italie et d'Autriche, ont été enlevés par les alliés. Il a fallu plusieurs nations réunies pour nous ravir ce que la nôtre avait su conquérir, à elle seule, sur toutes les autres.

Les tombeaux des maréchaux de Saxe et de Turenne ont été rendus aux lieux dont ils furent indignement arrachés; mais la place où ils ont été momentanément déposés par ordre de l'empereur, révolté de leur profanation, sera toujours respectée; on n'en approchera jamais sans se rappeler les actions de ces héros, qui n'ont pu être insultés qu'après leur mort, par une poignée de frénétiques insensés.

Le roi vient de donner l'ordre de transporter aux Invalides les portraits des maréchaux morts, afin qu'ils fussent encore avec les soldats qu'ils conduisirent si souvent à la victoire. C'est devant ces tableaux qu'il leur sera doux de se rappeler leur jeunesse qui leur fournit de si brillans souvenirs. Nulle part l'image de nos meilleurs capitaines ne pouvait être mieux placée ; et cette pensée du roi, digne de son noble caractère, est une justice qui doit flatter l'armée.

Adieu, ma chère Zoé ; je ne puis vous dire à quel point la matinée dont je viens de vous rendre compte m'a intéressée. Puissent mes relations vous communiquer une partie de ce que j'ai éprouvé !

Madame de Roseville, ayant des amis à Orléans, doit y rester deux jours. Elle vous enverra, de ma part, une robe que je vous prie d'accepter. Ne m'en remerciez pas, car en vérité je n'ai aucun mérite à vous l'offrir ; mon trousseau ici était si considérable que j'ai pu, sans m'appauvrir, contribuer, non pas à vous embellir, mais à vous faire remarquer par votre élégance, à la fête de notre ville.

LETTRE XIII.

LE M^d DE BLIGNY AU Cte DE PAHREN.

La Bourse de Londres. — Rencontre avec madame B.... Ses malheurs. — Son voyage en Angleterre. — Obligeance des voyageurs. — La jolie petite fille. — Le baron Laugier de Chartrouse. — M. Williams, avocat. — Sa belle conduite. — Madame Elliot. — Sa bonté. — Singulières galanteries d'un grand seigneur anglais. — Mort de madame Elliot.

Londres.

Je n'ai point encore reçu de réponse, mon cher comte, à la lettre que je vous écrivis de Londres, il y a plus de quinze jours; ce qui me fait craindre que vous ne soyez malade, dans quelque village, où vous aurez pensé trouver votre charmante Sophia. Je suis tentée de la détester depuis qu'elle vous rend malheureux; cependant cela me sera difficile, car sa douce figure plaide en sa faveur; et je n'ai jamais pu refuser gain de cause à un semblable avocat. Il faut convenir qu'elle profite du privilège que notre galanterie accorde à une jolie femme : celui d'être capricieuse.

Jusqu'à ce qu'il me soit prouvé clair comme le jour, qu'elle a été exactement forcée de fuir, par un motif puissant, je soutiendrai envers et contre tous, que l'on a tort de citer les Françaises comme des modèles de légèreté, et que sous ce rapport les Anglaises dament le pion à nos compatriotes jugées trop sévèrement. Aucune de ces dernières n'eût changé si promptement d'intention, et n'eût pris ce parti violent de s'expatrier pour fuir un homme aimé, riche et aimable.

Je suis si effrayé de la versatilité des belles de ce pays, que je suis très-déterminé à les fuir comme la peste. J'irai peu dans le monde, et pour ne pas mourir d'ennui, je courrai les environs et les spectacles. Je vous rendrai compte de tout ce que je verrai : c'est pour continuer l'habitude que j'ai contractée de vous confier toutes mes pensées; (j'allais dire tous mes sentimens, ce qui vous eût fait sourire de pitié, car vous ne m'en croyez pas susceptible) que je vais vous parler d'une charmante rencontre que j'ai faite la semaine dernière, dans la Cité, où par désœuvrement j'étais allé visiter la Bourse, monument qui a ici autant de réputation que celui érigé à Paris pour la même destination, et qui me paraît de mauvais goût, soit dit en passant.

J'ai donc vu sur le trottoir, marchant devant moi, une femme d'une tournure, que j'ai jugée devoir être française. Je pressai le pas pour apercevoir une figure de mon pays, qui me reposât un peu de toutes les régularités que j'étais las d'admirer; et je reconnus madame B.... que vous vous souvenez sans doute d'avoir vue à Paris, il y a quelques années, et qui a depuis éprouvé de cruels chagrins. Elle m'a permis de l'aller voir, ce que j'ai fait avec empressement. J'étais bien aise de savoir son histoire, sur laquelle je n'avais aucun détail.

Ce qu'elle m'a conté de son séjour ici vous intéressera, et vous fera mieux connaître le caractère anglais, que les ignobles farces que l'on s'obstine à représenter sur nos théâtres, comme des portraits exacts, tandis que ce ne sont que de sales caricatures. Je suis assurément *très-Français*, ce qui ne m'empêchera pas de blâmer cette habitude de rabaisser une nation, dont nous cherchons à copier depuis long-temps le gouvernement, et jusqu'aux modes les plus extravagantes; c'est parce que j'aime mon pays, dont je m'honore de faire partie, que je ne veux pas que l'on dénigre trop un peuple, battu souvent par nous, mais qui nous vainquit aussi quelquefois. Venons à madame B.....

Elle a été forcée de se séparer de son mari : parce que celui-ci fut obligé par sa conduite de fuir sa patrie ; après avoir dépouillé sa femme de tout ce qu'elle possédait, il l'a abandonnée avec un enfant; et, gagnant ici beaucoup d'argent, il n'a pas songé à en envoyer à madame B..... qui, sans ses excellens parens, se fût trouvée privée de toute ressource.

Lassée d'être ainsi à leur charge, elle résolut

d'aller à Londres consulter sur les moyens de faire assurer une existence à sa fille. Sa santé délabrée faisait craindre les suites d'un voyage long, et d'autant plus pénible, qu'il fallait l'entreprendre seule pour épargner des dépenses considérables. On s'y opposa d'abord, quoiqu'on sentît la nécessité de sortir enfin d'une position odieuse ; mais on finit par approuver cette courageuse résolution, car l'incertitude de l'avenir de sa chère Caroline, menaçait de finir promptement la vie prête à s'éteindre de sa malheureuse mère. Née à Londres pendant l'émigration, les médecins pensaient que l'air natal lui serait favorable, et elle paraissait si pleine d'espérance, sur les heureux résultats de son voyage, que sa famille se résigna à se séparer d'elle. Les adieux furent déchirans ; il fallut employer la violence pour lui arracher sa fille, qu'elle serrait convulsivement dans ses bras en la couvrant de larmes. Enfin madame B..... fut mise en voiture presque sans connaissance.

Les voyageurs, touchés d'une douleur si vive, eurent pour cette infortunée mille soins empressés ; pour leur témoigner sa reconnaissance elle tâchait de dévorer ses pleurs :

cette contrainte lui fut salutaire, en calmant peu à peu son désespoir.

Il y avait dans la diligence une petite fille de l'âge de celle si amèrement regrettée par madame B.... Cette conformité jointe à celle du nom, rendit immédiatement cette enfant la favorite de notre intéressante voyageuse; elle ne quitta plus ses genoux. Les caresses de Caroline S..... plaisaient surtout à madame B..... pendant la longue nuit passée en voiture. Elle se faisait une douce illusion, en sentant une petite main essuyer doucement ses yeux; madame B..... cherchait à éviter des fatigues à sa protégée, qui paraissait peu occuper une mère jolie et légère; celle-ci se plaignait constamment d'être forcée de la porter sur elle. Qu'eût-elle donc fait à la place de madame B.... qui, pour sa fille, affrontait mille dangers? il fallait être soutenue par l'espoir d'obtenir ce qui pourrait assurer une éducation brillante à cet objet de ses plus chères affections, pour trouver la force d'exécuter un projet si pénible.

Arrivée à Calais, son premier soin fut d'écrire à sa famille, et de lui apprendre combien elle avait trouvé d'obligeance parmi ses compagnons de voyage : elle assurait que, grâce à sa petite amie, sa douleur était moins vive ; elle le croyait dans ce moment ; mais lorsque, montée sur le paquebot, elle vit disparaître les côtes de France, elle s'évanouit... c'était en effet quitter de nouveau tout ce qu'elle aimait !..

On monta à la hâte un matelas sur le pont ; on l'y posa doucement ; Caroline pendue à son col, ne voulait plus la quitter ; ses baisers ranimèrent madame B.... Le temps était calme, la traversée fut assez longue, mais heureuse, et l'on arriva à Douvres sans que personne souffrît du mal de mer.

Madame B.... éprouva un redoublement de tristesse en touchant une terre qui n'était pas la France, et qu'elle ne pouvait cependant regarder comme étrangère, puisqu'elle y était née. Ayant quitté l'Angleterre, à l'âge de quatre ans, elle n'en conservait qu'une idée confuse ; tout l'étonnait, et cette surprise même était un chagrin, lui faisant sentir à chaque pas qu'elle était éloignée de sa véritable patrie. Elle éprouvait un serrement de cœur inexprimable, en entendant autour d'elle un langage qu'elle savait parfaitement, mais qui n'était pas celui dans lequel elle avait prononcé ses premières paroles, dictées par son excellente mère. Rien autour d'elle ne lui retraçait le pays de ses pères, devenu le sien.

Une nouvelle peine l'attendait à Londres ; il fallut se séparer de sa jeune consolatrice, qui partait pour Bath ; les larmes de madame B..... coulèrent plus abondamment encore, elle quittait un enfant qui lui rappelait le sien !...

Ne connaissant personne à Londres, et ne voulant faire usage d'aucune de ses lettres de recommandation, dans la crainte de nuire à son époux, elle se fit conduire dans un hôtel français situé sur Leiscester-Squarre ; elle y avait été élevée, elle espérait trouver là quelques souvenirs d'enfance ; mais ceux plus récens de sa jeunesse absorbaient tous les autres, et ne lui laissaient pas un instant de calme.

Elle rencontra dans le corridor de cette auberge un ancien ami, M. le baron Laugier de Chartrouse, dont l'aimable caractère ne se démentit pas dans cette occasion. Il offrit avec son obligeance accoutumée ses services à madame B.... s'occupa de lui chercher un logement convenable, et lui en trouva un dans *Adelphi,* chez une honnête veuve d'un pasteur, qui la prendrait en pension.

Ce triste et noir quartier n'était pas fait pour égayer une personne accablée de chagrin ; mais il avait l'avantage d'être bon marché, point essentiel pour une femme obligée de calculer ses moindres dépenses.

Le baron sachant qu'elle était déterminée à éviter la vue d'un époux dont elle avait de si justes raisons de redouter la présence, lui conseilla d'aller consulter pour ses affaires MM. Williams, Brooks et Powell, hommes de loi intègres, dont il avait eu à se louer ; elle pensa comme M. Laugier, qu'elle ne pouvait mieux faire que de leur confier ses intérêts.

Elle arriva chez eux dans Lincols-Inn, et fut reçue avec une bienveillance qui lui fit espérer la réussite de ses réclamations. M. Williams particulièrement lui promit de s'occuper vivement de cette affaire. Son air de franchise inspirait trop de confiance, pour qu'il fût possible de douter qu'il ne tînt parole.

En retournant plus tranquille à sa modeste demeure, madame B..... fut rencontrée par madame Elliot, qu'elle avait vue quelquefois à

Paris, et que vous vous rappellerez comme d'une femme belle encore quoique fort âgée ; elle fit précipitamment arrêter sa voiture, et priant madame B.... d'y monter, elle lui déclara qu'elle l'emmenait dîner chez elle à Brumpton, joli village composé de charmantes maisons particulières, et très-voisin de Londres. Elle insista avec tant de grâce que l'invitation fut acceptée.

Madame Elliot apprit en route les raisons qui conduisaient madame B.... en Angleterre ; elle devina tout ce qu'une discrète retenue faisait taire ; et, sous prétexte que l'air de la campagne serait beaucoup plus sain, elle obtint de madame B.... de venir habiter un appartement vacant dans la maison voisine de la sienne. Elle ne souffrit pas que son amie retournât dans la Cité, fit apporter le même soir tous ses effets à Brumpton, et avec une bonté touchante, présida elle-même à l'arrangement du nouveau domicile, embelli par sa prévoyante amitié. « Vous ne serez guère ici, ma chère amie, dit » cette excellente personne, dès que vous se- » rez éveillée, ma femme-de-chambre ira vous » habiller. Immédiatement après vous vous éta-

» blirez chez moi; vous y serez nourrie d'une
» manière plus saine; vous serez servie par mes
» gens attentifs et soigneux; vous aurez ma
» voiture pour aller à Londres, et je ne vous
» laisserai retourner chez vous que pour vous
» coucher. Je suis vieille et souffrante, je
» vis fort retirée, ainsi ce n'est pas vous
» proposer une vie bien gaie, mais du moins
» vous serez soignée avec la tendresse la plus
» sincère; je remplacerai près de vous votre
» bonne mère, vous me tiendrez lieu de la
» fille que j'ai perdue; et nous nous console-
» rons mutuellement; regardez-vous donc dès
» cet instant, comme étant chez vous, et adou-
» cissez le chagrin que j'éprouve d'avoir une
» trop petite maison pour vous y offrir un lo-
» gement, en restant avec moi du matin au
» soir. »

Vous comprenez, mon cher comte, quelle reconnaissance durent inspirer des offres, faites avec tant de noblesse à une personne abreuvée de douleur, et dédaignée depuis ses malheurs, non-seulement par le monde qui n'aime que ceux qui l'amusent, mais encore par plusieurs parens, craignant sans doute d'être forcés de secourir une infortunée. Ils jugèrent qu'il était plus commode, et surtout plus économique de l'accuser que de la plaindre; et, au lieu de chercher à lui être utiles, ils cessèrent de la voir.

Madame B.... conçut pour madame Elliot une amitié sincère qu'elle lui devait à tant de titres, et ne la quittait que lorsque ses tristes affaires l'obligeaient d'aller chez son avoué. Malgré le zèle qu'il mettait à les poursuivre, il ne pouvait obtenir une terminaison. M. B.... manquait vingt fois les rendez-vous indiqués; ou apportait chaque jour de nouvelles difficultés aux arrangemens qui lui étaient proposés.

Madame Elliot, sachant par elle-même combien les hommes de loi font payer leur temps, s'effrayait à l'idée des frais énormes qu'occasionaient des consultations fréquentes. Elle n'osait communiquer ses craintes à sa jeune amie, cependant elle fit entendre que certainement elle aurait besoin d'argent pour se libérer avec M. Williams; et elle en offrit avec une délicatesse, qui doublait la gratitude due à de nobles procédés.

Toute la société partageait sa bienveillance pour madame B..... qui ne pouvait rien admirer dans les magasins, sans qu'elle retrouvât chez elle, le soir, les choses qui avaient fixé son attention. Lorsque le courrier de France était en retard, ou qu'il n'apportait pas de lettre, tous les efforts imaginables étaient employés pour consoler la pauvre mère, que cette inexactitude désespérait. On ne lui offrait ni des spectacles, ni des fêtes, qui eussent été refusés ; mais on lui apportait un joujou qui devait amuser Caroline ; on faisait des robes pour une belle poupée de cire, qui devaient charmer cette chère petite : et occupant madame B..... des plaisirs futurs de son enfant, on parvenait à la distraire de ses inquiétudes présentes.

On n'accorde pas aux Anglais la galanterie, attribuée aux Français. Madame B..... en reçut cependant plusieurs de lord Ch. B..... Je vais vous les citer, afin que vous jugiez de la manière *adroite* que l'on employe ici pour plaire à une femme.

Imaginant que le *porter* incommoderait une faible Parisienne, lord Ch. B..... lui envoya un beau matin 50 bouteilles de *vin de Bordeaux*, en la priant de vouloir bien accepter ce *souvenir*. Il fût fort surpris que cette ingénieuse attention ne fût pas reçue; mais il ne se rebuta pas, et ayant appris quelques jours après que madame B.... était musicienne, il fit porter chez elle une superbe harpe d'Érard, annoncée par un billet du plus mauvais ton, dans lequel il ne demandait pour prix de cet hommage, que le bonheur de baiser les mains qui s'exerceraient sur cet instrument. La harpe suivit le même chemin que le *claret*; ce renvoi ne fut pas même adouci par un seul mot.

Madame B.... était indignée qu'on la crût capable d'accepter de semblables présens. Elle prétendait que c'était insulter à sa position. Il fallut pour la calmer, toute la confiance que lui inspirait madame Elliot, qui chercha à la convaincre que lord Ch. B.... loin d'avoir eu l'intention de l'insulter, avait au contraire celle de lui faire une double politesse gauchement inventée, qu'elle interprétait mal; mais à laquelle elle devait être sensible. Madame B.... était fort tentée de croire le contraire.

Convenez, mon cher comte, que nous ne pouvons avoir la prétention d'être comparés aux *dandys*; nous, qui nous contentons d'offrir un bouquet ou un cornet de bonbons! Nous ne nous sommes jamais avisés de vouloir *enivrer* les femmes, autrement que par nos louanges; et je suis persuadé qu'elles préféreront toujours notre manière à celle de nos riches voisins.

Après des peines infinies, et des courses sans nombre, M. Williams est parvenu à obtenir une pension de 100 louis pour sa cliente. M. B..... promet de la payer exactement ce dont je doute; mais à moins d'intenter un procès qui répugne au cœur de madame B..... On ne peut avoir mieux; il faut donc se contenter de cette décision.

Madame B..... a écrit il y a quelques jours à M. Williams pour lui exprimer sa reconnaissance; elle lui demandait, en tremblant, de vouloir bien envoyer sa note; elle supposait d'après ce qu'on lui avait dit, qu'elle devait s'élever à une somme considérable. Quel fut son étonnement de recevoir la réponse la plus polie, dans laquelle M. Williams l'assurait que l'obligé dans cette affaire était lui, assez heureux pour avoir pu la servir; et qu'il ne se résoudrait jamais à accepter le moindre honoraire d'une personne, dont la situation était si intéressante. Il lui offrait avec toute la reserve imaginable d'être son banquier, pour lui avancer les fonds qui lui seraient utiles *.

Voilà un beau caractère, digne d'être admiré de vous, mon cher comte, qui vous connaissez en nobles actions. Vous apprécierez aussi la bonté soutenue de cette charmante madame Elliot, qui ira bientôt en France, dont l'air doux lui est ordonné. Je fais des

---

* Tous ces détails sont exactement vrais. M. Williams poussa plus loin encore son extrême désintéressement. Il envoya plusieurs quartiers d'une pension obtenue, grâce à ses instances, et qui avait cessé d'être payée.

Madame B... n'en fût instruite que quelque temps après, abusée par cet obligeant stratagême.

Il m'est doux de consigner la noble conduite d'un homme estimable, et de rendre hommage à une vertu qui fait honneur au barreau anglais, digne rival du nôtre, l'une de nos gloires nationales. J'ai dû taire le nom de l'obligée de M. Williams, il n'eût rien ajouté à l'estime que doit inspirer cet avocat, et m'eût été pénible à rappeler.

vœux sincères pour qu'elle retrouve une santé nécessaire à tous les malheureux *.

Je ne puis vous entretenir de choses frivoles aujourd'hui. Après des détails si dignes d'intérêt ; vous n'en prendriez aucun, aux récits que je pourrais vous faire, de spectacles et de courses de plaisir. Le plus vif pour vous, est de pouvoir trouver à louer notre pauvre espèce, que tant de gens critiquent ; et j'ai pour ce matin donné matière à votre goût favori. Adieu donc !

* Les vœux les plus ardens, les soins les plus empressés, ne purent rendre madame Elliot à ses amis. Retirée dans une petite maison à Ville-d'Avray, elle y est morte à la suite d'une longue et douloureuse maladie, regrettée de tous ceux qui ont pu l'approcher. Lord Charles Bentick, frère du duc de Portland, est son gendre.

LETTRE XIV.

LA C.ᵗᵉ DE ROSEVILLE A M.ˡˡᵉ DE VIEVILLE.

MÉRÉVILLE. — M., MADAME ET MADEMOISELLE DE LABORDE. — LEUR BIENFAISANCE. — ORLÉANS. — MONUMENT DE LA PUCELLE. — MADAME LA COMTESSE DE BRADI. — LE MUSÉE. — MADAME MIGNON. — HÔPITAL D'ORLÉANS. — M. DE VARICOURT, FRÈRE DE MADAME LA MARQUISE DE VILLETTE. — SA PIÉTÉ. — MOT DE LUI. — SA MORT. — M. DE BEAUREGARD SON SUCCESSEUR. — DESTITUTION D'UN CURÉ DE CAMPAGNE. — SA CONDUITE ENVERS LES PROTESTANS. — MADEMOISELLE DE B***. — M. DE RICCÉ, PRÉFET. — LE GÉNÉRAL CLOUET. — MADAME VERNETTI. — LA MARQUISE DE MONTLÉVIC. — SON ESPRIT. — IMPERTINENCE DE MADAME DES L... — M. ET MADAME ARTHUIS. — FÊTE BIZARRE DE LA PUCELLE. — PANÉGYRIQUE DE L'HÉROÏNE PRONONCÉ PAR M. L'ABBÉ FEUTRIER. — ACCIDENT QUI INTERROMPIT AUTREFOIS LA CÉRÉMONIE.

ORLÉANS.

Me voici donc loin de vous, ma chère tante, de mes enfans, de mes amis ! privée pour long-temps de la présence des êtres que j'aime le plus au monde, et cela sans que j'y aie été forcée, et par ma propre volonté! Et vérité, il faut que je sois à moitié folle pour avoir pu imaginer qu'en quittant Paris, je retrouverais ce repos, qui m'a abandonné depuis deux ans, tel effort que j'aie fait pour le retrouver! Si je ne redoutais les mauvaises plaisanteries, je ferais, je crois, retourner ma voiture vers la ville que je viens de quitter, et que je regrette déjà. Craignant le ridicule, je vais peut-être me condamner à un état pire que celui que je fuis! Je commence à penser qu'en effet, je suis destinée à gémir toujours, dans une position qui ferait le bonheur de toute autre.

Je n'attribue pas comme vous ce découragement à ce que j'ai été gâtée, et à ce que, maintenant, je suis blasée sur tout. La mort d'Édouard est la cause d'un chagrin que le temps n'adoucit pas, et qui décolore pour moi tous les plaisirs de la vie, vifs lorsqu'il était près de moi pour les partager. C'est dans mon cœur qu'est le mal, et nullement dans ma tête, comme on s'obstine à me le répéter. J'ai beau fuir, j'emporte le trait qui me blesse; cependant, puisque j'ai pris un parti désapprouvé par tous, blâmé même par votre indulgence, je dois prouver par ma ténacité que ce n'est pas légèrement que je m'y suis décidée; et, pour échapper aux sarcasmes de toute ma société qui cherchait à me retenir, je poursuivrai ma route. Il faut seulement que je cherche à devenir plus raisonnable; car, après tout, quand je continuerais à verser des larmes sur une séparation dont je ne puis accuser que moi, il n'en résulterait que le désavantage d'avoir les yeux rouges, le nez plus gros que de coutume, et un teint flétri.

Ce qui doit plus que tout me donner la force de surmonter ce que j'éprouve, c'est la peine que je causerais à votre excellente sœur. Je lui dois une compensation du sacrifice qu'elle me fait; paraître satisfaite de ce voyage, qui contrarie ses goûts, est un devoir pour moi. Je vais donc m'appliquer à donner à ma figure une expression de contentement, qui ne serait pas feint si vous étiez toutes avec moi. Vous savez ce que ce mot banal de *toutes* veut dire; car vous n'ignorez pas que pour mon cœur, l'univers, c'est vous, mes filles et madame Dorcy.

Quel dommage de trouver des obstacles à ce qui plaît! J'ai si peu été contrariée que lorsque par hasard cela m'arrive, j'en souffre plus qu'une autre. Je vous en supplie, chère tante, empêchez que mes filles ne prennent cette funeste habitude de suivre en tout leur volonté; ce serait leur préparer de cruels momens dans l'avenir; elles ne seront pas toujours avec leur mère ou avec vous.

Je me suis arrêtée à Méréville, pour admirer ce lieu si vanté. J'ai trouvé cette habitation délicieuse, mais privée de son plus bel ornement: la présence de sa charmante propriétaire, la comtesse de Laborde. Il fallait une aussi forte raison que celle du malheur qu'elle y a éprouvé*, pour renoncer à l'une des plus

---

* Madame la comtesse Alexandre de Laborde, aussi remarquable par sa beauté, que son époux l'est par son esprit et son caractère, habitait son château de Méréville, lorsque l'une de ses filles, digne à tous égards de ses parens, tomba par une fenêtre, et se tua. Sa mort plongea dans la consternation, non-seulement sa famille et ses amis, mais aussi tous les paysans, prévoyant qu'ils allaient perdre leurs bienfaiteurs, qui ne pourraient conserver une terre leur rappelant de si douloureux souvenirs. En effet, ils s'en défirent peu de

jolies terres de France. Je conçois très-bien qu'il lui fut impossible d'y rester après la mort de sa fille.

Arrivée très-tard ici, je n'ai pas voulu profiter de l'offre obligeante de la spirituelle comtesse de Bradi, qui avait eu la bonté de me proposer un logement chez elle. Sa conversation eût été pour moi un grand plaisir sans doute ; mais il eût fallu renoncer aux différentes courses que je projette dans ces environs ; pour me suivre elle eût sacrifié quelques heures, qu'elle sait employer d'une manière agréable pour les autres, et utile pour elle*. Il eût fallu d'ailleurs

temps après. Depuis cette époque, Méréville est moins bien entretenu. Les étrangers qui s'y succèdent regrettent aussi mademoiselle de Laborde !

* Madame la comtesse de Bradi a écrit plusieurs ouvrages pleins d'esprit et de grâce. Je citerai particulièrement l'*Héritière de Corse*, volume dans lequel on trouve des détails fort curieux sur cette île, devenue intéressante par la naissance de Napoléon, et dont on ne connaissait que la situation sur la carte. Les *Nouvelles* de madame la comtesse de Bradi méritent aussi le succès qu'elles obtiennent par le charme du style et l'intérêt des sujets traités avec le goût et la sensibilité qui doivent surtout se faire remarquer dans les compositions d'une femme.

se résigner à passer en revue une foule de gens dont je ne me soucie pas du tout.

Vous savez l'effet que produit sur les provinciaux, en général, une *dame de la cour.* Ils se croyent le droit de l'examiner comme une bête curieuse ; ils cherchent ses imperfections pour aller les proclamer partout. Cette inspection me serait insupportable ; je suis donc résolue à ne voir que les personnes de mérite que je connais dans cette ville. Le nombre en est assez grand pour que ce soit encore me procurer une société plus étendue qu'il ne convient en voyage. Il faut, dans le cas où je me trouve, parcourir les lieux, mais ne pas trop établir de relations, elles causent souvent des regrets lorsqu'on les quitte.

Je suis à l'hôtel de la Boule-d'Or, très-convenablement établie pour le peu de jours que j'ai à passer ici. J'ai visité ce matin ce qu'il y a de plus remarquable en édifices, et je n'en suis pas émerveillée.

Le monument de la Pucelle, élevé gauchement dans un coin de la place du Martroy, à deux pas de l'endroit où se font les exécutions des criminels, est infiniment trop mesquin pour le souvenir qu'il doit perpétuer. Je trouve que le sculpteur aurait dû éviter de donner à l'héroïne une pose théâtrale et forcée, qui fait ressembler la guerrière libératrice à une actrice de mélodrame, beaucoup plus qu'à la simple villageoise, appelée par miracle à sauver son pays. Plus cette figure eût été gracieuse, son attitude modeste, plus on l'eût admirée. En la regardant, il est impossible de la trouver ce qu'elle doit être ; ce n'est pas une inspirée qui suit une impulsion surnaturelle, la faisant sortir par une force puissante de toutes ses habitudes ; c'est une minaudière étudiant, devant une glace, de quelle manière elle sera le plus à son avantage.

La statue, posée sur un piédestal fort bas, paraît nécessairement lourde et massive. Si les fonds manquaient pour faire quelque chose de *grandiose*, il fallait, suivant moi, se borner à élever sur le pont, ou dans quelque place où Jeanne a exposé ses jours, une belle colonne de marbre blanc, sur laquelle eussent été sculptés un fuseau et une épée, et pour unique inscription : *Orléans à Jeanne d'Arc*. L'imagination et la reconnaissance eussent trouvé dans ce peu de mots tout ce qu'elles cherchent en vain dans le monument prétentieux érigé avec une ostentation qui fait ressortir encore sa médiocrité, et le rend presque ridicule aux yeux des étrangers s'imaginant que rien ne pouvait être assez magnifique pour honorer des actions sans exemple dans l'histoire.

Le *Musée* est un établissement nouveau, qui a déjà reçu des bienfaits de nos princes. Sous la protection éclairée de M. le vicomte de Riccé, préfet du département, il prendra, suivant toute apparence, une grande extension. Plusieurs riches particuliers ont fait de beaux présens en sculptures, en curiosités et en tableaux. On y remarque celui peint par Bourgeois, envoyé par le roi, qui ne néglige aucune occasion d'encourager les arts. Dans leur intérêt, il est à désirer que cet exemple, donné par les villes de Lyon, Orléans, etc., soit suivi par tous les chefs-lieux. Ce serait procurer à nos artistes célèbres les moyens de former plus d'élèves, puisqu'on étudierait leurs ouvrages, même en étant loin de Paris; et l'on apprécierait une foule de peintres encore ignorés.

Le pont d'Orléans est magnifique; et la rue Royale, qui y conduit, le dispute avec avantage aux plus belles que je connaisse. La cathédrale de Sainte-Croix, commencée sous Henri IV, et à laquelle on travaille encore, est regardée comme un modèle d'architecture gothique. Il est fâcheux qu'une partie nouvellement regrattée lui donne une apparence moderne, tout-à-fait en opposition avec le reste de l'édifice : il est empreint de la couleur sombre que lui a procurée le temps, et qui est bien plus en harmonie avec les ornemens de mauvais goût, mais d'un admirable fini de ce siècle reculé pour les arts.

C'est demain la fête de la Pucelle; j'y assisterai, et je ne fermerai cette lettre qu'après vous avoir rendu compte de cette singulière solennité. Elle a lieu tous les ans le 8 mai, anniversaire du triomphe de Jeanne. On prononce dans Sainte-Croix le panégyrique de cette héroïne. Cette année, c'est l'abbé Feutrier qui en est chargé : il a du talent comme prédicateur, et sera inspiré doublement par la beauté du sujet et comme Orléanais.

N'étant pas entièrement satisfaite des monumens élevés uniquement par l'orgueil et le luxe, j'ai voulu voir si je serais plus contente de ceux destinés au soulagement des pauvres.

J'ai donc prié l'estimable et bonne madame Mignon, habituée de tous les lieux de charité, de me conduire à l'Hôpital. Là, je vous ai regrettée plus que partout ailleurs, ma chère tante, car je n'ai eu qu'à louer et à admirer jusqu'où peut aller la bienfaisance des habitans de cette ville.

Rien de mieux entendu que l'administration de cet immense établissement; rien de plus parfaitement soigné que les salles de ce grand bâtiment, où se trouvent des ateliers de tisserands, de fileurs, etc. Toutes les étoffes qui servent à l'habillement des indigens et des malades, se fabriquent dans la maison. Cette économie permet de soulager un plus grand nombre d'infortunés. Plusieurs dames de la société passent leur vie à s'occuper des moyens d'améliorer le sort des pauvres; et la charité est ici une vertu si naturelle, que l'on a calculé que le tiers de la population est secourue par les autres.

Les Orléanais, essentiellement occupés de commerce, ne sont pas fastueux dans leur intérieur; ils aiment peu les arts, qu'ils regardent comme entraînant de grandes dépenses;

mais ils deviennent prodigues dès qu'il s'agit d'une bonne œuvre. L'exemple de leur respectable évêque, M. de Varicourt, étend encore leur bienfait. Pour plaire à ce prélat généralement aimé, on cherche à s'approcher des malheureux; c'est avoir la certitude de le rencontrer, bonheur également désiré par toutes les classes *.

*M. de Varicourt, frère de madame de Villette, nommée par Voltaire *belle et bonne*, a fait un bien incalculable à Orléans, par ses aumônes personnelles d'abord, et par l'élan qu'il donna à la charité naturelle de ses diocésains. Sa religion, vive et éclairée, n'avait rien de l'austérité qui repousse les hommes assez à plaindre pour ne pas l'éprouver. Elle ne se montrait dans toute son étendue, que lorsqu'il fallait s'exposer pour sauver ou secourir ses semblables. La conduite d'un prêtre doit plus faire que ses discours; c'est ce dont était persuadé M. de Varicourt. Ses actions prouvaient que personne ne connaissait mieux que lui les devoirs sacrés et difficiles de l'épiscopat.

M. de Varicourt est mort il y a quatre ans, universellement regretté. Il a laissé une grande partie de ce qu'il possédait aux orphelins, dont il s'occupait sans cesse. Une simple pierre indique, dans l'église de Sainte-Croix, la place où repose ce type de toutes les vertus.

Je ne pense pas qu'aucune ville de France, proportion gardée, soit plus généreuse que celle-ci pour l'indigence. Aussi, je lui pardonne volontiers son détestable pavé pointu,

C'est par son ordre que son tombeau n'a pas été plus beau ; sans le désir de se soumettre à ses dernières volontés, la reconnaissance en eût sans doute élevé un magnifique. La souscription eût été aussitôt remplie que proposée, car la modeste offrande du pauvre se fût unie au don superbe du riche ; pas une bourse n'eût été fermée dans cette occasion. Il a fallu par respect pour sa mémoire, se borner à l'honorer par des bienfaits nouveaux.

M. de Varicourt était dans le monde, aussi instruit, aussi spirituel qu'il était bon, généreux et persuasif chez les pauvres ; il avait une gaîté douce et communicative, qui prouvait qu'il était heureux du bien qu'il avait fait et de celui qu'il espérait faire encore.

Ma mère ayant autrefois connu madame de Villette, demanda à M. de Varicourt des nouvelles de *Belle et Bonne*: « Ah, madame, répondit-il en riant, elle mérite tout au plus maintenant la moitié de ce nom ! »

La mort de cette sœur pour laquelle il avait le plus tendre attachement, lui fut apprise deux jours avant la sienne, par l'imprudence d'un indiscret, qui vint lui faire un compliment de condoléance, qui lui apprit la perte qu'il avait faite. « Ma pauvre sœur, s'écria-t-il,

la laideur de ses maisons, le peu de goût de ses habitans pour la littérature, les arts et le spectacle. Il vaut mieux en effet donner du pain à des milliers d'individus qui en sont privés,

m'a précédée de bien près, j'en rends grâce à Dieu; elle n'a pas eu à me regretter; *et je ne pourrai bientôt plus la pleurer.* » Il mourut le lendemain.

Un excès de zèle a hâté sa mort. Déjà souffrant, il ne voulut point ajourner la confirmation qu'il devait donner dans tout son diocèse. Quand on lui observa qu'il valait mieux remettre ce voyage à l'année suivante : « Oh non, répondit-il, j'aurai peut-être un peu de bien « à faire dans ces villages, quelques consciences à récon- « cilier avec elles-mêmes, quelques familles désunies à « raccommoder; je ne puis différer. Dieu me donnera la « force dont j'ai besoin, et d'ailleurs, si je succombe, je se- « rai mort au champ d'honneur; celui d'un ecclésiastique « est dans la chaumière, où il console et bénit. »

Au retour de cette pénible tournée, M. de Varicourt fut obligé de garder sa chambre; bientôt il ne put se lever, et six semaines après il n'était plus!.. La ville entière suivit son convoi, et les pleurs de tous ces orphelins, qui le devenaient doublement par la perte de leur bienfaiteur, fut l'oraison funèbre la plus éloquente. Nulle autre n'eût pu mieux exprimer quelle avait été la vie de l'homme respectable qui causait un deuil si général.

que de se passer des fantaisies et des plaisirs dispendieux. Cependant si l'on pouvait allier un peu plus d'agrément avec de nombreuses vertus, cela ne gâterait rien.

Son successeur a pris une route opposée; persuadé que, pour rendre à la religion tout ce que lui ont fait perdre trente ans de troubles politiques, il faut punir les hommes qui ont manqué à leur devoir, afin d'effrayer ceux qui seraient tentés de les imiter; le nouvel évêque d'Orléans, monsieur de Beauregard, exerce dans son diocèse une sévérité extrême. Ses intentions, pures comme sa foi, n'empêchent pas que je n'aie entendu blâmer une conduite qui paraît d'autant plus dure, que M. de Varicourt cherchait à ramener les esprits égarés par des moyens absolument différens.

Dans un siècle où l'on aime les comparaisons, on s'obstine à en établir entre deux personnes également estimables, mais qui suivent pour arriver au même résultat, des chemins contraires; et la grande douceur de monsieur de Varicourt trouve nécessairement plus de partisans que l'austérité de M. de Beauregard.

Peut-être est-on disposé à critiquer ce dernier par le souvenir du premier acte de son autorité, qui fut de destituer M. l'abbé Méréaux, vieillard octogénaire respectable. Il était supérieur du petit séminaire, pour la fondation et le soutien duquel il avait sacrifié toute sa fortune. Justement aimé par la paternité et l'impartialité qu'il

J'ai trouvé à l'hôpital deux femmes du plus grand mérite, mesdames d'H*** et de B***, l'une consacre sa fortune entière aux pauvres ; l'autre s'est retirée du monde pour se

apportait à ses fonctions, on murmura hautement de ce que l'on regardait comme une injustice. On apprit que ses comptes lui avaient été demandés, et qu'il avait répondu qu'il ne pouvait les donner, n'étant pas dans l'usage de tenir note de ses bienfaits. Comme on savait généralement qu'il avait réellement dépensé des sommes considérables pour cet établissement utile, on trouva qu'il avait répondu comme il le devait. L'impression de cet événement resta, sans que les nombreuses aumônes de Monseigneur, ni sa piété exemplaire aient jamais pu l'effacer.

Une nouvelle destitution frappant un prêtre vénéré pour ses hautes vertus, vient encore de mécontenter le diocèse ; c'est celle du curé de Baule.

Depuis quarante-un ans il dirigeait une modeste cure de campagne, avec une bonté et une tolérance qui le faisait adorer de ses paroissiens. Prodiguant aux pauvres tout ce qu'il possédait, sans calculer jamais s'il lui resterait de quoi pourvoir à ses besoins ; on l'a vu courant en hiver, porter des secours dans les chaumières, avec une soutane pleine de pièces. On lui en fit l'observation, et l'on s'étonna qu'ayant une cure assez bonne, il fut si peu à l'aise. « Que voulez-vous,

livrer entièrement aux exercices de la plus haute piété, à l'instruction des orphelines, et aux soins à donner aux malades.

Lorsque je vis cette dernière, elle était assise

« répondit-il, plusieurs de mes voisins mouraient de
« froid, n'ayant pas de quoi acheter des vêtemens. Je
« leur ai fait l'avance de ce qui leur était nécessaire,
« et j'ai été obligé de remettre à l'année prochaine l'a-
« chat d'une soutane dont au fait je puis bien me pas-
« ser ; je suis d'ailleurs bien aise de cette légère priva-
« tion : *Le beau plaisir de donner sans se gêner !* »

Peu de temps avant sa mort, M. de Varicourt reconnaissant tout ce que valait un pareil homme, voulut le nommer à la cure de Montargis. Le bon pasteur répondit que, né paysan, il n'était bien placé qu'au milieu de ses semblables ; que ses talens ne seraient pas à la hauteur d'une cure de première classe, et qu'il suppliait Monseigneur de le laisser mourir où il se trouvait si heureux, pouvant être de quelque utilité aux autres. Ses paroissiens craignant de le perdre, le redemandèrent à grand cris. « Eh bien, gardez-donc ce modèle
« des ecclésiastiques, leur dit M. de Varicourt, il mé-
« rité votre affection et mon estime, puisqu'il sacrifie
« son intérêt au vôtre et à celui du bien de l'Église. »

Dans un village voisin de celui où il espérait finir ses jours au milieu des bénédictions de ses nombreux obligés, se trouvaient plusieurs familles protestantes. Sans

dans la salle des enfans trouvés en tenant un sur ses genoux, qui, déposé la veille dans le tour de l'hospice, me parut très-souffrant. Mademoiselle de B*** lui exprimait dans la bouche

consulter la différence des croyances, le bon curé se contentait de suivre les préceptes de l'Évangile qui sont d'être utile à ses semblables, il se rendait également auprès de ses subordonnés, et des malheureux qui ne reconnaissaient pas son ministère, qu'ils bénissaient cependant autant que les catholiques, recevant chaque jour des preuves de la charité qu'il inspire aux hommes qui sont réellement pénétrés des devoirs qu'il impose. Le curé leur fournissait des remèdes lorsqu'ils étaient malades ; des alimens sains et abondans quand ils étaient convalescens, et des consolations dans leurs chagrins. « Si on les repoussait sans les entendre disait « ce digne interprète de Dieu, comment leur prouve- « rait-on qu'ils sont égarés ? Écoutons-les, persuadons- « les, et ils nous reviendront. » Enfin il ne voulait voir que des frères, où tant d'autres s'obstinent à voir des ennemis.

Malgré tant de traits honorables, il vient d'être destitué.

Les habitans de Baule se sont portés en masse à l'évêché pour supplier monseigneur de leur conserver leur *bon curé*, nom sous lequel il était connu à dix lieues à la ronde. Ils n'ont point obtenu cette faveur, qui pa-

quelques gouttes de lait coupé, s'échappant d'une éponge fine, pressée doucement. Je demandai pourquoi on n'employait pas une nourrice ou un biberon. « C'est, me répondit cette « angélique personne, que cet enfant est si dé- « licat, qu'il faut avec lui plus de soins encore « qu'avec tout autre. Nous ne pouvons être par- « faitement sûres d'une nourrice prise au mo- « ment où nous en avons besoin; et cette pau-

raissait une justice à ceux qui ignorent les raisons qui ont pu forcer peut-être M. de Beauregard à remplacer un homme estimé et aimé de tout ce qui l'a connu. Plaignons le chef d'être condamné à paraître ainsi en opposition avec les vœux de toute une population; et le vieux subordonné, obligé de quitter en gémissant ses paroissiens, qu'il avait presque tous vus naître, s'arrachant de ce presbytère et de cette église, embellis par lui; s'éloignant de la tombe de sa mère, dont il a légué le soin à ses nombreux protégés. Ils ont promis que la modeste croix de bois noir, élevée par la piété filiale de leur pasteur, entourée de fleurs cultivées par lui, ne sera jamais abattue. La reconnaissance se chargera de perpétuer ce souvenir de tant de bienfaits, et ce fragile monument, placé sous la garde de tout un village, sera plus respecté que ceux élevés aux grands de la terre, insensibles aux prières des malheureux.

«vre créature n'aurait pas la force de sucer
«un biberon; dans quinze jours j'espère qu'elle
«sera mieux, et en état de ne plus craindre
«les mêmes inconvéniens.» Mademoiselle de
B***, reprit sa touchante occupation, berça
doucement la petite qui s'endormit; elle
fut couchée avec précaution dans un berceau bien propre, ayant des rideaux blancs.
Mademoiselle de B*** se plaça auprès, et
se mit à causer de choses étrangères à ce qui
venait de se passer. Elle se levait de temps en
temps pour examiner l'enfant; remuait lentement la barcelonnette au moindre mouvement
de la malade; et tout cela avec une simplicité
et une habitude de pareilles actions, qui me
toucha au dernier point.

De semblables traits sont si fréquens ici, qu'on
les remarque à peine; mais moi qui n'y suis point
habituée, j'en suis très-frappée. Voulant m'associer au bien que fait cette estimable femme, j'ai
demandé la permission de doter de douze louis
cette petite fille, qui m'a fourni l'occasion d'admirer la vertu dans toute sa pureté. J'ai envoyé
cette somme chez le notaire de mademoiselle
de B***, de laquelle j'ai reçu deux mots fort

aimables. Je garderai précieusement ce billet; et lorsque je serai maussade ou triste, je le lirai. En me rappelant l'hospice d'Orléans, je suis persuadée que je reprendrai promptement ma bonne humeur.

J'ai dîné chez le préfet, que j'avais rencontré dans le monde à Paris ; et que j'ai retrouvé aussi poli, aussi affable que possible; il a su concilier ici toutes les opinions. Il y est fort aimé. Il y avait à la préfecture le général Clouet*, qui a dit-on été beau, jeune et brillant : il n'est plus rien de tout cela; mais il a pour la musique un talent fort remarquable, dont il s'occupe beaucoup. Il a chanté avec une grande complaisance plusieurs morceaux de styles différens; tous avec une égale perfection. Il m'a paru cependant supérieur dans ceux de Handel ; il les rajeunit et les fait trouver aux ignorans ce qu'ils sont de l'avis des connaisseurs : extrêmement beaux. Madame Vernetti a une belle voix, qui se marie parfaitement avec celle du général ; M. d'Oberlin est aussi un chanteur agréable, il ajoute

---

* Ancien aide-de-camp du maréchal Ney, commandant maintenant à Orléans.

à l'ensemble de ces concerts d'amateurs, qu'il serait difficile de trouver ailleurs aussi bons.

J'ai beaucoup causé avec une femme fort spirituelle qui se trouvait à la préfecture, elle m'a paru d'autant plus agréable qu'elle m'a parlé de madame Dorcy, comme j'aime que l'on m'en parle. C'est la marquise de Montlevic. Elle regrettait que mon amie ne vint pas plus souvent à Orléans en étant aussi près. Je ne crois pas que l'on puisse raconter d'une manière plus piquante, les anecdotes du jour, que ne le fait madame de Montlevic.

Lui ayant observé qu'on devait la trouver bien mordante, elle m'a répondu qu'ayant habité long-temps loin d'Orléans, elle y avait été froidement accueillie à son retour; qu'alors elle avait pris le parti de *se faire méchante;* que cela lui avait réussi; et qu'on la recherchait maintenant autant qu'on la négligeait auparavant. Au reste, elle plaisante sur elle tout aussi franchement que sur les autres, ce qui ôte le droit de blâmer la causticité de son esprit, s'exerçant souvent, sur sa figure (gâtée par la petite vérole) avec une incroyable bonhomie.

Je n'aime pas à beaucoup près autant son

amie madame des L..., vieille, laide, et noire, pleine de prétentions qui deviennent de véritables ridicules avec un visage comme le sien. Elle a fait plusieurs impertinences dans la soirée, relevées avec un empressement qui me prouve qu'elle n'est point aimée, et je le conçois parfaitement : ses manières enfantines, et son ton criard me la rendent insupportable. Ce que je comprends de même, c'est l'affection générale pour madame Arthuis, l'une des femmes les plus marquantes de la ville par la place de son mari *, et plus encore selon moi par l'étendue et la grâce de son esprit, son ton parfait, et sa bonté que l'on dit extrême.

J'ai vu aussi à la préfecture, MM. de Morogues et d'Illiers, qui m'ont fort engagée à aller voir leurs maisons de *la Source* et de *la Fontaine*; ce que je ferai demain après la fête de la Pucelle.

M. Jalon, médecin aussi distingué qu'il est homme aimable, m'a beaucoup dit de

---

* M. Arthuis était premier président de la cour royale d'Orléans; il vient de mourir il y a peu de temps; il emporte l'estime de tous ses concitoyens.

bien d'Alicie, qu'il a soignée pendant une maladie grave et longue. J'ai été heureuse de ces éloges, qui me prouvent que j'ai raison d'aimer cette jeune personne.

Mon départ aura lieu dans trois jours. La veille, j'irai à Cléry visiter la célèbre abbaye à laquelle Louis XI faisait de si fréquens pèlerinages.

Je suis lasse d'écrire, c'est-à-dire que ma main se refuse de continuer; car vous savez, ma bonne tante, que je ne puis jamais me fatiguer de causer avec vous. J'ajourne donc la fin de cette lettre déjà si longue. J'en espère aujourd'hui une de vous, et compte que vous me donnerez les détails les plus minutieux sur vous, et sur ce qui se passe autour de vous. Aucun ne peut me paraître puéril, puisqu'il concerne tout ce qui m'est cher. Je vous préviens que je suis décidée à vous assommer de ceux qui me regardent, sans m'inquiéter si cela vous est agréable ou non. Il faut bien me permettre d'user, et même d'abuser de la seule consolation que je puisse me procurer loin de vous.

Votre bonne sœur est à merveille ; et charmée de sa journée qu'elle a très-bien supportée, quoiqu'elle ait fait plus de choses en quelques heures, que dans huit jours à Paris. Elle a trouvé chez le préfet la famille de la Touanne, qu'elle a connue autrefois, et qui paraît une réunion de tout ce qu'il y a d'aimable et de bon. J'aurais désiré connaître leur château que l'on dit très-beau, et dont le joli parc, entièrement l'ouvrage du propriétaire actuel, est dessiné et planté comme par le meilleur architecte; mais le temps me manque et je suis forcée de remettre ce projet à mon retour. En revenant de la fête, je terminerai cette lettre.

———

Enfin, j'ai vu cette fameuse fête de laquelle les Orléanais sont enthousiastes, et qui attire la population entière de plusieurs villages des environs! Je crois, ma chère tante, que j'ai fort scandalisé tout le monde, car il m'a été impossible avec la meilleure volonté, de ne pas rire aux éclats en voyant paraître le *Puceau*, grotesque personnage, que l'on substitue à la jeune fille qui devrait représenter Jeanne.

Il est accoutré de la manière la plus ridicule, et son costume espagnol, ne rappelle en rien celui de l'héroïne. Son habit est d'une étoffe de soie à larges raies rouges et jaunes, qui a sûrement appartenu au lit de quelque ancien échevin de la ville, qui en aura noblement fait don dans un accès de munificence. Joignez à cela un chapeau relevé par devant, et chargé de plumes de toutes couleurs, des souliers ornés de grosses rosettes ; placez dans la main de cette caricature, un drapeau aux armes de France (qu'elle ne quitte pas de la journée), et vous n'aurez encore qu'une faible idée de la bizarrerie de cet assemblage de mauvais goût.

Rien n'est plus comique que la gravité importante de ce petit garçon sur lequel se fixent tous les yeux. Il ressemble plus au nain de la foire qu'à la belle guerrière, qu'il doit rappeler. Le préfet, le maire, la garde royale, les tribunaux en grand costume, le conduisent, précédé d'une bruyante musique, à une haute tour, où on l'assourdit pendant une heure, du son des tambours, des trompettes, du beffroi, et des décharges d'artillerie. De là, il est *emprisonné* dans une des salles de l'Hôtel-de-Ville, et y passe la nuit. Il reçoit pendant sa captivité une grande quantité de bonbons, et de joujoux, ce qui sans doute lui fait grand plaisir, mais me paraît un usage qui n'a aucun rapport avec la position de la Pucelle, qui eut à souffrir les plus cruelles privations. Le lendemain, le Puceau*, retourne jouer à la gobille avec ses camarades qui partagent ses dragées, et tout est dit jusqu'à l'année d'ensuite.

Toute cette solennité n'est réellement qu'une mascarade que l'on devrait supprimer. Elle est indigne de l'objet de cette commémoration, qui serait beaucoup plus convenable si on employait le 8 *mai* à des distributions à domicile aux plus pauvres familles de la ville. Ce serait rendre à la mémoire de Jeanne d'Arc un hommage tout-à-fait d'accord avec sa piété, et son noble caractère, ennemi de toutes les puérilités de l'orgueil. Ce n'est pas par la publicité d'une procession théâtrale, qu'il fallait

---

* On assure *qu'un accident* arrivé autrefois à la jeune fille représentant la Pucelle, força d'interrompre brusquement la cérémonie. Depuis lors, c'est un garçon qui figure dans cette fête.

chercher à immortaliser cette vierge, qui, après tant de gloire, ne désirait que le repos, l'obscurité et l'oubli !

Le panégyrique m'a fait la plus grande impression. Il est impossible de peindre mieux une femme si extraordinaire ; et l'abbé Feutrier possède au plus haut degré ce qu'il fallait dans cette occasion : la grandeur des idées, et la simplicité des phrases. C'est un pareil discours qu'il faudrait tous les ans, et non cette mauvaise parade, qui expose les magistrats respectables qui en font partie, aux observations inconvenantes du peuple.

Adieu, ma bonne tante. Je vais parcourir les bords du Loiret, qui sont, dit-on, délicieux. Je m'arrêterai à *la Source* et à *la Fontaine*, et vous écrirai demain ce que j'en pense.

LETTRE XV.

Mlle DORCY A Mlle DERCOURT.

TALMA. — MADEMOISELLE DUCHESNOIS. — MADAME LA COMTESSE DE CHOISEUL. — M. LE COMTE ANATOLE DE MONTESQUIEU. — MADAME DE BAWR. — MORT AFFREUSE DE SON MARI. — MM. ANCELOT, SOUMET, DELAVIGNE ET GUIRAUD.

J'AI pris avec vous un engagement téméraire, ma chère Zoé, lorsque j'ai promis de vous rendre compte de mes impressions en voyant jouer Talma ; car rien ne peut exprimer toutes les émotions diverses qui se sont succédées pendant la représentation d'Hamlet, l'un des meilleurs rôles de ce grand tragédien. La terreur portée à son comble, la pitié la plus tendre, voilà ce que j'ai éprouvé alternativement. Il me serait impossible d'avoir un avis sur son jeu qui semble une continuelle inspiration. Tout éloge serait au-dessous de l'homme qui sait à son gré effrayer, attendrir, et toucher. La critique ne peut trouver à reprendre, lorsque l'illusion est si parfaite. Il faut avoir vu et entendu Talma pour concevoir à quel degré l'art théâtral peut être porté. Si on avait le malheur de perdre ce favori de Melpomène, il faudrait, je crois, renoncer à jouer des ouvrages trop empreints de son génie, pour que ses successeurs, qui ne seraient pas ses remplaçans, ne parussent pas de véritables pygmées.

Mademoiselle Duchesnois a eu de beaux momens dans le rôle de Gertrude ; mais, je vous l'avoue, mon admiration était concentrée sur un seul objet, et tout le reste ne m'a semblé que des accessoires placés dans cette pièce, pour faire mieux ressortir le héros de la fête.

Pendant les entr'actes, je me suis aussi fort amusée, en écoutant les observations pleines de justesse de madame la comtesse de Choiseul, qui était avec nous: elle discute en littérature avec toute la logique et l'instruction d'un homme, en y joignant la modération et la grâce d'une femme. C'est ainsi qu'elle a soutenu la cause du classique, contre celle du romantisme, avec l'un de ses plus zélés partisans, M. Dr**, qui par ses ouvrages, dit-on, donnerait gain de cause à ses adversaires.

Nous avions aussi dans notre loge M. le comte Anatole de Montesquiou, qui s'est borné jusqu'ici à publier des vers légers et faciles, mais qui prépare une tragédie dont on fait l'éloge après l'avoir entendue. A sa modestie, à la douceur de ses manières, à son obligeance, on ne le croirait appelé qu'à être un homme du monde fort aimable; tandis que son talent littéraire doit le placer parmi les poètes les plus distingués.

Dans une loge voisine de la nôtre, se trouvaient deux personnes dont nous avons lu ensemble les charmantes productions : madame de Bawr qui a composé la jolie comédie intitulée *les Suites d'un bal masqué**, et M. Ancelot dont nous

---

* Madame de Bawr est aussi l'auteur de plusieurs jolis romans; elle s'est mariée plusieurs fois : elle

admirions tant la tragédie de Louis IX. Le style élégant et pur de cette pièce m'avait prévenue en faveur de son auteur. Je suis surprise de ne l'avoir pas vu chez madame de Roseville qui aime tous les genres de poésie, et surtout celle qui exprime de nobles sentimens.

On prétendait autour de moi, qu'ennemi de toute gêne, il ne se plaisait que dans les maisons où l'on peut se permettre de dire tout ce qui passe par la tête; qu'il n'aimait que les jeux de mots et les calembourgs; mais je ne

a perdu son dernier mari de la manière la plus affreuse.

M. de Bawr était je crois employé aux droits réunis. En sortant, il y a quinze ans, du bureau où il passait ses journées, il se trouva près d'une charrette chargée de sel : elle était arrêtée, mais le conducteur fouetta ses chevaux dans le moment où M. de Bawr longeait la rue entre le mur et la voiture. L'effort qu'elle reçut fit briser une des roues, et M. de Bawr fut écrasé par la chute des sacs. Il était tellement défiguré, qu'il ne fut reconnu que par les papiers qui étaient dans sa poche. Il n'avait pas trente ans !...

Madame de Bawr était citée autrefois par sa jolie figure, et son agréable manière de chanter des romances, dont elle composait les paroles et la musique.

veux ni ne puis croire à une pareille assertion. Il a trop de noblesse dans ses ouvrages, pour n'en pas avoir dans le ton et la conduite ; et, comme je suis toujours affligée de revenir sur la bonne opinion que j'ai de ceux que j'admire, je reste persuadée que la conversation de M. Ancelot est telle que je me la figure, et que s'il ne va pas beaucoup dans le monde, c'est qu'il veut mûrir son talent dans la solitude. C'est probablement aussi par la haine de l'intrigue qu'il n'est pas de l'académie, où sa place me semblait marquée près de ses contemporains Soumet, Delavigne et Guiraud. Je trouve très-naturelle cette indépendance du génie, qui ne peut se prêter à toutes les démarches consacrées par l'usage.

J'ai commencé mes leçons, et suis enchantée de mes professeurs, qui ne me gâtent pas. M. Rhein, poli, sincère et froid, dit qu'il faut que je travaille beaucoup pour acquérir ce qui me manque du côté du style, qui, en musique, est tout aussi important qu'en littérature. Il est assez content de mon exécution, et m'assure que dans un an je serai en état de me passer de ses leçons. J'ai peine à le croire, mais cependant cela m'encourage. Il me fait jouer tous les auteurs, ce qui, me donnant une grande facilité pour déchiffrer, m'empêchera en même temps de prendre *la manière* d'un seul compositeur, et m'en fera une à moi. Il vaut mieux être un mauvais original qu'une bonne copie.

M. Rouget a l'excellente habitude de ne jamais toucher aux dessins de ses élèves; ce qui me fait un grand plaisir, puisque je puis dire, en toute sûreté de conscience, que mes barbouillages sont de moi. Il commence toujours par approuver ce que j'ai fait; et peu à peu il me prouve avec douceur qu'il y a dans mes ouvrages une foule de choses à rectifier. S'il était franc tout de suite, on se désespèrerait; au lieu de cela, on se corrige sans s'en douter.

M. Lefort est, sans aucun doute, le professeur de rhétorique le plus distingué. Il ne se sert point de livre, et trouve dans sa prodigieuse mémoire tous les matériaux de ses différens cours. Il entremêle ses leçons d'histoires plaisamment contées; et je vous assure que l'heure que je passe avec lui est l'une des plus amusantes de la journée.

Madame Gardel fait ce qu'elle peut pour que je n'aie pas les pieds et les bras aussi mal placés ; mais je prévois que c'est à la danse que je réussirai le moins. La fatigue, pour un talent si frivole, m'en dégoûte tous les jours davantage, et si je ne désirais plaire à la comtesse, j'y renoncerais ; mais dès que je saurai *marcher*, je ne *danserai* plus.

Madame de Roseville a écrit plusieurs fois ; elle est restée quelques jours dans vos environs ; mais elle a été si entourée, qu'il lui a été impossible jusqu'ici de s'échapper pour aller faire connaissance avec vous.

Adieu, ma bonne et chère Zoé. J'ai maintenant bien peu de temps dont je puisse disposer ; voilà pourquoi mes lettres seront moins fréquentes et moins longues. Mes études, les soins à rendre à mes élèves, à mademoiselle de Vieville, mes courses pour voir les monumens et les établissemens remarquables, absorbent presque toutes mes heures. Pour causer avec vous, sans nuire à tous mes devoirs, je prends sur mon sommeil ; il est plus doux et plus tranquille, lorsque je vous ai répété que je vous aime tendrement.

ALICIE.

LETTRE XVI.

LE COMTE DE PAHREN AU MARQUIS DE BLIGNY.

LA TRAPPE. — DESCRIPTION DE L'ABBAYE DE MELLERAY. — MM. RICHER, ROUX ET MONNERON DE NANTES. — LE DUC DE LORGES. — LES MARQUIS DE ROSANBO ET LOUVOIS — MM. LAFITTE, JACQUEMINOT, PERRIER. — LEUR BIENFAISANCE. — MANIÈRE DE VIVRE DES TRAPISTES. — OFFICE CÉLÉBRÉ PAR EUX. — LEURS ATELIERS. — CLASSEMENT DES NOVICES. — COUVENT DE LUTWORTH. — COUVENT DE FEMMES DU MÊME ORDRE. — CELUI DE POOL, OÙ MOURUT LA MÈRE DE M. LE VICOMTE DE CHATEAUBRIAND. — MADEMOISELLE DE CONDÉ. — JEUNE FILLE ÉLEVÉE ET ADOPTÉE PAR ELLE. — FRAGMENS D'UNE LETTRE DU FRÈRE DE M. DE CHATEAUBRIAND, MORT TRAPISTE AU COUVENT DE SAINTE-SUZANNE.

MELLERAY.*

JE ne conçois pas, mon cher marquis, que

---

* On a presque toujours écrit *Meilleray*. C'est à tort, car ce mot est pris du latin *mellarium*. Suivant la tra-

vous n'ayez pas reçu la lettre que je vous ai écrite de Nantes, il y a peu de temps. C'est une suite du malheur qui me poursuit, de vous voir m'accuser d'une négligence étrangère à

dition du pays, deux moines sortis de l'abbaye de *Pontron* pour fonder celle de Melleray, trouvèrent dans le creux d'un vieux chêne de la forêt qui avoisine le couvent, un rayon de miel; ce qui détermina le nom que porta dans la suite le monastère.

Les femmes ne peuvent y entrer sous aucun prétexte, ainsi ce ne sont pas mes observations qu'on va lire. Je dois quelques-uns de ces détails à un de mes amis qui a passé plusieurs jours à la Trappe. J'en ai emprunté le plus grand nombre à une brochure exacte et bien écrite publiée à Nantes par M. Edouard Richer, qui a plusieurs fois consacré sa plume avec succès, à peindre les beautés de la Bretagne.

Dans cet ouvrage que j'ai surtout commencé avec l'espoir d'intéresser mon sexe, il m'a semblé que je devais parler d'un établissement religieux, qui étend au loin les bienfaits d'une charité immense, les connaissances les plus utiles en agriculture, et qui ne néglige aucuns moyens de faire prospérer une ferme. Quelques femmes habitant leurs terres, seront heureuses d'avoir pour guides les pieux solitaires, uniquement occupés du bien être de leurs semblables. Tout ce qui a rapport à la religion, et à la bienfaisance ne doit pas nous être étranger; et si nous ne pouvons imiter en tout les trap-

mon caractère, et bien éloignée de pouvoir avoir lieu entre nous, qui éprouvons l'un pour l'autre un attachement qui m'a procuré de douces consolations. Vous savez combien je pistes, nous pourrons du moins leur ressembler en répandant autour de nous l'aisance qui se remarque aux environs de leur couvent.

Il ne faut pour cela qu'employer utilement les bras vigoureux de la jeunesse; consoler les vieillards et les infirmes, par des dons qui peuvent devenir d'autant plus nombreux, que les revenus s'augmentent en raison des travaux des enfans; reconnaissans de ce que l'on fait pour leurs parens, et certains de ce que l'on fera un jour pour eux, leur zèle n'a point de bornes. L'intérêt personnel, et les jouissances du cœur, sont donc d'accord pour engager à l'humanité ceux qui font valoir leurs propriétés.

On peut citer pour exemple de conduite dans ce genre, M. le duc de Lorges qui avait établi dans sa belle terre de Lailly, un hospice, dirigé par de respectables sœurs. Tous les frais de cette maison étaient acquittés par le duc; il visitait souvent lui-même les malades, et s'informait avec bonté de leurs besoins, qu'il satisfaisait aussitôt.

M. le duc de Lorges est mort il y a trois ans, universellement regretté des habitans de Lailly, et de ceux de plusieurs villages voisins, sur lesquels s'étendaient ses bienfaits.

hais tout ce qui peut ressembler à la fausseté, et combien je déteste la contrainte; mais vous n'ignorez pas non plus, que lorsque j'aime, c'est sincèrement. Si je n'avais pour vous qu'une amitié commune, je me dispenserais

M. le marquis de Louvois, à Ancy-Lefranc, a continué ce qu'avait commencé sa digne mère, modèle de toutes les vertus. On ne trouve dans le village que des pauvres et des malades étrangers; tous les autres sont recueillis à l'hôpital du château.

M. le marquis Rosanbo, dont la piété est si douce, si indulgente, et la bienfaisance si étendue, agit de même dans sa terre du Ménil, près de Mantes. Il est impossible d'entendre louer plus dignement un homme de bien, qu'il ne l'est à plusieurs lieues à la ronde. Cette réputation de père des malheureux, sera le plus bel héritage qu'il laissera à un fils digne à tous égards de lui succéder.

MM. Laffite, Jacqueminot, Perrier, etc. répandent aussi autour d'eux l'abondance et le bonheur.

Il serait fort aisé de multiplier les exemples de ce genre, qui répondent aux déclamations affligeantes et injustes de quelques écrivains qui s'obstinent à vouloir prouver que l'époque actuelle n'offre que des traits d'égoïsme et de perversité. Il est consolant, après avoir lu leurs ouvrages, de trouver qu'ils sont dénués de vérité.

de vous en entretenir, et ferais comme je fais avec quelques autres personnes qui m'écrivent : je ne vous répondrais pas.

Rien ne me paraît plus sot que de prendre la plume, pour joindre quelques phrases sans intérêt, envoyées sans plaisir et reçues avec indifférence. C'est du temps perdu, et je suis avare des momens que je puis consacrer à l'étude des hommes, et à la lecture de mes auteurs favoris. Les lettres que je vous adresse me font du bien à écrire, car je sais que vous partagez mes chagrins, autant que votre heureux naturel vous le permet; je suis certain de vous plaire en vous parlant de mes peines! Et quel est le malheureux qui ne sent le besoin de s'en entretenir! Ne me sachez donc aucun gré d'une exactitude qui me satisfait, et quand vous ne recevrez pas de mes nouvelles, accusez tout, excepté mon cœur.

Vous m'avez demandé avec instance de ne pas vous parler des mœurs des habitans des lieux que je parcourrais, qui, m'avez-vous dit, vous intéressent moins que celles des *habitantes*. Vous détestez tout ce qui est sérieux, et donne sujet à réfléchir; ne voulant jamais rien approfondir, vous exigez que je ne vous peigne les peuples que par anecdotes, et les portraits des gens célèbres, qui seuls vous plaisent. Jusqu'ici j'ai obéi scrupuleusement à vos volontés; mais aujourd'hui je vais me trouver en opposition avec vos désirs, et je ne vous entretiendrai que d'un sujet dont le nom seul annonce toute la gravité : des *trapistes*.

Vous voilà déjà tout effrayé de ce que vous allez lire, persuadé que ces infortunés qui, suivant vous, n'ouvrent la bouche que pour s'exhorter à la mort, doivent m'inspirer les peintures les plus sombres. Pour vous désabuser, ayez le courage de continuer, et vous envierez comme moi la paix que l'on goûte ici. L'ordre des trappistes n'est plus guère connu en France que par des traditions la plupart erronnées; vous aimez d'ailleurs tout ce qui porte un caractère de singularité et de grandeur; ainsi cet établissement doit vous intéresser, puisqu'il ne ressemble à rien de ce que vous avez vu, et qu'il fait vivre des millions d'individus, qui profitent du travail des religieux.

Autrefois un voyage à la Trappe était déjà un évènement remarquable; cependant les couvens se rencontraient à chaque pas; mais aucun d'eux ne frappait l'imagination et ne touchait le cœur comme celui que je veux vous faire connaître; il est surtout curieux dans un siècle ou, en général, le plus froid égoïsme a remplacé les sentimens de piété qui se trouvaient chez nos aïeux.

J'étais affamé du désir de passer quelques heures dans un lieu où l'on ne vit pas uniquement pour soi. Je suis donc venu demander l'hospitalité à ces bons pères, l'exerçant envers tous les voyageurs qui la réclament. Cette coutume conservée en Orient, n'est guère en usage en France; avant de recevoir un hôte, on s'informe d'abord s'il peut être utile. Ici, au contraire, on reçoit d'autant mieux que le voyageur a l'air plus souffrant et plus malheureux.

Pour arriver à l'abbaye, je suivis de petits sentiers couverts, bordés de prairies; j'entrai ensuite dans un grand bois de chênes. Ces arbres droits comme des sapins, pressés les uns contre les autres, dépourvus de branches latérales, sont d'une hauteur remarquable. Les derniers rayons du jour se perdaient dans leur feuillage; les oiseaux ne se faisaient plus entendre, et mes pas seuls interrompaient le silence de ces lieux. Leur monotonie même me plongea dans une rêverie, qui n'était pas sans douceur. Il semblait qu'en approchant du couvent, je prenais un peu du calme que l'on y goûte. Je n'avais pas une pensée distincte ; je ne souffrais plus !...

A la sortie du bois, j'aperçus un vaste étang, et un peu plus loin les murs de l'abbaye, située au milieu du paysage le plus majestueux et sévère sans tristesse.

L'édifice, aperçu dans le lointain, offre un aspect imposant. Il date de l'année 1132 ; il a été reconstruit dans le siècle dernier. C'était un ancien couvent de bernardins ; et le cloître est conséquemment rendu à sa destination primitive. J'entendis en avançant le chant lent et solennel des trappistes ; je me rappelai ces vers de l'un de nos poètes les plus gracieux.

Ici viennent mourir les derniers bruits du monde ;
Nautonniers sans étoile, abordez, c'est le port !
Ici l'âme se plonge en une paix profonde,
Et cette paix n'est pas la mort.

Je sonnai à la grande porte du monastère ; le

frère portier m'introduisit. Nous traversâmes en silence les longs corridors voûtés du cloître : on me fit entrer dans le parloir, où on me laissa seul. Devant moi, était un portrait en pied de saint Bernard, le premier fondateur de l'ordre; les trappistes sont des bernardins réformés. L'abbé de Rancé voulant expier une jeunesse orageuse, et trouvant la vie des religieux peu d'accord avec celle de leur patron, institua en 1663, dans son couvent de la Trappe de Mortagne, la réforme célèbre qui porte son nom.

Comme j'examinais avec recueillement les traits de cet éloquent abbé, deux trappistes d'un âge avancé, entrèrent lentement. C'étaient deux religieux de chœur. Leur vêtement est une longue robe de laine blanche, leur tête est rasée et couverte d'un capuchon. Ce costume antique est d'une simplicité noble et frappante. La *coule* des pères est absolument faite sur le modèle de la toge romaine.

Les religieux s'approchèrent de moi sans proférer une parole, et se prosternèrent à mes pieds. Je fus profondément touché de cette action imprévue. Ces hommes auxquels tous les trésors de la terre n'arracheraient pas une bassesse, se prosternent devant leurs semblables. C'est la manière la plus éloquente de rendre hommage à un hôte, et de consacrer par son humilité, l'égalité chrétienne, la seule véritable qui puisse exister.

Après s'être relevés, les deux pères me firent signe de les suivre. Ils me conduisirent à l'église, où ils me donnèrent le temps de faire une prière. Ils me ramenèrent ensuite au parloir, et l'un d'eux me fit à haute voix la lecture d'un chapitre de l'imitation de Jésus-Christ.

Ces deux religieux se retirèrent lorsque le père hôtelier entra. Il est chargé de recevoir les étrangers et de les entretenir pendant le temps de leur séjour au couvent. Il a conséquemment la permission de parler. Les soins les plus minutieux, les attentions les plus délicates sont employées par lui : sa complaisance est extrême.

Il me mena à complies. Les religieux de chœur se placèrent sur une estrade au haut de la nef; les frères convers, habillés de brun, restèrent à l'entrée. La croix, les chandeliers, les ornemens de l'autel sont en bois; la lampe et l'encensoir seuls sont garnis de cuivre en dedans. Tous les métaux sont exclus du temple: les trappistes sont persuadés avec raison, que les magnificences terrestres ne peuvent convenir au créateur de toutes celles de la nature.

Le révérend père abbé est mis comme les autres; il n'est distingué que par une croix de bois suspendue à son cou par un cordon violet, un anneau qu'il porte au doigt, et la crosse de bois des anciens évêques, qu'il tient à la main,

L'office commença : pour la première fois j'entendis la voix des religieux; ils la consacrent uniquement à louer Dieu. Ils exécutèrent plutôt un récitatif qu'un chant, et cette musique sacrée me parut plus faite pour élever l'âme que celle si monotone de vos chantres. A la fin de l'office on entonna le *Salve regina*. Ils se rendirent ensuite au dortoir, passant l'un après l'autre devant le père prieur, qui leur donna de l'eau bénite à la porte, à tous en particulier. Cette dernière bénédiction termina la journée.

Je retournai au parloir où l'on me servit à souper. Il n'y avait ni viande, ni poisson; mais les légumes, les œufs et le laitage étaient apprêtés avec plus de recherche que je ne m'y attendais. Ces bons pères se refusent tout pour eux, mais par compensation ils sont prodigues envers leurs hôtes.

Je me couchai de bonne heure, sans qu'il me fût possible de fermer l'œil; les impressions reçues dans cette journée étaient trop vives pour ne pas m'occuper encore lorsqu'elles devenaient des souvenirs. Je ne pouvais m'empêcher de comparer l'agitation que j'éprouve, avec le calme de tous ces hommes enterrés pour ainsi dire avant leur mort.

J'enviais leur sort sans avoir en moi la force de les imiter. Leurs vœux sont des obstacles qui arrêtent chez moi toute idée de me fixer parmi eux; et cependant je sens que si Sophia m'est ravie, il me sera impossible de trouver dans le monde le repos que j'aurais sans doute ici au bout de quelques mois.

Je fus tiré de mes réflexions par le bruit de la cloche qui appelait les religieux à matines. Lassé de chercher un sommeil qui me fuyait, je me levai et passai le reste de la nuit à me livrer sans réserve à tout ce que m'inspirait mon imagination. A la pointe du jour, le père hôtelier vint s'informer de mes nouvelles. Je descendis avec lui à l'église où j'assistai à la messe. Le prêtre qui officiait avait une simple chasuble de laine, avec des rubans de couleurs différentes.

Pendant mon déjeuner, je reçus la visite du père prieur, qui remplaçait le révérend père abbé, alors absent du couvent. Je ne puis vous peindre le charme et la douceur de sa conversation. Il a une instruction profonde exempte de toute pédanterie, et des notions fort justes sur les arts qu'il a, m'a-t-il dit, cultivés jadis avec plaisir. Il chargea le père hôtelier de me faire voir en détail le monastère, étant forcé de me quitter pour se livrer à ses travaux ordinaires.

Dans ce moment arrivèrent deux Nantais qui furent invités à parcourir la maison en même temps que moi. L'un est M. Jules Roux, qui, quoique très-jeune, est à la tête d'une maison de commerce fort considérable; il la dirige avec sagesse et intégrité; aussi l'estime de ses compatriotes lui est acquise dans un âge où ordinairement il est seulement permis de l'espérer. Il joint à cette raison prématurée beaucoup d'esprit, d'instruction, et des talens agréables. Cette rencontre a été pour moi pleine de charmes; il comprenait très-bien tout ce que m'inspirait les lieux où nous étions. Je n'en dirai pas autant de l'autre voyageur, M. Monneron.

Voulant apparemment me prouver que tous les hommes du département ne sont pas aussi silencieux que les trapistes, ni aussi modestes que M. Roux, il s'est hâté de m'apprendre qu'il avait la meilleure maison de Nantes; qu'il y était le juge de tous les artistes, dont il se déclare le protecteur; enfin qu'il écrasait *même le préfet*, par la magnificence de ses soirées. Cet orgueil, toujours déplacé, me parut surtout insupportable à *la Trappe*. Comment est-il possible de parler tant de soi, là où, à chaque pas, on voit des exemples d'une abnégation complète de soi-même. Je suis persuadé que l'ostentation est le point marquant du caractère de M. Monneron, et qu'il *protége* volontiers, pourvu qu'il ne lui en coûte pas grand'chose. J'ai toujours douté de la bienfaisance de ceux qui ne parlent que d'eux. Revenons à la visite du couvent.

Nous entrâmes d'abord dans le dortoir, qui

est une longue galerie, dont les deux côtés sont occupés par de petites cellules séparées et sans porte. Deux planches, un oreiller de paille, une couverture de laine, voilà le lit où les trappistes dorment infiniment mieux que nous, couchés sur la plume. Ils s'y jettent sans se déshabiller; car ils ne peuvent se servir de linge sous quelque prétexte que ce soit. C'est là qu'ils se reposent des fatigantes occupations de la journée. Il n'y a de préférence pour personne. La cellule du révérend père abbé est au milieu du dortoir, et son lit n'a rien de plus que celui des autres. Ces moines se couchent à huit heures du soir, et se lèvent à une heure et demie du matin. Le révérend père abbé est toujours debout le premier; c'est lui qui sonne la cloche qui appelle ses frères à matines. En été, ils ont une heure de sommeil après le dîner; en hiver, on ne fait point de méridienne, mais on se couche plus tôt.

Du dortoir, nous allâmes dans la salle du chapitre; elle est grande et élevée. Les religieux s'y assemblent à des heures déterminées, pour y faire tout haut des lectures pieuses et s'accuser publiquement des fautes qu'ils ont commises contre la règle. C'est ce qu'ils appellent se *proclamer*. Au bout de la salle est un Christ, au bas duquel sont écrits ces mots : *Soli Deo honor et gloria*. Les murs sont couverts d'inscriptions et de sentences extraites des livres saints.

Nous visitâmes la boulangerie, la laiterie et la vacherie. Tout y est calculé pour que la propreté et l'ordre soient extrêmes. La laiterie particulièrement est remarquable ; elle est composée de quatre pièces taillées dans le roc. Le lait se dépose sur huit tables en plomb, creusées de deux pouces et demi. Au moyen d'un piston, on en prend en-dessous à mesure que l'on en a besoin. Pour avoir la crème, on la lève avec une écumoire. Quand les plombs sont vides, on les lave avec de l'eau bouillante et du sel. Excepté en Suisse, je n'ai vu nulle part rien de si admirablement tenu.

La vacherie est construite avec autant de goût que de soin ; elle contraste tout-à-fait avec les sales étables du reste de la contrée. Elle est pavée en pente. Tous les jours, les vaches sont changées de litières. Celles qui sont malades sont séparées des autres. Les religieux possèdent aussi un troupeau de cinquante beaux mérinos; il leur a été donné par le gouvernement.

En visitant des objets si étrangers à la religion, nous y étions sans cesse ramenés par la vue de l'image du Christ, qui se trouve au milieu même des ustensils les plus vulgaires. Cette pensée des souffrances du Sauveur est la plus habituelle des trappistes, ils y puisent la force de supporter tant de pénibles travaux.

Le père hôtelier répondait avec esprit et bonté à toutes mes questions, qui cependant, par leur multiplicité, devaient lasser sa patience. J'étais étonné, attendri de tout; je voulais me rendre compte de tout; et la sublimité de cette foi ingénieuse, qui fait deviner tout ce qui est utile, me forçait à chaque pas d'avoir recours à la complaisance inépuisable de mon guide. Je rencontrai plusieurs frères, qui s'empressaient, d'un air riant, de me montrer ce qui pouvait le plus satisfaire mon insatiable curiosité; mais ils ne prononçaient pas un mot, et leurs gestes seuls prouvaient leur bienveillance.

Nous entrâmes dans tous les ateliers remplis

par les frères convers. La plupart n'ayant pas reçu d'éducation appartiennent à la classe ouvrière; ils exercent là les professions qu'ils remplissaient avant leur entrée dans la maison. Tous les métiers mécaniques sont de leur ressort. Rien de ce qui est employé dans le couvent n'est fabriqué à l'extérieur. Ayant fait vœu d'être pauvres, et de n'être à charge à personne, les trappistes gagnent leur vie en travaillant.

On fait à Melleray des bêches, des haches, des socles de charrues, etc.; on y ferre les chevaux. Dans une autre partie du couvent, se fabriquent les toiles et les étoffes nécessaires. Ailleurs on tanne les cuirs qui s'employent pour les harnais. Les trappistes habiles dans cette branche d'industrie livrent au commerce quelques cuirs préférés aux autres. Je vis des maçons, des menuisiers, des relieurs, des charpentiers, des cordonniers, etc.; et ce qui m'a paru plus singulier encore que l'intelligence et l'activité des religieux, c'est le silence exactement observé parmi cette quantité d'hommes rassemblés. Le bruit de tous les outils dont ils se servent, sans mélange de voix, est quelque chose de très-extraordinaire pour des voyageurs habitués aux grossiers juremens, et aux obscènes chansons des ouvriers de tous les pays. Attirés dans cette retraite par de violens chagrins, des remords ou une piété sincère, ceux-ci changent de manière de vivre, sans que leurs traits portent l'empreinte du moindre regret. Ils sont tous calmes, frais et bien portans.

Dans le jardin, je vis les religieux du Chœur occupés à travailler à la terre. La paresse et l'oisiveté sont bannies de ce séjour. Les soins du jardinage n'est que le délassement des pères, dont l'office est de chanter à l'église, et de faire des lectures pieuses au chapitre. De temps en temps, je les voyais s'interrompre à un signal donné par l'un deux, qui frappait des mains. Ils élevaient alors leur âme à Dieu; et se remettaient ensuite à l'ouvrage avec un nouveau zèle.

Ne vivant que de légumes, la culture du potager est pour eux d'un grand intérêt. L'eau de l'étang qui se trouve près du couvent, après avoir fait tourner deux moulins, se distribue dans des canaux pratiqués dans les jardins, et se réunit dans des bassins creusés pour la recevoir. Des pompes la répandent facilement et avec abondance dans les carrés.

Les religieux forment une pépinière dont les sujets greffés sur des arbres provenant des pépinières royales, seront bientôt une ressource précieuse pour le pays. Tous les murs sont couverts d'espaliers et de vignes.

On ne fera assurément pas à ces moines le reproche d'oisiveté adressé tant de fois aux ordres monastiques; mais on leur adressera peut-être celui de n'être point utiles à l'État. Ah! que les hommes, heureux de critiquer une vertu qu'ils ne peuvent atteindre, consultent les pauvres des environs, qui reçoivent de nombreuses aumônes de ces pieux solitaires; et ils seront forcés d'admirer une religion qui inspire un si noble désintéressement. Parmi ses religieux, j'en aperçus quelques-uns de très-jeunes. C'étaient des novices. Leur noviciat dure un an, après lequel s'ils persistent dans leur résolution, ils prononcent leurs vœux. Ils quittent alors pour toujours le nom par lequel ils étaient désignés dans le monde, et ils adoptent celui d'un saint qui devient leur patron.

Sitôt que le novice est entré dans la maison,

il est mort à sa famille comme à la société. Il n'entretient plus de relations avec elle. Le révérend père abbé est seul instruit de la perte des parens de ses frères. Il l'annonce à l'église, à toute la communauté, mais sans nommer personne; et cette mort qui ne frappe qu'un seul trappiste dans ses affections, est sentie de tous, qui peuvent individuellement croire que c'est à eux que viennent d'être adressées ces paroles prononcées d'une voix solennelle par leur supérieur. » *Mes frères, l'un d'entre nous a perdu sa mère!* » Chacun alors pleure la sienne! mais trouve cependant une certaine douceur à n'avoir pas la certitude du malheur qui fait couler ses larmes, en même temps que celles de tous ses compagnons.

Le novice est placé suivant son éducation, parmi les religieux de chœur ou parmi les frères convers. Si le genre de vie lui paraît trop austère, et qu'il veuille quitter le couvent avant la fin de son noviciat, on lui rend tout ce qu'il a apporté; l'on ne garde même pas ce qui a pu être dépensé pour lui pendant son séjour. On le voit s'éloigner sans humeur, mais avec chagrin, en songeant qu'il va de nouveau affronter les dangers, les séductions du monde, et surtout son ingratitude. Il y a peu d'exemple qu'un novice se soit retiré; et je le conçois: si l'on est resté quelque temps à la trappe, on doit nécessairement admirer tous ses habitans, et se pénétrer de toute la sublimité de la religion, qui rend la paix à tant de coupables. On les voit raccommodés avec eux-mêmes, ayant retrouvé, sinon le bonheur tel que nous nous le figurons, faibles jouets que nous sommes des événemens dépendans des hommes; mais ce bonheur de l'âme mille fois, je crois, préférable à celui des sens.

Au lieu de profiter de la liberté qui leur fut accordée, lors de la révolution, les trappistes se trouvèrent si heureux du genre de vie qu'ils avaient embrassée, qu'ils émigrèrent tous pour aller en Suisse; ils fondèrent, près de Fribourg, le couvent de la *Val-Sainte*, où ils ajoutèrent des pratiques plus austères à celles qui leur étaient imposées. Bientôt inquiétés par nos armées, ils furent contraints de s'éloigner encore. Une de leur colonie s'établit au couvent de *Sainte-Suzannne*, dans la province d'Arragon, en Espagne; l'autre au *Mont-Brach*, en Piémont. Plusieurs trappistes passèrent en Wesphalie, en Hongrie et au Canada.

Une colonie, destinée pour ce dernier pays, s'arrêta en Angleterre; un riche gentilhomme lui fit bâtir un monastère à *Lulworth*, près de *Warchaim*, dans le *Dorcetshire* *; ce lieu fut

* Il se forma aussi plusieurs couvens de femmes. Ce fut dans un monastère de trappistes à *Pool*, que mourut la mère de M. le vicomte de Châteaubriand. Il était dirigé par madame de Cabanès.

La princesse de Condé habita une maison du même ordre, près de Sion dans le Valais. C'est-là je crois, où elle recueillit une jeune fille abandonnée; elle portait plusieurs bijoux de prix que la princesse mit à part, espérant qu'ils la feraient reconnaître un jour.

S. A. l'a fait élever avec toute la piété d'un ange, et toute l'indulgence d'une mère; elle la laissa libre, après sa rentrée en France, de se faire religieuse ou de se marier. Cette jeune personne se montra par sa conduite, digne de la haute protection qui lui avait été accordée. Elle déclara avec franchise à son illustre bienfaitrice, qu'elle ne se sentait aucune vocation pour la vie religieuse, mais qu'elle n'en avait pas non plus pour le mariage, lui paraissant odieux, dès qu'il devait la séparer de la princesse; qu'elle la conjurait de permettre qu'elle restât au couvent, sans prononcer de vœux, afin de pouvoir consacrer tous ses instans à mar-

visité par tout ce que l'Angleterre avait de plus illustre. L'abbé Delille fut voir ce pieux asile ; il l'a chanté dans la dernière édition du poème des *Jardins* avec toute la simplicité qui caractérise son talent, et qui convenait au sujet.

A la paix continentale, quelques trappistes revinrent en France : l'abbaye de Melleray fut achetée par les moines du couvent de Lulworth, et en 1817, ils débarquèrent à Nantes pour aller l'occuper. Ils étaient alors soixante : ils sont maintenant beaucoup plus nombreux.

C'est une absurde erreur que celle d'assurer que les trappistes s'abordent en se disant : *Frère, il faut mourir*. Ils passent au contraire les uns

quer sa vive reconnaissance à S. A., et à lui prodiguer tous les soins les plus tendres.

Cette demande fut accordée avec plaisir par l'humble religieuse; elle n'osait s'avouer qu'elle eût éprouvé un vif regret de voir s'éloigner l'enfant de son adoption. C'était tenir encore à la terre ; mais qui oserait condamner la tendre affection qui attache à un être que l'on a arraché à la misère et à l'abandon ?

J'ignore ce qu'est devenue cette intéressante orpheline depuis la mort de la princesse qui prit soin de son enfance. Elle lui laissa une dot et l'exemple de toutes les vertus les plus sublimes !

auprès des autres sans rompre le silence rigoureux qui est leur première règle. Voici la vérité sur ce qui a trait à leur sépulture, qu'ils ne creusent point chaque jour, comme on le lit dans plusieurs ouvrages très-estimables.

Une fosse est ouverte et creusée solennellement dans une assemblée générale; elle est destinée au premier qui doit mourir. Quand un des religieux est à l'agonie, on le transporte à l'église pour recevoir ses sacremens; on le ramène ensuite à l'infirmerie. Il reste étendu sur de la paille et de la cendre, jusqu'à ce qu'il ait rendu le dernier soupir. Il exhorte ses frères rangés en silence autour de lui, à persévérer dans leur sainte vie. Ce n'est pas lui qui est consolé, c'est au contraire lui qui encourage. Quand il est mort on l'ensevelit dans sa robe de laine, et on le dépose sans bière dans la fosse qui l'attend. Une croix de bois, sur laquelle sont écrits l'âge du frère, le temps de sa profession et son nom de religion, est le seul monument qui marque la place où repose enfin celui dont toutes les actions annoncent le bonheur éternel !

Un trappiste, présent aux derniers momens

de l'un de ses frères, écrivait ce qui suit dans l'année de son noviciat. « En voyant tant de « douceur et de bonheur, je vous avoue que « je me suis senti quelque envie de mourir, « comme ces lâches soldats qui demandent leur « congé avant d'avoir combattu. » *

* Cette citation est, m'a-t-on assuré, tirée d'une lettre de l'un des frères de M. de Châteaubriand, mort trappiste au couvent de Sainte-Suzanne en 1802. Voici quelques extraits de ce qu'il écrivait à sa famille et à ses amis :

« ...... Il y a ici une infinité de petites contradictions « qui, venant à la rencontre des habitudes, inquiètent « les premiers jours. On ne doit jamais par exemple, « s'appuyer si on est assis, ni s'asseoir si on est fatigué, « pour le seul fait de se reposer ; c'est que l'homme est « né pour travailler dans ce monde, et qu'il ne doit at-« tendre de repos qu'au terme de son pèlerinage. On « perd aussi toute propriété sur son corps : si l'on se « blesse d'une manière un peu grave, il faut s'aller accu-« ser à genoux, tout comme lorsqu'on brise un vase de « terre, et cela sans parler ; il suffit de montrer le sang « qui coule, ou les fragmens de la chose brisée !...... Si « quelquefois appuyé debout contre un mur, je som-« meille, il y a bientôt un frère charitable qui me tire « de ce sommeil. Je crois l'entendre me dire : *Tu te re-« poseras à la maison paternelle, in domum æternitatis....* »

Le cimetière me parut beaucoup plus imposant que ceux, où un vain orgueil s'efforce de remplacer la douleur, en élevant de magnifiques mausolées attestant la richesse et les titres des héritiers, plus que leur sensibilité; j'entendis sonner la cloche qui appelait les religieux à sexte avant le repas. Je témoignai le désir de dîner au réfectoire des trappistes, permission qui s'accorde rarement, mais que

« Je n'ai pas encore souffert le plus petit mal d'estomac,
« ni éprouvé d'autre peine qu'un peu de froid le matin
« en allant aux champs.

« Cependant l'avant dernier vendredi de carême, je fus
« commandé pour aller nettoyer l'étable des brebis : après
« avoir fait dès le point du jour jusques vers deux heures
« et demie, un travail très-rude; je pensais à me rap-
« procher du couvent, lorsqu'on m'envoya à la montagne
« chercher de l'herbe : je ne fus de retour qu'à quatre
« heures un quart pour rompre le jeûne; j'eus une hémor-
« rhagie assez forte le soir, et puis tous les matins. Per-
« dant plus qu'une nourriture peu substantielle ne pouvait
« réparer, j'allais tous les jours m'affaiblissant. Depuis
« ce temps Pâques est venu, et je me suis remis sur-le-
« champ..... Voilà un des grand avantages de la vie reli-
« gieuse, c'est que tout ce qui annonce la dissolution
« prochaine et le tombeau, cause autant de joie qu'on

j'obtins, grâce à l'obligeance du prieur, touché sans doute de l'air pénétré que j'avais en parcourant le couvent, et de l'avidité avec laquelle j'écoutais les explications qui m'étaient données par mon guide.

Mon couvert fut mis à la table particulière du R. P. Abbé, élevée sur une estrade. Je pus tout à mon aise examiner le repas des trappistes, ce qui m'occupait assurément plus que celui qui m'était destiné. Ils étaient environ cent vingt,

« est attristé dans le monde par tout ce qui en rappelle le « souvenir. »

On voit par cette lettre, à quel point la piété la plus sincère a toujours été dans la famille du grand écrivain qui, le premier après la révolution, eut le courage de publier un ouvrage important sur les avantages d'une religion que les persécutions ne peuvent que faire briller d'un nouvel éclat. Il est donc aussi injuste que ridicule de soutenir que M. de Châteaubriand n'a agi que par un froid calcul, en suivant les impulsions d'un talent qui serait infiniment moins supérieur, si la conviction la plus intime ne l'inspirait pas. *Le Génie du Christianisme* ne saurait être que la suite d'idées religieuses long-temps méditées, mêlées aux sentimens d'une âme brûlante, elles devaient faire naître un chef-d'œuvre, et c'est ce qui est arrivé.

chacun avait devant lui une assiette de légumes cuits à l'eau et au sel ; le beurre leur étant défendu, on y avait joint du riz au lait dans lequel il entrait moitié d'eau, quelques pommes de terre, et une demi-livre de pain noir. Ils ne burent que de l'eau. Le tout était servi dans de l'étain ; à côté d'eux, on voyait un couvert, un gobelet et une salière de bois. Leur serviette était un petit morceau de grosse toile, ayant six pouces carrés.

Pendant que les religieux mangeaient, l'un d'eux faisait la lecture en français. Au milieu du repas un Anglais prit sa place, et fit dans sa langue la même lecture : un tiers environ des trappistes est Anglais ou Irlandais.

Je voyais plusieurs frères qui réservaient une partie de leur ration pour le soir ; en été ils font un léger repas à six heures, mais en hiver, ils n'en font qu'un par jour. De temps à autre la sonnette du prieur, se faisait entendre pour les avertir de se tenir en garde contre les distractions ; alors tout cessait, le lecteur s'interrompait subitement sans achever même le mot commencé. Tous les frères immobiles, priaient mentalement ; le silence le plus absolu régnait dans la salle ; il n'était interrompu que par le sifflement du vent, s'engouffrant dans les longues galeries de l'édifice, et par le frémissement des vitraux des hautes fenêtres du réfectoire.

Après le dîner des trappistes, ils distribuèrent à la porte du couvent ce qui était encore pour eux du superflu à une foule de pauvres bénissant leur charité.

J'allai, toujours avec le père hôtelier, examiner les travaux d'une ardoisière exploitée pour les besoins de la maison. J'admirai aussi les instrumens de labourage, et les différentes pièces de terre cultivées par des procédés, la plupart nouveaux ou importés d'Angleterre. Ils serviront un jour d'exemple aux paysans qui, quoique en général routiniers et têtus comme des Bretons, ne peuvent manquer de finir par en sentir les avantages incontestables.

L'établissement des trappistes doit être considéré comme une sorte de ferme départementale, dans laquelle les agriculteurs peuvent puiser des lumières précieuses. Une grande partie des arpens de terre appartenant au couvent étaient, avant leur arrivée, de véritables landes:

ils sont aujourd'hui en plein rapport, et tous entourés de haies, et arrosés par des eaux détournées avec adresse.

Les prairies artificielles étaient inconnues dans tout le pays : les frères les ont essayées avec succès. A de stériles genêts ont succédé le trèfle, la betterave, et le *turneps*. Le sainfoin a mal réussi ; mais les prairies artificielles produisent ordinairement deux récoltes par an, et déjà cette partie de la Bretagne en est couverte.

Presque tous les chevaux sortent du *Dorcetshire*, ce qui nécessairement améliorera la race de ces animaux dans tout le pays circonvoisin.

Lorsque les trappistes ont quitté le couvent de Lulworth, pour venir fonder dans des landes une colonie d'agriculteurs paisibles, ils devaient s'attendre à la protection des deux gouvernemens anglais et français ; ils ont en effet obtenu la liberté de sortir et d'entrer leur modeste mobilier et leurs instrumens aratoires. Indépendamment de la frégate qui leur avait été destinée pour leur passage, on leur a accordé un gros brick pour le transport de leurs effets. Cette grâce particulière est devenue un bienfait public. Elle a mis ces dignes solitaires à même d'apporter avec eux ce grand nombre d'outils dont le port et les droits eussent surpassés la valeur, et qui, servant de modèles, sont maintenant très-utiles autour d'eux.

Je pars demain, il ne me reste plus rien à voir, et je ne veux pas prolonger mon séjour ici, car je craindrais de n'en plus sortir. Je vous assure, mon cher marquis, que, malgré toute la gaîté de votre caractère, et votre talent à vous moquer des choses les plus sérieuses, il vous serait impossible d'éprouver dans ce couvent autre chose que du respect, de l'admiration et presque l'envie de suivre l'exemple de ces pieux religieux qui paraissent si satisfaits*. Quant à moi,

---

* C'est en effet ce qui est arrivé à un voyageur anonyme qui a laissé de sa visite au couvent de la Trappe de Mortagne une relation dans laquelle il tourne en ridicule presque tout ce qu'il a vu dans ce couvent; il a été cependant forcé de s'exprimer ainsi dans un passage de son livre, où il décrit le cimetière.

« Notre chétive philosophie se trouva en défaut. L'o-
« pinion où chacun de nous semblait être que tout ce
« que nous avions vu jusques là n'était qu'un jeu, qu'une
« véritable momerie, faite pour en imposer, s'évanouit.

j'avoue que sans le désir de découvrir ce qu'est devenue Sophia, à laquelle je pourrai peut-être devenir utile, je n'aurais pas balancé ; j'aurais terminé dans ce lieu paisible une vie agitée par de si cruels orages ! Enfin je pars, mais je n'oublierai jamais les sensations si fortes et si

« Le proverbe, *Quand le diable fut vieux, il se fit hermite*
« nous était venu bien des fois à l'esprit; mais ce n'était
« pas ici le cas d'en faire l'application. A en juger par
« l'hôtelier, (j'ai su depuis qu'il portait un grand nom,
« avait été officier supérieur, qu'il avait plusieurs dé-
« corations, et qu'enfin il avait été aide-de-camp du
« maréchal duc de R...) c'étaient des jeunes gens du
« monde, pleins d'esprit, d'instruction, de bon ton et
« de santé qui venaient ainsi respirer avec délices les
« parfums de la mort; et qui, libres dans leur choix,
« semblaient s'y complaire, et préférer de telles jouis-
« sances à tout ce que le monde, qu'ils n'abandonnent
« pas sans l'avoir bien connu, pouvait leur offrir....

« Chacun de nous, nous dit l'hôtelier, en nous mon-
« trant une fosse, espérait qu'elle nous était destinée,
« mais il paraît que cette faveur est réservée au père
« Stanislas (c'était le fils d'un riche armateur de la Ro-
« chelle), il a vingt-cinq ans, nous dit le moine. Que
« vingt-cinq ans! nous écriâmes-nous tous ensemble,
« avec l'accent d'une douloureuse surprise.—Oui, reprit
« l'hôtelier, il a su les employer d'une manière bien

variées éprouvées ici. Adieu, mon ami, grondez-moi de cette énorme lettre que je n'ai pu me dispenser de vous écrire; il fallait absolument dire tout ce que je sentais, et la modestie de mon guide m'eût singulièrement gêné. Vous avez été ma ressource, votre

« profitable pour lui, et bien édifiante pour nous. Il est
« présumable maintenant qu'il ne passera pas la journée;
« Il emploie le peu de force qui lui reste, à réprimer
« la joie qu'il a de se voir bientôt en possession de cette
« tombe que nous ambitionnons tous; et à présent qu'il
« est sûr qu'elle ne lui échappera pas, il met sa vertu à
« réprimer l'orgueil que lui cause la certitude d'un tel
« bien; il tâche de nous consoler, et semble nous prier
« de lui pardonner le larcin qu'il nous a fait.

« J'avouerai qu'il ne m'est jamais arrivé de rencontrer
« dans le monde de ces hommes doués d'une foi aussi
« robuste... Cet exemple d'un enthousiasme religieux si
« profond, si vrai, si désintéressé, si profondément
« ignoré, et si bien dégagé de toute espèce de considé-
« ration humaine, a laissé en moi un souvenir qui s'ef-
« facera difficilement.

« Nous nous rappelâmes la première devise qui s'est
« offerte à nos yeux en entrant à la Trappe :

« S'il paraît dur de vivre ici,
« Il est bien doux d'y mourir. »

amitié vous empêchera de m'en savoir mauvais gré.

Adieu, je vous écrirai de Bordeaux.

Le comte de Pahren.

LETTRE XVII.

LA COMTESSE DE ROSEVILLE A M.ᵐᵉ DORCY.

Enthousiasme national. — Anecdote a ce sujet. — Course sur les bords du Loiret. — M. Mignon. — Madame de Lambert. — M. Pagot, architecte. — M. Delanoue. — M. de Guerchy. — Madame de Guerchy, sa mère. — Son amour pour l'équitation. — Chateau de la Source. — Trait singulier de l'amour d'un anglais. — Le Peintre, acteur du Vaudeville ; son dîner interrompu par l'évêque d'Orléans. — MM. de Morogues et d'Illiers. — Maison de La fontaine. — Jalon, célèbre médecin d'Orléans.

Orléans.

C'est à vous que je veux écrire aujourd'hui, ma chère amie, d'abord parce qu'il me semble qu'il y a bien long-temps que je ne vous ai parlé de ma vive amitié, et qu'avec ma difficulté à ne jamais pouvoir renfermer en moi-même ce que j'éprouve, j'ai besoin de vous dire que vous me manquez extrêmement, et que les huit jours passés avec vous m'ont tellement redonné la douce habitude de la plus agréable société, que je ne sais plus comment faire pour m'en passer. Ensuite il est juste que ce soit à vous que je communique le plaisir que m'a causé la charmante course que je viens de faire à *la Source* et à *la Fontaine*. Vous qui aimez tant votre province, vous serez charmée de lire tout ce que je vous écrirai sur l'admiration qu'a excité chez moi, la partie que j'ai parcourue. Mon enthousiasme ne vous paraîtra qu'une justice; tandis que ma tante, calme, exempte de tout entraînement, trouverait sans aucun doute, mes expressions exagérées. C'est toujours ainsi que jugent les personnes qui n'ont pas de *premier mouvement.*

Quand par hasard elles sont tirées de leur insouciance habituelle, elles cherchent à excuser ce qu'elles regardent comme un tort, et citent vite quelque chose de supérieur à ce qu'elles ont été forcées de louer malgré elles.

Témoin, ce flegmatique et vieux officier prussien, auquel un jeune officier français faisait admirer avec l'orgueil national la belle colonnade du Louvre. — « *Ya*, répondit le grave militaire, c'est ma foi, *peau*, magnifique ; mais, ajouta-t-il promptement, j'ai vu plus *peau* que ça. — Comment ! en Prusse il y a mieux que cette superbe façade, chef-d'œuvre de l'art ? — *Ya, ya,* je vous dis ; j'ai vu la parade du Grand-Frédéric à Postdam. »

Il n'y eut rien à répondre à cet amateur éclairé des arts, charmé d'avoir prouvé à un Français que la Prusse l'emportait sur la France. Me voilà bien loin du Loiret, dont je me rapproche promptement pour vous plaire. Ce sera pour moi d'ailleurs une véritable jouissance, de me reporter aux bords de cette délicieuse rivière, bordée de maisons plus jolies les unes que les autres, et j'en achetterai sûrement une à mon retour, si elle est encore à vendre.

Je l'ai visitée hier, avec ma tante, Sophia, et l'excellent M. Mignon toujours prêt à obliger. Il a consenti à nous servir de chevalier ; outre sa politesse accoutumée, je crois que le bonheur de parler de vous, était pour beaucoup dans l'offre qu'il a faite de nous accompagner. Nous avions aussi rencontré son cousin M. Delanoue, qui malgré son titre de magistrat, est comme vous savez l'homme le plus disposé à s'amuser lorsque les plaisirs ne nuisent pas à ses devoirs.

Le temps était fort beau, et la campagne parée de sa jeune verdure et de ses plus belles fleurs. Nous nous arrêtâmes à *Bel-Air* charmante habitation dont je désire faire l'acquisition, afin d'y être avec ma douce Alicie, qui en s'embarquant sur le Loiret, arrivera à M*** où elle trouvera ses amis.

Bel-Air a appartenu à madame de Lambert, nièce de l'abbé de Saint Albin, que vous avez vu chez moi. Elle est morte en couches. Je ne crois pas que rien m'ait plu autant que cette gentille propriété où l'élégance est recherchée, mais simple. La salle de bain, bâtie au bord de l'eau, me semble si parfaitement entendue, que j'en ai demandé le plan à l'obligeant M. Pagot. Je vous prierai de communiquer ce dessin à M. de Guerchy*, afin qu'il en fasse

* M. le marquis de Guerchy, fils de madame la marquise de Guerchy, célèbre par sa jolie figure et la

construire une toute semblable à Roseville.
Après avoir admiré tout à *Bel-Air*, nous sommes
partis pour le château de *la Source*; nous y
avons été reçus par M. de Morogues, avec
toute la courtoisie de l'ancienne cour. Quoique l'on m'eût prévenue de la singularité du
phénomène que présente *la Source*, j'en ai
été étonnée. Il est en effet inconcevable de
voir cette source fournir immédiatement une
masse d'eau assez considérable pour former

manière dont elle montait à cheval. Habillée en homme,
elle défiait avec avantage les plus habiles écuyers de
Paris; aux chasses des princes, avant la révolution, elle
était constamment à la suite des chiens et des piqueurs;
ce courage extraordinaire dans une femme était d'autant plus remarquable que madame de Guerchy avait
d'ailleurs les qualités qui honorent le plus notre sexe;
surtout une bienfaisance qui la faisait chérir dans une
terre qu'elle habitait près de Nogent.

Elle a prouvé qu'elle s'occupait des doux soins de la
maternité, car M. de Guerchy ayant perdu une grande
partie de sa fortune, s'en est recréé une par son talent
pour l'architecture, qui demande aussi celui du dessin
et des mathématiques. C'est à lui que l'on doit la construction de plusieurs salles de spectacles de Paris, et
celle d'une foule de maisons aussi jolies que commodes.

une belle rivière portant bateau. On m'a assuré que la sonde ne trouvait pas de fond, jetée dans l'entonnoir bouillonnant duquel s'échappe avec force le Loiret.

Un paysan, qui admirait comme nous cette merveille de son département, nous a dit que son père lui avait raconté qu'il y a cinquante ans, un Anglais se promenant avec une femme dont il était amoureux fou, (comme vous allez le voir), et s'arrêtant au lieu même où nous nous trouvions, lui dit avec un sang-froid tout national, que pour lui prouver sa passion, il était capable de se précipiter dans ce gouffre ; sa maîtresse ayant plutôt l'air de douter de cette résolution, que de s'y opposer, il prit son élan, s'élança dans le tourbillon. On assure qu'il a été impossible de retrouver son corps. Je demandai si la belle incrédule n'avait pas sur-le-champ suivi son amant. L'histoire n'en parle pas, répondit paisiblement mon narrateur, « mais il faut convenir, ajouta-t-il, qu'il fau-
« drait qu'elle eût été bien sotte de se tuer pour
« cet imbécille. »

Cette réflexion n'est pas sentimentale, mais elle est juste ; car, en effet, il faut avoir absolument perdu la raison pour renoncer à la vie si légèrement ; cependant, je crois qu'une Française n'eût pas survécu à l'homme s'immolant ainsi pour elle. Un premier mouvement, plus prompt que la pensée, lui eût fait affronter un danger certain, pour essayer de sauver celui qui s'y exposait pour une cause qu'elle seule ne pouvait blâmer. Une Anglaise, plus calme, s'est contentée de respirer son flacon de sel ; moyen infaillible toujours employé avec succès dans les grandes occasions, par ces femmes dont en général les cœurs sont froids, et les imaginations vives.

Sophia a été si émue de ce conte tragique, que nous nous sommes éloignés promptement de la source. J'ai remarqué, depuis que je vois du matin au soir ma jeune protégée, qu'elle n'est pas à beaucoup près aussi calme qu'elle affecte de le paraître ; et que particulièrement tout ce qui a rapport à un amour malheureux lui cause un redoublement de tristesse. Je l'attribue au souvenir de sa pauvre mère, qui mourut victime de chagrins causés par un mariage d'inclination ; Sophia si franche, si naturelle, ne me cacherait pas un sentiment qui n'aurait rien de coupable, et son âme pure et candide ne peut éprouver rien qu'elle se reprocherait. Cette sensibilité profonde, pour tout ce qui concerne sa mère, me fait aimer davantage la fille, dont la tendresse et la reconnaissance pour moi ne se démentent pas un instant. Oh! quel tour triste a pris ma lettre. Vite, vite quittons-le, et parlons de la riante campagne que vous aimez, et qui ne devrait inspirer que des pensées gaies.

Je ne trouve pas le parc de M. de Morogues bien entretenu, il me semble que l'on n'a pas su tirer parti de ce que la nature a fait pour le rendre charmant. Des arbres et des eaux admirables ne laissent pas grand chose à désirer; et je regrette que ces rives enchantées du Loiret soient gâtées par des champs de potirons et de concombres. Ils sont utiles sans doute, mais on pourrait les placer ailleurs que près des allées visitées journellement par de nombreux voyageurs attirés dans ce beau lieu, gâté par le peu de soin qu'on y remarque. Ils pensent tous comme moi, j'en suis sûre, que des légumes doivent se trouver dans un potager, et non sur les bords de la plus jolie rivière que je connaisse.

Nous sommes rentrés au château pour faire un excellent déjeûner, dont la famille de Morogues a fait les honneurs avec une grâce toute française. Elle est en général fort bienveillante pour ceux qui visitent *la Source*. On m'a conté à ce sujet une anecdote assez drôle; la voici. Je ne puis résister au désir de vous en faire rire comme moi.

Lepeintre aîné, acteur justement aimé à Paris, est venu il y a quelque temps à Orléans, et y a obtenu un grand succès. Avant de quitter cette ville, il fut invité, par ses camarades de circonstance, à un déjeuner, qui devait se faire dans les bois de M. de Morogues. Il accepta, et toute la troupe partit gaîment à cheval, en voiture et en charrette, chacun portant son plat. Arrivé près de la source, Lepeintre fut si enchanté de cette pittoresque situation, qu'il proposa à la bande joyeuse d'aller demander au propriétaire la permission de faire là, le repas projeté dans le bois. Un consentement unanime accueillit cette idée.

M. de Morogues se trouvait seul au château avec quelques domestiques; au lieu d'accorder ce que l'on désirait de lui, il pria toute la compagnie de venir s'établir beaucoup plus commodément dans sa salle à manger; et qu'on lui en paierait la location, en lui permettant de prendre place au festin, dont il fournirait le dessert.

Lepeintre, touché de l'effet que produisait son nom, accepta avec empressement, et fut chercher ses amis; la plupart assez peu champêtres, trouvèrent le changement de projet très à leur gré; ils espéraient que le vin de Champagne serait frappé de glace; et les dames n'étaient point fâchées de pouvoir raccommoder un peu leur toilette dérangée par l'humidité et le vent du parc.

Tout le monde était donc de la meilleure humeur en arrivant au château; elle augmenta en voyant une table parfaitement servie, autour de laquelle on s'établit un peu bruyamment; plusieurs bouteilles de vin de Bordeaux et de Champagne, achevèrent de porter l'hilarité à son comble. Des éclats de rire, les bouchons sautant avec fracas, les couplets les plus drôles chantés avec verve par le héros de la fête, les refrains, répétés en chœur, faisaient un tapage au milieu duquel on n'entendit pas le roulement d'une voiture s'arrêtant devant le perron. Le valet de chambre, plus calme, s'approche de son maître, et lui dit qu'il arrive une visite. « Une visite, s'écrie M. de Morogues, tant mieux, elle prendra part au déjeûner et à notre gaîté. »

Comme il achevait ces mots, un autre domestique se précipite dans la salle à manger et, avec une figure bouleversée, annonce que monseigneur l'évêque d'Orléans arrive avec ses quatre grands vicaires, pour demander à dîner à M. de Morogues. Celui-ci, presque aussi troublé que ses gens, n'a que le temps d'aller au devant de l'évêque dans l'antichambre, d'où il l'entraîne assez brusquement dans le salon de peur de lui laisser entendre les rires immodérés de ses convives, ils trouvaient cet événement un épisode charmant à leur matinée. Ils renversèrent les chaises, culbutèrent les tables en voulant sortir plus vite, firent un train épouvantable, et regagnèrent enfin leurs grotesques équipages, laissés à la grille.

Je ne vous garantis pas la vérité de cette histoire, qui m'a cependant été assurée vraie dans tous ses détails. Vous connaissez la sévérité extrême de M. de Beauregard, évêque actuel; ayant la même piété que son prédécesseur, il agit tout différemment. Il pense que, dans un siècle qu'il trouve si corrompu, il faut plus de fermeté que de tolérance, et que l'indulgence encourageant le vice, il vaut mieux l'effrayer en punissant par des exemples. Vous comprendrez donc l'effroi qu'a dû éprouver M. de Morogues, d'être surpris avec des *comédiens,* qui ne peuvent trouver grâce devant un prélat d'une vertu si rigide.

Si quelque chose pouvait corriger M. de Morogues de son goût pour les arts, et de la protection qu'il leur accorde, cette aventure y réussirait certainement; mais l'obligeance et le goût des belles et bonnes choses sont des qualités dont heureusement il est difficile de se défaire. Ainsi l'on peut espérer que les artistes distingués seront toujours bien reçus chez M. de Morogues.

Je reviens à mon excursion, que j'ai un peu perdue de vue. A deux heures, nous partîmes pour aller à *la Fontaine,* chez M. d'Illiers. J'y fus encore plus ravie qu'à *la Source,* d'abord parce que le parc me parut l'un des plus jolis que j'aie vu; et ensuite, parce que la multitude de beaux, d'admirables ombrages et de magnifiques fleurs me charmèrent. L'*arrivée*, dont les arbres touffus d'une belle forêt peuvent seuls donner l'idée, m'avait prévenue de la manière la plus favorable; et lorsque je me trouvai devant l'étang que forme le Loiret, et qui est dominé par des maisons placées comme pour faire point de vue, je donnai cours à mon admiration; mes exclamations répétées parurent exagérées à tout ce qui m'entourait, excepté à M. d'Illiers.

Il a lui-même dessiné toutes les allées, planté le jardin anglais, et passé plusieurs jours dans l'eau jusqu'à la ceinture, pour *jallonner* le cours qu'il voulait faire prendre à l'un des bras du Loiret. Un homme assez enthousiaste de sa propriété, pour se donner tant de peine à l'embellir, ne pouvait que me savoir bon gré d'en sentir toutes les perfections; aussi, loin de chercher comme ma tante, à arrêter mon torrent de louanges, il me faisait remarquer de nouvelles beautés qui m'étaient échappées. Tout est riant et délicieux dans ce séjour. On a su profiter habilement de mille accidens de la nature; une ouverture ménagée au milieu d'un massif de beaux hêtres, laisse apercevoir les tours ciselées de Sainte-Croix, qui paraissent une grande et noble *fabrique*, bâtie à dessein pour l'agrément de la vue du château. Il en est de même d'un moulin à eau qui n'appartient point à M. d'Illiers. Enfin je n'ai pas trouvé une seule critique à faire, ce qui est assez rare, vous en conviendrez.

L'orangerie est superbe, la maison commodément distribuée et meublée de la manière la plus convenable pour la campagne. Nous y trouvâmes madame d'Illiers, sa fille, et mademoiselle de Blanvillain, estimable personne, qui, par son talent pour la musique, est le soutien d'une famille peu aisée. Elle est comblée partout des égards que mérite une vertu aussi parfaite que sa complaisance est grande. M. Jalon [*] était aussi venu dîner. Je suis de votre avis : sa réputation d'homme fort aimable me paraît très-juste ; et celle qu'il s'est acquise comme médecin habile n'est contestée par qui

---

[*] Aucun des noms cités ne sont, je le répète, d'invention, et les traits qui leur sont attribués sont de la plus scrupuleuse exactitude.

que ce soit. J'ai été fort contente de l'avoir à table pour voisin. Je l'ai trouvé instruit sans pédanterie, spirituel sans prétention, gai sans licence, et bon par dessus tout; convenez que voilà un portrait exact.

Je suis revenue ici excédée de fatigue, mais enchantée de ma journée, et fort bien disposée pour celle de demain. Je vais à Cléry avec M. Pagot *, plus en état qu'un autre de me faire apprécier les beautés d'architecture de la cathédrale. Je n'emmène que Sophia, ma tante préférant rester avec la comtesse de Bradi, dont la piquante conversation lui semble préférable à de *vieilles antiquailles de mauvais goût*. C'est ainsi qu'elle nomme tout ce qui est gothique ; aussi sommes-nous sans cesse en discussion à ce sujet, et comme c'est le seul sur lequel nous ne nous entendions pas, ces petites disputes n'ont pas de grands inconvéniens.

Je n'ai pas envoyé la caisse de mademoiselle

---

* Architecte fort estimé : on lui doit les dessins du Palais-de-Justice et de la Halle d'Orléans, monumens fort beaux, bâtis dernièrement sous ses yeux.

Dercourt à M.***, ce qui va mettre ma *petite sauvage* en fureur contre moi; mais elle me pardonnera, j'en suis certaine, lorsqu'elle saura le motif de ce retard. Elle l'apprendra bientôt par moi.

J'écrirai aussi à mes filles. Bon Dieu, quelle patience vous avez si vous achevez cette lettre ! je ne veux pas la fermer cependant sans y ajouter que je vous aime de toute mon âme, et ce n'est pas une vaine phrase, c'est l'expression sincère de la vérité.

Comtesse DE ROSEVILLE.

LETTRE XVIII.

Mlle DE VIEVILLE A LA COMT^{sse} DE ROSEVILLE.

Soirée chez M. Pape, facteur de pianos. — Les jeunes gens peu polis pour les dames. — M. le comte D*** se fait attendre. — Sa femme. — Impertinence de M. le comte D***. — Punitions des enfans. — Celles d'aujourd'hui comparées a celles imposées autrefois. — Manufacture des Gobelins. — Vieillard respectable qui s'y trouve depuis plus d'un demi siècle. — Sa philosophie.

J'ai été très-heureuse, ma chère enfant, d'apprendre que votre voyage commence de la manière la plus satisfaisante. J'avais besoin de cette compensation pour m'aider à supporter votre absence et celle de ma bonne sœur.

A mon âge, une séparation a quelque chose de bien plus pénible qu'au vôtre. On a été si souvent déçu dans ses espérances, qu'à peine on ose en concevoir de nouvelles! celle d'une réunion est si vive que c'est en tremblant que l'on s'y livre. Chaque jour qui s'écoule, en ajoutant à tous ceux accordés par la providence, fait craindre de ne pouvoir atteindre celui qui doit finir les chagrins que cause l'éloignement. La jeunesse, au contraire, confiante à l'excès, n'imagine pas que rien doive s'opposer aux vœux nombreux qu'elle forme. Ainsi vous voyez que les inquiétudes me poursuivent sans cesse. Je suis vieille, chère Caroline, habituée à vos doux soins, à vos constantes déférences pour moi, j'ai bien de la peine à m'accoutumer à être sans vous. Entourée, je me trouve toujours seule, puisque vous n'êtes pas près de moi.

Les premiers jours ont été bien rudes, j'étais absorbée par ma douleur, et incapable de jouir des consolations qui me restent. Vos filles par leur gentillesse, madame Dorcy par son incomparable complaisance et le charme de son esprit, Alicie par ses attentions soutenues, sont parvenues, non assurément à vous remplacer, elles n'en avaient pas l'idée, mais à me faire tolérer une existence embellie par elles. J'ai même consenti à recevoir du monde, et à aller à un concert chez un célèbre facteur de pianos, qui, une fois par an, réunit dans ses salons la meilleure compagnie de Paris, ravie d'entendre les artistes les plus remarquables.

Je n'aime pas ce qui me fait sortir de mes paisibles habitudes; mais le désir de procurer à Alicie un plaisir dont elle n'eût pas voulu jouir, si j'étais restée chez moi, m'a décidée à sortir. Nous sommes parties de bonne heure, afin d'être bien placées, car je désirais que notre jeune amie fût admirée.

Je n'ai jamais eu de coquetterie personnelle, mais en revanche j'en ai une sans borne pour les femmes qui me sont chères. Nous étions placées sur les banquettes du premier rang, et tous les yeux pouvaient se porter sur le joli visage d'Alicie. Uniquement occupée de la musique qu'elle allait écouter, elle ne paraissait pas remarquer l'attention avec laquelle on la regardait, et elle ne se réjouissait d'être en avant que parce qu'elle verrait bien les exécutans. La foule augmentant, les femmes qui vinrent tard étaient debout; les jenes gens *assis* ne se dérangèrent pas pour offrir leur place, ce qui me parut d'autant plus inconvenant que, n'étant point dans ce salon *pour son argent*, on devait agir, non comme au spectacle, mais comme dans le monde.

La musique n'étant point commencée à neuf heures. J'en demandai la raison, et j'appris que l'on attendait un grand personnage étranger, pour lequel je remarquai en effet une banquette réservée. Enfin, après une longue attente, un mouvement et un bruit extraordinaires annoncèrent M. le comte D... ambassadeur, suivi de plusieurs personnes. Ne trouvant pas apparemment qu'il fût assez en évidence à la place désignée pour lui, et qui était cependant fort bonne, et faisait grande envie à une partie de l'assemblée, il se fit apporter sans façon des chaises qu'il fit placer sur l'estrade où se trouvait l'orchestre, exactement devant des dames sans adresser un mot d'excuse sur une impolitesse qui ne pouvait être commise que par un étranger, ignorant sans donte les usages polis de notre pays.

Je ne saurais vous exprimer, ma chère Caroline, quel étonnement me causa cette grossièreté. Ce qui explique ma surprise d'un procédé semblable, c'est la rareté de mes sorties.

Accoutumée aux égards que l'on a chez vous pour les femmes, j'ai dû trouver singulier qu'un grand seigneur en eût si peu, et je conçois qu'il ne soit pas du nombre de ceux que vous recevez. Aucun de nos ambassadeurs près des cours étrangères ne se permettrait de se faire ridiculement attendre, et ils manqueraient encore moins aux lois les plus simples d'une politesse qui atteste une bonne éducation. Un vieillard pourrait tout au plus passer ainsi par-dessus les convenances, pour ne s'occuper que de sa commodité; mais l'*excellence* dont je vous parle est jeune et porte avec une grâce parfaite l'élégant uniforme de hussard. Sa femme m'a paru aussi polie et aussi simple qu'il l'est peu*.

* Ce que l'on vient de lire de la singulière conduite d'un ambassadeur est *tout-à-fait exact*; j'ai été témoin du peu de politesse de M. le comte D***, et je n'en ai pas été la seule frappée. On exprimait très-haut, près de lui, combien on en était révolté. On eût pu tout au plus concevoir cette impertinence de manières si, comme il il y a quelques années, la France était sous le joug des

Le souvenir de la conduite de M. le comte D*** à l'égard de nos braves maréchaux a peut-être contribué à me donner de lui une opinion peu favorable. Je ne lui pardonne pas d'avoir refusé à ces grands capitaines des titres qui n'étaient pas soutenus, il est vrai, par deux ou trois cents ans d'ancienneté ; mais qui, justes récompenses des plus beaux faits d'armes, valent tous les vieux parchemins des barons allemands ; ils devaient surtout être respectés par le représentant d'un souverain qui fut au nombre des vaincus de nos armées. Rabaisser son vainqueur n'est-ce pas trouver le moyen de rendre une défaite plus fâcheuse encore ?

Je déteste la révolution qui pendant longtemps a bouleversé ma patrie, mais je serai toujours la première à admirer les hommes qui, avec leur épée, surent se frayer une route honorable, dans un temps où l'honneur était presque un crime près des bourreaux qui gouvernaient.

étrangers : aujourd'hui que tout est rentré dans l'ordre, elle est sans excuse. Nous ne sommes plus, grâce à Dieu, obligés de supporter l'arrogance des puissances alliées ; et M. l'ambassadeur trouvera tout simple que nous voulions redevenir Français en tout.

Nos soldats défendaient la France, et la faisaient respecter, malgré les crimes qui s'y commettaient. Tous leurs compatriotes doivent donc s'indigner de leur voir contester ce qu'ils acquirent par une gloire que l'on ne parviendra jamais à ternir.

Pendant que je suis en train de causer, je vous dirai que j'ai été choquée de voir les jeunes gens en pantalon et surtout en cravate noire, dans une assemblée où se trouvaient plus de cent femmes fort parées. Puisque ces messieurs ne se donnent pas la peine de rentrer chez eux pour faire leur toilette, il me semble que nous devrions aller dans le monde en peignoir et en bonnet de nuit, ce qui serait infiniment plus commode que de se serrer dans un corset et de livrer sa tête à un coiffeur qui vous martyrise. Si j'étais jeune et assez jolie pour donner le ton, je vous jure que je n'y manquerais pas.

On eût été autrefois honteux de se montrer le soir comme on était le matin; *mais nous avons changé tout cela*, et les hommes, en sortant de leur écurie ou d'un enterrement, se trouvent tout prêts à aller au bal. C'est la mode, me direz-vous, ma nièce, eh bien, tant pis; car renoncer à la galanterie des hommes, c'est consentir à être traitées par eux, avec la légèreté et le *sans-gêne* qu'ils ne devraient se permettre que dans une société qu'ils ne peuvent avouer.

Vous allez me trouver une vieille radoteuse, ce qui ne m'empêchera pas de répéter que je n'aime pas à voir les *merveilleux* d'aujourd'hui, ressembler à leurs palefreniers; et je pense que je n'ai pas tort. Vous trouveriez très-mauvais que Juliette, votre femme de chambre, pût être prise pour vous; les maîtres de maison devraient avoir le désir d'être distingués de leurs gens autant par leur extérieur, que par leurs manières; et conséquemment il faudrait qu'ils adoptassent un costume absolument différent.

A cela près de ce qui m'a choquée et que je viens de vous dire, j'ai été fort contente de ma soirée. La musique était parfaite; et Alicie avait l'air si enchanté que je me suis applaudie de ma complaisance, faible compensation de toutes celles qu'elle a pour moi.

Elle a été trouvée fort jolie, et presque aussi regardée que moi avec mes cheveux poudrés. Ce qui n'est pas peu dire, car tous les *lorgnons* des jeunes gens étaient dirigés alternativement sur nous deux.

L'un de ces messieurs m'a prise absolument pour point de mire; il était remarquable par l'exagération de ses manières, l'arrangement prétentieux de sa blonde chevelure, et le ton tranchant avec lequel il jugeait tout ce qu'il voyait et entendait. Après m'avoir toisée de la tête aux pieds, *Sais-tu, mon ami*, dit-il à un jeune homme un peu moins ridicule que lui, *que sous Louis XV, on était ainsi. Cette respectable dame, est une vraie tradition!* — « Oui, monsieur, lui répondis-je plus haut encore
« qu'il ne parlait, et vous feriez très-bien de la
« consulter. Je vous donnerais je crois de fort
« bons conseils sur ce que l'on doit de politesse
« aux femmes, et de respect aux vieillards; sous
« Louis XV, les jeunes gens faisaient beaucoup
« de dettes, mais ils trouvaient le moyen de les
« payer; et peut-être ma mémoire fidèle pour-
« rait vous l'enseigner. »

Les rieurs furent pour moi, et je fus charmée d'avoir donné cette leçon à un fat dont l'existence, est un problème, à ce que m'avait appris un de mes voisins; il fait une dépense énorme, quoique sa fortune soit mangée depuis longtemps. J'aime mieux lui croire des créanciers que d'imaginer qu'il soit capable de satisfaire ses goûts dispendieux, par les moyens déshonorans, qu'on suppose qu'il emploie.

J'espère que ma répartie qui l'a fait disparaître, le corrigera de cette manie de se moquer du vieux temps, par des plaisanteries aussi plates qu'usées. Il a ses raisons pour faire cas de la jeunesse et de la fraîcheur, seuls avantages dont il puisse s'enorgueillir; mais est-ce une raison pour insulter les personnes âgées, et surtout une femme? cette espèce de lâcheté m'a toujours révoltée; et je me plairai à la signaler partout où je la trouverai.

Vos filles, ma chère Caroline, semblent s'être donné le mot pour être aimables depuis votre départ. La bonne Grimard ne revient pas de leur douceur et de leur obéissance; elle assure que depuis que *madame la comtesse* n'est plus ici pour les approuver, ces demoiselles ont perdu une foule de petits défauts dont elles ne se seraient pas corrigées, tant qu'elles eussent été soutenues par votre indulgence pour elles; je pense comme elle, et de ce côté, votre voyage est un vrai bonheur.

Madame Dorcy les dirige à merveille : bonne, égale, et juste, jamais elle ne revient sur un refus, toujours motivé par un motif raisonnable qu'elle prend la peine de leur expliquer. Elle nous prive ainsi de ces perpétuelles supplications pour obtenir. Quand les études ont été bien, madame Dorcy consent à ce qu'Alicie joue au volant avec vos filles, fasse une robe à la poupée, etc. ; elle promet pour le soir une lecture d'une heure faite par elle, pendant que Marie et Laure travailleront près de nous. Lorsqu'elles ont été paresseuses, entêtées, ou raisonneuses, les seules punitions infligées sont la suppression de tous les jeux partagés par leur jeune amie, qui en est presque aussi triste qu'elles ; et, si le cas est grave, les mots *je l'écrirai à votre mère*, suffisent pour faire rentrer dans le devoir.

Je préfère infiniment ces moyens aux cabinets noirs, aux menaces du diable, au pain sec, employés dans mon enfance. Vous voyez que je sais faire des concessions à ce siècle, et que je n'approuve nullement le système d'après lequel j'ai été élevée. Ma gouvernante jusqu'au moment où j'ai été mise au couvent, ne parvenait à se faire obéir que par la crainte, de sorte que les religieuses, étant infiniment moins sévères et beaucoup plus patientes, ne me paraissaient pas imposantes; je leur tenais tête; je ne faisais rien de ce qu'elles me demandaient; il en est résulté que je n'ai rien appris, et que je suis fort ignorante. Ce qui me console, c'est que la plupart de mes contemporaines n'en savent pas plus que moi.

Maintenant que l'instruction a gagné toutes les classes, il faut absolument avoir des talents, et savoir mille choses jugées inutiles de mon temps. Il a donc été nécessaire d'adopter un autre mode d'éducation; c'est un bienfait de cette époque, que j'apprécie; ce qui vous prouvera que je ne suis pas si déraisonnable que vous le dites quelquefois. Je regrette, je l'avoue, plusieurs des coutumes de 1786. Je gémis souvent sur ce que j'appelle les erreurs de 1826; mais enfin je ne blâme pas tout ce qui est nouveau; ce qui est beaucoup, convenez-en, pour une personne de mon âge, disposée à n'approuver que ce qui se faisait lorsqu'elle était jeune et jolie;

ne vous découragez pas, mon enfant, vous finirez peut-être par faire quelque chose de moi.

J'ai conduit ce matin Alicie et les enfans à la manufacture des Gobelins. Nous avons été enthousiasmées de tout ce que nous avons vu, et fort touchées de la sollicitude qui s'étend sur les ouvriers et leurs familles qui sont logés dans ce bel établissement; les enfans apprennent gratuitement la lecture, l'écriture, le calcul et le dessin. Lorsqu'ils sont assez grands pour être utiles à leurs parens, ils sont employés au dévidage, au triage des laines; ils deviennent apprentis, ouvriers, sous chefs et enfin chefs d'atelier. Ils commencent par faire les fonds de tableaux, et parviennent peu à peu à copier d'une manière parfaite, les chefs-d'œuvre de l'école moderne. Ils s'attachent ainsi à la manufacture, dont ils regardent l'enceinte comme leur véritable patrie. C'est-là qu'ils ont acquis leurs talens, qu'ils ont reçu les louanges des étrangers, qu'ils ont aimé! Aussi ne sont-ils jamais tentés d'aller porter chez d'autres nations une industrie qui honore la leur, à laquelle ils la doivent.

Nous avons vu là un vieillard de 89 ans travaillant encore avec une ardeur inconcevable à des ouvrages d'un fini extrême. Dans un âge où le repos tient lieu de bonheur, il faisait un bel écran pour le cabinet particulier du roi. Il nous dit qu'il n'était pas sorti dix fois en sa vie de *sa manufacture*, pour laquelle il a un amour-propre très-excusable : c'est la fierté qu'inspire la terre natale.

Ce brave homme a travaillé pour le Régent, Louis XV, Louis XVI, la République, Napoléon, Louis XVIII et Charles X. Il ne s'occupe nullement de politique ; pourvu que la France existe, que la manufacture soit en activité et soutienne sa brillante réputation, il est satisfait. *Je fais mon affaire, et ne me mêle pas de celle des autres ; tout irait peut-être mieux, disait-il, si tout le monde faisait comme moi.* Lorsqu'on veut lui parler de ce dont il ne veut avoir aucune connaissance, il impose silence, en assurant que partout on est tranquille comme dans sa retraite chérie. On a voulu lui donner l'année dernière, une chaise à dossier, afin qu'il fût plus commodément ; il s'est presque choqué de cette attention de ses supérieurs, il l'a refusée en disant que depuis 76 *ans* il avait le même tabouret, et qu'il désirait mourir dessus.

Nous avons tant causé avec ce philosophe, plus sage que tant d'autres qui prétendent à ce titre, nous avons tant questionné dans toutes les salles, qu'à peine avons-nous eu le temps de voir la manufacture de glaces.

Tout ce qui m'est resté de cet établissement, où nous nous rendîmes en sortant des Gobelins, est une antipathie pour un luxe, qui coûte la vie à une foule d'ouvriers qui ne peuvent atteindre la vieillesse. Ce sont les étameurs. Le mercure agit si violemment sur eux, qu'ils ne peuvent se livrer à leurs travaux que deux ou trois fois par semaine. On les paie fort cher; et lorsque leur santé n'est pas altérée d'une manière grave, ils sont tous saisis d'un tremblement général au bout de peu d'années d'exercice; et il est, nous a-t-on assuré, fort rare qu'ils vivent passé cinquante ans.

N'est-il pas fâcheux qu'un tel résultat atteigne des gens qui concourent à l'une des branches les plus brillantes de notre commerce? Alicie et vos filles prétendent qu'elles ne pourront plus se regarder dans les belles glaces de votre hôtel; elles sont femmes, et je doute qu'elles aient le courage de suivre cette louable résolution. Quant à moi, j'avoue que j'aimerais mieux me priver d'un ornement charmant, que d'exposer à des dangers certains, des pères de famille estimables qui, pour laisser un sort à leurs enfans, bravent tout ce qui les menace; mais il faut convenir que mon sacrifice n'est pas trop méritoire : j'ai 66 ans!...

Nos courses du matin me plaisent, elles me mettent à même d'apprécier la solidité de l'esprit d'Alicie qui observe tout, fait des remarques pleines de bon sens et de sensibilité, et ne perd pas une occasion d'acquérir les connaissances dont elle est avide. Votre choix ne pouvait être meilleur, et nos chères petites seront en bonnes mains. Adieu, ma Caroline ; aimez votre vieille tante qui vous chérit, et ne désire au monde que de vous embrasser encore avant de mourir. On me soigne tant ici, que j'espère bien avoir ce bonheur.

A. DE VIEVILLE.

LETTRE XIX.

LE MARQUIS DE BLIGNY AU COMTE DE PAHREN

COURSE A SOUTHAMPTON. — L'ÎLE DE WIGHT. — NETLEY ABBEY. — DÉJEUNER DANS UNE AUBERGE. — CUISINIERS IMPROMPTUS. — OMELETTE EXCITANT L'ÉTONNEMENT DE TOUTE LA POPULATION. — LE CONSTABLE. — CARRISBROOK. — CHARLES Ier S'ÉCHAPPANT PAR UNE FENÊTRE. — GALANTERIE MAL ACCUEILLIE. — PORTSMOUTH. — SES CHANTIERS. — VAISSEAU QU'ON Y LANCE. — GAÎTÉ DES MATELOTS. — LE THÉATRE DE COVENT-GARDEN. — MM. CICÉRI ET DAGUERRE. — ACTEURS. — MISS ONEILL. — MADAME SYDONS. — HALF PRICE. — LE PARTERRE. — M. DE LA RUELLE, ÉMIGRÉ. — SA FORCE EXTRAORDINAIRE. — SA MANIÈRE DE LA PROUVER A UN BOXEUR DE PROFESSION. — LE COLONEL MACLEOD. — L'AMBASSADEUR DE PERSE VERSE, LE JOUR DE SA PRÉSENTATION AU PRINCE RÉGENT. — PANIERS DES DAMES DE LA COUR. — HYDE PARK. — LE DUC DE*** RUINÉ. — SES RIDICULES DÉPENSES.

LONDRES.

OH ! mon ami, quelle frayeur m'a fait le timbre de votre dernière lettre de *la Trappe !*...

Concevez-vous bien tout l'effroi que causent ces mots à un homme qui ne peut être heureux qu'avec l'espoir de vous voir souvent, mais qui certainement ne pousserait pas l'héroïsme de l'amitié jusqu'à aller s'enterrer vivant pour jouer la pantomime avec vous? *la Trappe*, bon Dieu! mais c'est pour en mourir; et quand j'ai vu que vous aviez été tenté un instant d'y rester, un frémissement universel m'a saisi.

Il s'agit bien de miss Sophia, vraiment, pour vous empêcher de faire cette folie? et je vous trouve admirable de ne penser qu'à elle dans cette occasion! Et moi, donc, que deviendrais-je, si vous me livriez à moi-même? Je vous jure que toutes les sottises que vous avez réparées se renouvelleraient; et que, vous, n'étant plus près de moi pour faire entendre raison à mes créanciers et pour les payer, je finirais mes jours, non dans un ennuyeux couvent, mais à Sainte-Pélagie. Réfléchissez bien à cela, et vous continuerez à vous charger d'être mon mentor, en me servant d'exemple. Tant que je sais que je vous affligerais en recommençant des dépenses d'autant plus folles qu'il n'en reste rien, je fais un effort, et suis économe;

d'ailleurs, voulant vous rendre tout ce que vous avez avancé pour moi avec tant de générosité, l'ordre devient mon premier devoir, comme il est mon plus grand ennui; tandis que si vous vous claquemuriez avec vos silencieux solitaires, j'enverrais toute la réforme promener, et reprendrais le genre de vie qui me plaisait avant de vous connaître. Perdant un ami, j'aurais besoin de m'étourdir, et qui sait jusqu'où pourraient me conduire les distractions que je chercherais? Il faudrait qu'elles fussent excessives pour calmer un chagrin très-vif. Voilà des raisons péremptoires pour vous faire renoncer sans retour à votre ridicule projet de retraite; et vous répondrez de ce que je deviendrai si vous m'abandonnez.

Je compte retourner bientôt en France, et c'est là qu'il faut absolument que vous vous r'empariez de moi. Entouré ici d'objets tout nouveaux, je ne cours pas le danger de me lancer dans des plaisirs que vous condamniez. Observer un pays intéressant, étudier un gouvernement qui sert de modèle au nôtre, regarder les belles Anglaises, et surtout monter des chevaux délicieux me suffit; revenu à Paris, retrouvant les mêmes usages, les mêmes spectacles, entouré de femmes qui m'obséderaient d'autant plus que j'aurais pour elles presque le charme de la nouveauté, je sens que je m'ennuierais mortellement, et que, pour sortir de ce dégoût qui suit l'habitude, je courrais après des jouissances que je sais dangereuses, mais qui, pour quelques minutes du moins, me plairaient. Si vous êtes avec moi, au contraire, tout m'amusera.

Je ne sais comment vous faites pour me forcer à m'occuper et à faire autre chose que courir les fêtes; ce qu'il y a de positif, c'est que je vous suis aux cours intéressans de nos professeurs, dans les cabinets de tableaux, dans les bibliothèques, et que la fin de la journée arrive sans que j'aie bâillé une seule fois. Mon indolence a besoin de votre activité; ma paresse de vos connaissances, qui vous font analyser d'une manière claire, ce que je ne me donnerais pas la peine de chercher à comprendre tout seul. Enfin, je vous le répète, il dépend absolument de vous de me rendre tout-à-fait bon sujet, ou d'anéantir complètement ce qui est bien commencé. Maintenant, restez à la Trappe à lever les yeux au ciel et à dire votre chapelet, si tel est votre bon plaisir.

Il y a, je n'en doute pas, mille vertus dans cet asile consacré à la religion; mais je croirai toujours qu'il y a plus de mérite à les exercer dans le monde, entouré de tentations, que de les cultiver dans un lieu où l'on ne pourrait succomber, quand même on le voudrait absolument. Ne peut-on pas, sans se cloîtrer, répandre de nombreux bienfaits autour de soi? Ne prouvez-vous pas que pour soulager les infortunés, il faut être libre d'aller les chercher dans des galetas, où ils gémissent sans oser se plaindre? Sont-ce bien ceux qui *demandent* auxquels il faut donner? et ne doit-on pas plutôt employer ses aumônes à éviter à l'homme malheureux, sans l'avoir mérité, la honte de tendre la main? Quant à moi, je vous réponds que ce n'est pas un *trappiste* que j'imiterai, et que tout en mangeant un bon poulet et en me couchant dans un excellent lit, je me croirai une fort digne créature, ne négligeant aucune occasion d'être utile, en élevant bien mes garçons pour servir mon pays, et mes filles pour devenir de bonnes mères de famille. En un mot je veux remplir tous les devoirs qui me sont imposés par Dieu ; et en suivant les mouvemens de mon cœur et vos conseils, j'espère y réussir, sans qu'il soit nécessaire de me *proclamer* et de me mettre à un régime mille fois plus austère que celui ordonné par l'excellent M. Prunet, qui m'a sauvé la vie l'année dernière. Le créateur nous a donné du gibier, de la volaille, des truffes, des vignes, c'est pour en faire usage, et non pour laisser les uns pulluler au point de dévaster les champs, et les autres s'étendre sur toute la France. C'est assez nous entretenir d'une chose à laquelle vous ne pensez plus j'espère.

J'ai été, il y a plusieurs jours, faire une petite course très-agréable, dont je veux vous entretenir. Je partis dans une calèche avec trois Anglais fort aimables, que vous ne connaissez pas, mais que vous aimeriez, car ils sont instruits et ne sont pas du nombre de ceux qui refusent tout mérite aux Français; ils estiment la bravoure et la loyauté, et ils admirent sincèrement les talens. Nous arrivâmes à Southampton, où nous nous embarquâmes pour l'île de Wight.

A chaque instant des habitations délicieuses se présentent aux yeux enchantés des voyageurs, étonnés de la variété des sites, et de celle apportée à la construction des maisons qui bordent les rivages. Je voulais m'arrêter partout pour voir en détail tout ce qui me plaisait en masse; mes compagnons m'assurèrent que je trouverais partout d'aussi beaux parcs, et qu'il valait mieux nous rendre immédiatement aux ruines de *Netley Abbey*, occupée jadis par des moines de l'ordre de Citeaux.

Ainsi pendant que vous parcouriez un couvent cité par la manière admirable dont il est tenu, et riche des travaux des religieux, je foulais aux pieds les restes d'un établissement du même genre, qui fut célèbre aussi, et dont il ne reste plus que des fragmens d'une belle *gothiquité*. Vous pensiez à me quitter pour toujours pendant que je dessinais sur un album que je vous destine, une vue de ce vieux monastère. La sympathie n'agissait pas sur vous, et ce n'est pas moi que vous trouvez si léger, qui l'ai été dans cette circonstance.

L'aspect de l'abbaye est fort pittoresque, il a inspiré plusieurs poètes et peintres.

Je suis persuadé que vous préférerez à leurs productions la petite aquarelle que j'ai terminée à Cowes-Harbour, dans l'île de Wight. Nous voulûmes y déjeuner, et comme tout le monde dans l'auberge était au sermon, excepté une vieille bonne femme toute barbouillée de tabac, qui devait être notre cuisinière, chacun de nous prit la résolution de mettre la main à l'œuvre, et de servir un plat de son métier. Lord H... offrit de faire griller le *beafsteack* de fondation qui se trouvait dans le garde-manger; lord S.... se chargea du *scascalopp* * d'usage; lord B... fit cuire des pommes de terre, et moi pour que la France eût son petit coin dans ce repas tout britannique, j'annonçai que je ferais l'*omelette* éminemment nationale, ce qui fut accepté avec une grande joie par mes collègues. En conséquence, je demandai tout ce qui m'était nécessaire, et affublé d'une serviette en tablier, d'une autre arrangée comme un bonnet de coton, je me mis gaîment à battre mes œufs.

La vieille femme, confondue de me voir

* Ragoût de veau sauté dans la poêle.

*fricasser des œufs**, appela un voisin pour venir admirer ce perfectionnement gastronomique ; celui-ci émerveillé fut en chercher d'autres ; ils se succédèrent dans la cuisine qui, au bout de quelques minutes, se trouva pleine comble. La porte s'encombra : le sermon finissant, les assistans qui passaient devant l'auberge s'arrêtèrent pour demander ce qui attirait tout ce monde : *C'est un Français fricassant des œufs*, répondait-on ; et avant que mon omelette fût servie, la population entière s'était écrié : *C'est un Français fricassant des œufs*.

Que l'on accuse maintenant les Français d'être badauds. Le constable lui-même, croyant sa présence utile, arriva, et se fit faire place avec plus de facilité que la force armée, qui chez nous vient l'arme au bras pour rétablir la paix dans un ca-

---

* On ne mange en Angleterre les œufs qu'à la coque ; excepté dans les grandes maisons, où les cuisiniers français sont toujours appelés. Dans les provinces, on ignore toutes les ressources de l'art culinaire, porté chez nous à un si haut degré de perfection ; et devenu pour ainsi dire nécessaire à la marche du siècle.

C'est à mon père qu'est arrivée l'aventure que raconte M. de Bligny.

baret. Il s'approcha de moi, et voyant mon chef-d'œuvre moelleusement couché roulé dans un plat, il me parut qu'il ne serait pas fâché d'y goûter. J'offris à ces messieurs de l'engager à être des nôtres, ce qu'il accepta avec plaisir.

Je devrais finir cette histoire grotesque par le tableau de ce magistrat roulant sous la table; mais voulant être vrai, je suis forcé de convenir qu'il se conduisit parfaitement. Il nous mit au courant de tout ce qu'il y avait de remarquable dans l'île, loua sans exagération, mais avec justice, plusieurs choses curieuses, et nous parut plein de raison et de bon sens. Sur tous nos théâtres on s'obstine à représenter les constables comme de véritables niais, se laissant duper par le premier étourdi qui veut s'en donner la peine; ils sont en général choisis parmi des hommes estimés et capables, et ces portraits sont aussi ressemblans que ceux que les Anglais font de nos colonels recevant impunément des coups de pied et des soufflets.

Je trouve qu'il n'y a aucune dignité à donner des ridicules à nos voisins, et je voudrais que nos auteurs se distinguassent des étrangers, en renonçant à des traits de mauvais goût, qui manquent totalement de vérité. Ce n'est pas de l'esprit national de rapetisser ainsi les autres nations, auxquelles nous donnons le droit de nous accuser de fausseté ; battons-nous comme des enragés contre les Anglais, quand nous sommes en guerre ; encourageons notre industrie aux dépens de la leur ; mais rendons justice aux bonnes choses de leur pays, blâmons hautement les mauvaises, et laissons-leur le sot plaisir des plates moqueries, sans leur faire l'honneur d'y répondre en les imitant.

Après notre déjeuner terminé avec notre digne constable, nous partîmes pour Newport, capitale de l'île afin de visiter les ruines d'un ancien château-fort (Carrisbrook), d'où Charles Iᵉʳ s'échappa par une fenêtre. Le souvenir historique qui s'y rattache peut seul y attirer les étrangers ; car ce lieu n'offre de remarquable qu'un puits creusé à 210 pieds de profondeur. Près de là, nous nous promenâmes dans un magnifique parc, où se trouvent plus de six cents daims. J'avais une envie démesurée d'en chasser un ou deux, mais c'eût été trop mal reconnaître la noble hospitalité qui nous fut offerte par les maîtres de ce beau séjour. Nous résistâmes aux instances qui nous furent faites d'y coucher, et préférâmes nous rendre à *Steephill*, sur le bord de la mer.

Notre discrétion fut récompensée, en nous faisant trouver là une auberge d'une propreté et d'une élégance dont aucune des nôtres ne peut donner l'idée. Il fut inutile d'exercer de nouveau mon talent improvisé pour la cuisine; les jolies filles de l'aubergiste ne dédaignant pas de nous apprêter un souper très-*confortable*. Je voulus leur dire quelques mots de galanterie qui eussent été très-bien reçus en France, j'en suis persuadé, mais qui n'obtinrent aucun succès près des robustes et fraîches beautés qui me les avaient inspirés. Mes compagnons de voyage me conseillèrent de renoncer à des manières qui pourraient me valoir l'offre d'une *boxade* de la part du père, Anglais renforcé, qui n'entend pas raillerie, et qui veut que l'on respecte ses filles. Je pris donc le parti d'abandonner à elles-mêmes ces revêches personnes, et je m'en consolai en buvant à votre santé d'excellent vin de Xérès.

Le lendemain, nous allâmes à Porthsmouth.

Ce port, l'un des plus beaux de l'Angleterre, me causa une surprise réelle par l'activité qui y règne. Les chantiers me parurent d'autant plus curieux, que je n'avais jamais vu de vaisseaux en construction. Notre bonheur voulut qu'il en fût lancé un deux heures après notre arrivée. Jamais cérémonie ne me fit une impression si profonde. Il me serait impossible de rendre l'émotion qui me saisit au moment où cette masse imposante fut mise en mouvement, et poussée avec la rapidité d'une flèche vers la mer, au travers d'un long sillon de feu, causé par la violence du frottement de sa quille, et aux cris mille fois répétés d'une foule immense, accourue pour assister à ce majestueux spectacle. Cette place qu'elle venait de quitter, et qui, peu de minutes avant, était occupée par l'objet de l'admiration générale, n'excitait plus la moindre curiosité. On ne songeait qu'à se précipiter dans des canots pour aller de près examiner la frégate parée de ses habits de fête; on foulait sans y prendre garde le sol où elle avait été élevée.

Quant à moi, cette cale vide me causa un sentiment pénible. Je ne pus m'empêcher de penser que c'est ainsi que nous laissons sans intérêt une terre où nous ne faisons que passer, et où nous sommes si vite remplacés. J'éprouvai la tristesse qui m'atteint après un beau feu d'artifice, et pour me distraire, il ne fallut rien moins que la gaîté des matelots, que nous partageâmes sur le pont de la frégate. Ils entonnèrent à tue-tête le *Roul britannia*, suivi d'un *hourra* général se prolongeant au loin ; et redit par tous les bateliers conduisant avec adresse une infinité d'embarcations pavoisées, et par le peuple resté sur le rivage. A l'énergie de ces exclamations, aux figures animées de tout ce qui m'entourait, je me crus un instant dans ma patrie ; mais hélas ! ces cris de joie étaient des vœux contre elle, dès-lors ils devaient m'être odieux. Je rentrai à l'auberge, mécontent de cette journée, qui eût été belle, si cette fête eût été nationale pour moi comme pour mon entourage.

Je suis revenu hier à Londres, et mon premier soin est de vous rendre compte de cette excursion, qui, en définitive, a été très-agréable. En arrivant, nous nous sommes rendus à *Covent-garden*, pour voir jouer la charmante miss *O'neil**. Elle a certainement beaucoup de talent ; mais je préfèrerai toujours les gestes gracieux de nos actrices à ceux si brusques et si resserrés des Anglaises : elles osent plus que les Françaises, et atteignent quelquefois au sublime du naturel ; mais dès que la situation pathétique est passée, elles ne me paraissent plus occupées de leurs rôles, et deviennent fort ordinaires jusqu'à ce qu'une nouvelle scène à effet leur rende une énergie qui parfois est outrée. Il subsiste ici un usage qui nuit extrêmement à l'illusion, c'est celui de faire trois profondes révérences au public lorsqu'il applaudit avec enthousiasme, et cela arrive souvent, car il n'existe point de parterre plus bruyant**. Les cos-

---

* Miss O'Neil extrêmement aimée des Anglais, joignait à un beau talent, une très-jolie figure et une conduite irréprochable. Un baronnet immensément riche en étant devenu passionnément amoureux l'a épousée il y a quelques années. Leur bonheur a été troublé par un événement déplorable : la jeune épouse est devenue aveugle ; et l'on conserve, dit-on, peu d'espoir de lui rendre la lumière.

** Le bruit qui se fait pendant les entr'actes dans nos petits théâtres peut seul donner l'idée de celui

tumes sont de mauvais goût et peu exacts. Charles Kemble me semble ce que Londres possède de mieux en ce moment*. On voit que ses études ont été réelles, et que dès son enfance, il a songé à profiter des exemples qu'il avait sous les yeux. Ses poses sont nobles, sa figure est expressive, et il écoute infiniment mieux que les autres acteurs. Sa sœur, madame

que l'on entend pendant tout le temps des représentations en Angleterre. Personne ne faisant la police, le peuple se livre aux bruyantes exclamations de sa joie, ou aux énergiques expressions de son mécontentement, sans que les acteurs y fassent la moindre attention. Après la première pièce le vacarme redouble, et la salle est prise d'assaut, car alors il survient quatre ou cinq cents personnes, qui profitent de l'avantage de ne payer que moitié. Je ne sais comment elles font pour trouver à se caser dans un lieu où on ne pouvait remarquer une place disponible quelques minutes auparavant : mais il est certain qu'après forces invectives et coups de poings, tout le monde est assis, quitte à écraser son voisin. Cette *liberté* ressemble trop à la licence pour qu'il soit possible de regretter qu'elle n'ait pas lieu en France.

* Messieurs Macready et Kean étaient sûrement absens.

Syddons dont la réputation est colossale, quoiqu'elle ait renoncé au théâtre depuis dix ans, rejouera une fois, pour le bénéfice de Charles Kemble, son frère; j'assisterai, si je puis, à cette représentation, et vous manderai si en effet cette femme célèbre peut être comparée à notre Talma; ce dont je douterai tant que je ne l'aurai pas vue.

Les spectacles sont ici d'une longueur assommante. Hier, je vis une tragédie en cinq actes, un mélodrame en trois, et un vaudeville en un. Ce dernier me révolta au point que je ne pus me décider à rester jusqu'à la fin. C'est une mauvaise farce, dans laquelle on voit représenter le Palais-Royal avec toutes ses licences; des officiers reçoivent des injures d'un *charretier*, qui les plaisante lourdement sur ce qu'ils osent donner le bras à des femmes, la honte de leur sexe. Tout le reste de l'ouvrage est de cette exactitude, et excite d'un bout à l'autre des transports et des applaudissemens inouis.

La salle de Covent-Garden est très-jolie, beaucoup plus gaie que celle de l'Opéra, et mieux éclairée, mais il est impossible de rien comparer à l'excessive indécence des filles publiques qui s'y trouvent en grand nombre, et se promènent dans les entr'actes, dans les corridors et le foyer, avec une impudence qui ne permet pas aux femmes de sortir de leurs loges. Je suis à comprendre que dans un pays où l'on affecte une extrême régularité de mœurs, on tolère les scènes scandaleuses qui ont lieu chaque soir aux théâtres secondaires. La liberté sans doute est une belle chose, et l'abus de l'autorité une fort vilaine; cependant je ne sais si je ne préfèrerais pas encore voir dans chaque corridor un gendarme ou deux à ce rebut de la société qu'aucun frein n'arrête.

La police se fait mal ou pour mieux dire point aux spectacles; et il faut nécessairement pour y arriver, dans un jour brillant, être doué d'une force prodigieuse, les portes n'étant défendues par personne, chacun pour y pénétrer le premier, distribue adroitement de violens coups de poings; retardant l'admission des vaincus, ils permettent aux vainqueurs de s'emparer impunément des bonnes places qu'ils doivent non à leur bon droit, mais à la vigueur de leurs bras. Ne croyez pas que le peuple prenne le parti de l'opprimé. Au contraire, il porterait presque en triomphe l'athlète assez robuste pour renverser une vingtaine d'hommes.

On m'a conté que M. de La Ruelle*, émigré français, d'une taille élevée et d'une force proportionnée, fut insulté par un boxeur de profession, qui se mit en devoir de lui porter une botte à sa manière. M. de La Ruelle, sans se troubler, le prit par la peau de l'estomac, et le lança dans une voiture de boue qui passait. Sans s'inquiéter de ce que ce malheureux deviendrait. La populace charmée d'un si bel exploit, oublia que c'était un Français qui venait de s'illustrer ainsi; elle l'accompagna jus-

---

* Le même M. de la Ruelle, à Hambourg, mettait en déroute à lui seul, tout un poste de garde bourgeoise, qui n'était armée que de bâtons terminés par des pointes de fer. M. de La Ruelle fort tapageur se trouvait souvent en querelle avec ces paisibles soldats, dont les fonctions se bornent à maintenir l'ordre dans la ville ; il s'emparait de ce qu'il appelait *leur crayon*, et plusieurs fois il terrassa avec cette unique arme vingt ou trente hommes; cette force étonnante souvent mal employée, fut souvent aussi très-utile dans des incendies, et pour sauver des malheureux qui allaient se noyer dans l'Aster.

que chez lui en lui criant *bravo*, et en lui offrant tous les pots de *porter* de la ville :

Une autre anecdote, que je tiens du colonel Macleod*, prouve quels inconvéniens peuvent résulter de cette obstination à ne pas prévoir les accidens que peuvent amener la foule, en postant quelques soldats dans les lieux où elle doit se porter pour quelque cérémonie.

L'année dernière, un ambassadeur du roi de Perse, fut présenté au prince régent ; il devait se rendre à Carleton House dans les voitures de parade du roi, et se faisait précéder de trente magnifiques chevaux de son pays, harnachés comme ils le sont en Perse, et menés par des esclaves, qui les conduisaient dans les écuries de Sa Majesté, à laquelle ils étaient offerts en présent. Toutes les rues par où le cortége devait passer étaient pleines de monde ; de jeunes gens à cheval, d'équipages

---

* Le colonel Macleod, d'un embonpoint passé en proverbe, paraissait à la cour en *strict* costume écossais, auquel il ajoutait une coiffure poudrée et une queue qu'il ne pouvait se résoudre à quitter. Il est le père d'une fille citée pour son instruction et ses talens littéraires.

remplis de jolies femmes. On voyait sur les trottoirs les chaises à porteurs, dans lesquelles les dames se rendaient *en paniers* * à la cour, ce qui attirait sur leur passage une foule de badauds ; enfin, la ville de Londres semblait s'être portée en masse sur un seul point. Au moment où le cortége allait traverser Piccadilly, une voiture venant à toute bride prit celle de l'ambassadeur par le flanc et la renversa. Il en fut quitte pour quelques contusions, et arriva, dit-on, fort maussade au lever du régent.

Convenez, mon ami, malgré vos idées libérales, qu'il est fâcheux de ne pas avoir quelques troupes pour prévenir de pareils désordres ?

Les décorations de Covent-Garden sont fort

* Tant que le feu roi d'Angleterre, Georges III, a vécu, il a exigé la continuation de cette mode gênante et ridicule. J'ai vu il y a neuf ans toutes les belles anglaises devenues presque laides sous ce bizarre costume.

En montant sur le trône, le roi actuel l'a proscrite, et maintenant les dames de la cour de Londres sont mises avec goût, faisant venir de Paris tout ce qui doit servir à leur toilette.

belles ; mais nous avons deux hommes qui opposent leurs ouvrages à tout ce qu'il y a de mieux en ce genre ; et je doute que l'Angleterre fournissent jamais des rivaux à Cicéri et à Daguerre. C'est déjà beaucoup d'approcher de leur perfection.

J'ai été hier à *Hyde Park*, promenade qui a ici la même vogue que notre bois de Boulogne en France. C'est le rendez-vous de tous les gens riches, qui s'y montrent régulièrement tous les jours. On suit une seule allée bordée d'un côté par la rivière *Serpentine*, et de l'autre par des barrières vertes qui protègent de nombreux piétons. Ceux-ci, pour se dédommager de ne pouvoir étaler le luxe d'un brillant équipage, ou faire admirer la vitesse de leurs coursiers, critiquent avec amertume et tout haut ceux qu'ils passent en revue.

Je préfère infiniment notre bois, où l'on peut éviter le monde s'il déplaît, en parcourant une quantité d'allées percées avec art; mais je le voudrais animé comme *Hyde Park* par une foule nombreuse de voitures charmantes. J'étais d'une insurmontable tristesse de ne pas connaître une seule personne au milieu de la cohue qui bourdonnait autour de moi. Je sentais combien j'étais isolé, loin de mon pays, aussi est-ce avec toutes les apparences de la plus vive amitié que j'ai été joindre le jeune comte de *** que j'avais aperçu deux fois aux Bouffes dans la loge de la duchesse de Frias. Nous ne nous étions pas dit une parole en notre vie. Mais nous nous étions vus à Paris ; nous retrouver, nous y reportaient. Nos figures et nos tournures étaient françaises, et mutuellement, nous avions un vrai plaisir à nous regarder, pour nous reposer les yeux de tous les personnages étrangers, dont nous étions entourés. Nous admirâmes alors de meilleur cœur, la beauté des chevaux, des voitures ; la tenue des *grooms*, des cochers et des nombreux laquais. Dans aucune ville, je crois, on ne peut pousser ce luxe à un tel degré. Et sur ce point il nous faudra long-temps prendre des leçons. Je ramènerai en France une paire de tout cela pour avoir le loisir de faire enrager MM. tels ou tels de ma connaissance qui prétendent donner le ton.

Le comte de *** depuis plus long-temps que moi à Londres connaît quelques familles dans lesquelles il a voulu me présenter ; mais je me défie des nouvelles connaissances, et ne verrai que mon ambassadeur. J'ai entrevu au parc le jeune duc de ***, qui a si sottement mangé une fortune colossale *; c'est un *Dandy* dans toute la force du terme, qui, grâce à ses ridicules, parvient à se faire remarquer.

Je n'oublierai aucune de vos commissions; je suis trop heureux d'avoir des occasions de vous prouver qu'à toute minute je pense à vous. Votre banquier a déjà reçu ma visite, car j'ai fait pour vous une foule d'emplettes, que vous n'aviez

* Le duc de*** s'est ruiné sans qu'il soit possible de dire comment; il n'a jamais eu de bonne maison, et on ne lui connaît aucun goût cher. On assure que son plus grand plaisir est d'aller dans les tavernes avec ses gens, s'enivrer se boxer avec eux. Cette conduite si extraordinaire, dans un homme ayant des manières et une figure agréables, est fort blâmable sans doute, mais n'explique pas la perte de sept ou huit cent mille livres de rente. Ses créanciers se sont emparés de tous ses biens, et lui font une pension alimentaire de cinq mille louis, qu'ils payent sur les revenus d'une terre qui, étant substituée, ne peut être vendue; et dont ils touchent les revenus.

Nous avons en France des exemples d'une aussi in-

pas ordonnées. Parti d'Angleterre comme un fou, vous avez tout oublié ; mon excellente tête remédiera aux fautes que vous ont fait commettre la vôtre ; et vous pourrez cet hiver, grâce à moi, paraître avec des échantillons de toutes les manufactures anglaises. C'est un bon moyen de plaire à Paris; et mon amitié ne devait pas le négliger pour vous, si soigneux pour tout ce qui m'intéresse, et en général si négligent lorsqu'il s'agit de vous.

Dans quinze jours, je partirai pour Paris,

---

concevable et stérile prodigalité. M. le duc *** qui a long-temps tenu le sceptre de la mode, a dépensé des sommes énormes, de la manière du monde la plus ridicule. Au lieu d'employer sa fortune à un luxe qui eût profité aux plaisirs de la société, il s'est ruiné en achetant tous les ans pour douze mille francs de cannes chez Verdier ; 40,000 francs d'habits chez Staub, etc. Il n'est point cité par l'artiste inconnu dont il a encouragé le talent, il n'a pas reçu les bénédictions de l'indigent vertueux qu'il a secouru, mais il a de quoi se consoler en songeant à toutes les grandes idées qu'il a données, à son tailleur, à son bottier, et à son chapelier, devenus illustres grâce à lui !

où j'aurai un grand regret de ne plus vous trouver; mais où mes affaires me retiendront, bien malgré moi, puisque vous serez aux eaux. Tout à vous,

Marquis DE BLIGNY.

LETTRE XX.

LA COMTESSE DE ROSEVILLE A Mme DORCY.

Abbaye de Cléry. — Superbes sculptures qui s'y trouvent. — Tombeau de Louis XI. — Cercueils de pierres trouvés dans des fouilles. — Maison du Doyenné, habitée par Louis XI. — Les sœurs de Saint-André. — La fontaine des mariés. — Ridicule procession qui s'y faisait. — Butte des élus. — Tumulum. — M. de Lockart. — Fouilles a faire.

Quoique vous connaissiez aussi bien que moi ce que je viens de voir, mon amie, c'est à vous que j'en adresse la description. Vous le lirez à ma tante en supprimant les passages qui seraient en opposition avec ses idées et ses goûts. Lorsque j'étais près d'elle, je pouvais bien la contrarier un peu dans ses opinions, parce que j'avais la certitude qu'un baiser lui rendrait sa belle humeur; mais loin d'elle, je ne veux pas la tourmenter, et désire lui laisser croire que, convertie par ses avis, je suis tout-à-fait revenue de ma passion pour le gothique : quand, au contraire, elle acquiert une nouvelle force par tout ce que j'ai vu en ce genre depuis que j'ai quitté Paris.

Avant de vous parler de la vieille cathédrale de Cléry, je dois vous rendre compte de ce que j'ai trouvé de joli dans ce bourg. Je vous le donne en cent à deviner. La belle allée de peupliers bordant la pièce d'eau du *Mardereau*, allez-vous vous écrier : — Point du tout. — Ah, j'y suis! c'est la délicieuse *Butte des Élus*. — Non, madame. — C'est donc la claire fontaine *des Mariés*? — Encore moins, et comme je pense que vous vous tromperez dans toutes vos conjectures, je veux bien les faire cesser, et vous apprendre que j'ai déjeuné et dîné avec mademoiselle Dercourt et sa charmante mère.

Voilà, Alicie qui ouvre ses grands yeux, et s'extasie sur le hasard de cette rencontre. Eh, bien! elle se trompe, comme vient de le faire mon Amélie. Ce *hasard* était tout bonnement une invitation envoyée par moi, à ces dames; je les priais de se trouver à Cléry, afin que je pusse faire connaissance avec les amies de mes amies. Elles ont mis une grâce parfaite à être exactes au rendez-vous, et nous nous sommes embrassées sans embarras et de fort bon cœur. Vous étiez le lien qui nous unissait, et il nous parut doux à toutes.

Mille questions se sont succédées de part et d'autre. Madame Dercourt ne s'occupait que de vous et d'Alicie; sa fille en parlait aussi, mais plus encore du plaisir que doit éprouver son amie, à se parer pour aller au spectacle. Je l'ai fort surprise en lui disant qu'Alicie s'obstinait à ne rien mettre dans ses beaux cheveux, et ne voulait porter aucun bijou.

J'ai remis à Zoé la robe envoyée pour elle par votre fille; j'y ai joint un joli chapeau, une chaîne d'or et des bracelets qui ont été reçus avec un plaisir d'autant plus vif, qu'il doit y avoir ces jours-ci, une grande noce à M***, où tous ces objets feront leur première apparition, au grand chagrin des jeunes personnes de la ville, à ce que prétend Zoé.

Elle est jolie, sa taille a de l'élégance, mais elle paraîtrait mille fois mieux encore, si elle voulait se défaire d'un petit air moqueur, qui ne sied à qui ce soit, et moins encore à une jeune fille de seize ans, qu'à tout autre. L'obligeance est si naturelle à la jeunesse toujours heureuse de son imprévoyance, que l'expression de la malignité choque en elle infiniment plus, que chez des gens aigris par le malheur de connaître tous les travers de l'humanité. Je le lui ai dit avec ma grosse franchise ordinaire. Elle a très-bien pris les avis inspirés par le plus sincère intérêt, car je l'aime de l'affection que lui porte ma chère Alicie. Zoé a promis de chercher à se défaire de cette perpétuelle habitude de tourner tout en ridicule. Elle assure qu'elle a déjà commencé à s'observer, afin de ménager une surprise à son amie lorsqu'elle la retrouvera. Je ne crois cependant pas qu'elle ait pu être plus *ricaneuse;* mais puisque elle a la bonne volonté de se corriger, espérons que le résultat sera tel que nous le désirons.

Quant à madame Dercourt, elle me plaît extrêmement; je me sens touchée en regardant ce noble visage, où tant de douleurs ont laissé l'impression la plus mélancolique. Sa douce voix achève d'intéresser, je regrette de ne pouvoir l'amener à Paris, pour lui offrir les distractions que procure un entourage aimable. Elle doit être à M*** tout-à-fait *dépareillée*; son ton ne peut être apprécié par des gens sans éducation. Je lui en ai fait l'observation ; sa fille allait déja commencer une tirade sur les défauts et la bêtise de tous les habitans de sa petite ville, lorsque sa mère l'a interrompue pour m'assurer qu'elle préfère à tout l'asile où elle a vécu heureuse avec son excellent époux. « Je « me déplairais, a-t-elle ajouté, à Paris, où il « n'est pas connu. Je n'oserais parler de mes « regrets, que les pauvres de M*** compren- « nent et partagent. » Vous jugez si ces paroles, d'accord avec ce que j'éprouve, ont augmenté mon amitié pour madame Dercourt.

Je suis persuadée qu'un changement de lieu est nécessaire pour rétablir sa santé; *elle est moi*, en un mot, mais plus à plaindre mille fois, puisqu'elle n'a pas assez de fortune pour être utile : privation qu'elle me paraît sentir plus vivement que toutes les autres. J'ai donc insisté pour la décider à venir aussitôt mon retour passer un hiver chez moi : elle me l'a promis, et je ne ne le lui laisserai pas oublier.

Madame Dercourt était accompagnée de votre vieux docteur, qui, au travers de sa brusquerie me paraît le meilleur homme du monde. Je lui ai témoigné la crainte que j'éprouvais de le voir fatigué de ce petit voyage; il m'a répondu qu'il ne pouvait se décider à laisser madame Dercourt partir seule avec son étourdie de fille, parce qu'avec une santé de *papier mâché*, elle pouvait à tout instant avoir besoin de lui. « *Cette diable de femme* me ferait aller
« ainsi au bout de la terre si la fantaisie lui
« prenait de s'y rendre, a-t-il ajouté en rap-
« prochant son long nez de son menton pointu. »
Au lieu de rire de sa singulière mine, qui a fait éclater Zoé, j'avoue que j'ai été très-touchée de voir ce respectable vieillard sacrifier ainsi son repos au bien-être d'une personne souffrante; et de ce moment nous avons été les meilleurs amis du monde.

Maintenant, je vous dirai que l'église de Cléry me paraît beaucoup trop belle pour le lieu où elle se trouve. Un vaisseau aussi vaste serait plus convenable dans une grande ville que dans un petit village, dont la population ne peut remplir avec peine qu'une très-petite partie du chœur. Cette église paraît surtout grande parce qu'elle est dépouillée de presque tout ornement; cette abbaye, si riche jadis des dons d'une foule de pèlerins, venant accomplir un vœu à *Notre-Dame*, est maintenant aussi pauvre qu'elle était florissante. Elle n'a conservé que sa statue de la vierge, en bois grossièrement peint, et habillée d'un satin sale et jauni.

Il est des magnificences dont le temps, les guerres de religion, et la révolution même, plus active que tout le reste, n'ont pu priver cette abbaye. Ce sont ses sculptures d'un incroyable fini, et la parfaite proportion de son architecture; je ne crois pas qu'il existe en France rien de plus admirable en ce genre; et je ne pense pas que l'on puisse imaginer rien de plus élégant et de plus gracieux que la vigne sculptée, entourant la porte de la sacristie. Il en est de même de plusieurs bas-reliefs qui subsistent encore dans une chapelle en mauvais état, où se faisaient autrefois inhumer les membres de la la famille de Saint-Aignan *.

Dans le milieu de l'église, un peu de côté, se trouve le tombeau de Louis XI. Louis XIII le fit ériger à la place même de celui détruit par les calvinistes. Pendant la terreur, il fut transporté à Paris au musée de M. Lenoir, auquel on doit la conservation de tant de précieux monumens. Celui-ci est d'une grande simplicité, et peu digne d'un souverain. Le roi y est représenté à genoux, les mains jointes; aux coins sont quatre anges, fort fâchés sans doute d'être en si mauvaise compagnie, car ils font la plus laide grimace du monde. Le chapeau de S. M., orné de quantité de figures de saints, est placé devant elle. La statue a été un peu mutilée; mais le tout est restauré fort convenablement. Je trouve qu'on a mal fait de remettre ce mausolée au même endroit qu'avant

---

* Pour donner une idée de la grandeur de l'église de Cléry, il suffira de dire que le gouvernement ayant ordonné qu'elle fut rétablie, alloua pour la faire repaver 22 mille francs.

la révolution ; car il touche presqu'à la chaire, et eût été infiniment mieux au milieu de l'église.

En fouillant, il y a quelques années, dans un terrain voisin de Cléry, on a découvert des cercueils en pierre bien conservés, que l'on suppose être ceux des chanoines. Des médailles en cuivre, qui y étaient renfermées, ont été recueillies; elles sont sans date. J'en ai obtenu une d'un amateur d'Orléans.

En sortant de l'église, nous avons été au *Doyenné*, maison rebâtie sur le terrain de celle qu'habitait Louis XI, lorsqu'il venait à Cléry. Elle fut abattue par les calvinistes. Un duc de Saint-Aignan la fit reconstruire dans les mêmes dimensions, et avec les distributions d'intérieur absolument semblables ; ce qu'indique une plaque de marbre, portant une inscription latine qui décore la porte d'entrée ; elle ressemble assez à celle d'une mauvaise ferme. Quant à la maison, un petit bourgeois de Paris ne s'en contenterait pas ; elle fut cependant occupée par un des rois les plus despotes de notre monarchie ! Il faut convenir que s'il eut de grands vices, il n'eut pas du moins celui du faste ; et que ce ne fut pas par la splendeur de cette habitation favorite qu'il obéra ses sujets. Il est vrai qu'il dépensa des sommes énormes pour ce temps, en chapelles, en églises, en fondations pieuses et en bienfaits aux religieux, ce qui revint au même. Faire le bonheur de son peuple, était selon moi le vrai moyen de satisfaire Dieu, qu'il craignait avec raison. Au lieu de cela, il révoltait tout le royaume par des cruautés sans exemple. On ne peut changer son naturel; le roi trouvait plus commode de se livrer au sien, qui ne le faisait reculer devant aucun crime; et il se figurait qu'il réparait tout par quelque nouvelle pratique superstitieuse.

N'est-il pas remarquable que ce soit précisément ce roi imbu de toutes les puérilités de ces temps d'ignorance, qui ait favorisé en France l'art naissant de l'imprimerie, qui devait un jour servir à éclairer sur l'absurdité des croyances qu'il regardait comme de la piété. En vérité, sans ce bienfait et celui des postes, sa mémoire serait pour moi vouée à l'exécration. Mais, je ne puis détester celle de l'homme qui me met à même d'avoir régulièrement de vos nouvelles *, et de lire Racine, Molière et mes autres auteurs chéris.

Le Doyenné est actuellement habité par des sœurs de Saint-André, qui élèvent gratuitement de pauvres petites filles, auxquelles elles donnent l'exemple de la vraie religion, en pratiquant sans relâche le plus doux de ses préceptes : la charité. Ces respectables religieuses, par leur séjour, purifient un lieu où furent conçus tant de projets atroces.

Nous les avons quittées pour aller examiner la fontaine *des Mariés*, qui a, dit-on, la propriété de rendre les femmes fécondes. Ce préjugé se maintient encore, et les jeunes mariées y vont ordinairement le jour de leurs noces;

---

* Tout le monde sait que l'on doit à Louis XI la création de la poste aux lettres. Au moyen de 230 courriers à ses gages qui portaient les dépêches d'une extrémité à l'autre du royaume. C'était un gentilhomme de Bergam, nommé Omodeo Tasso qui vivait à la fin du treizième siècle, qui eut l'invention de cette ingénieuse manière de correspondre. Elle était en usage en Italie, en Allemagne et en Espagne, depuis long-temps. Louis XI eut le mérite d'en reconnaître l'utilité, et de faire de grands sacrifices pour l'introduire en France.

mais on a aboli le ridicule usage qui subsistait autrefois ; il serait difficile d'en expliquer l'origine. Vous connaissez cette jolie source recouverte par une arcade élégante, autour de laquelle sont plantés de beaux arbres, et desquels tombent en festons des liserons de pampres et de vigne vierge jusque dans l'eau limpide de la fontaine ; mais vous ignorez, j'en suis sûre, la cérémonie dont je veux parler. En voici la description : je l'ai lue dans un *ancien Annuaire d'Orléans;* elle m'a été certifiée par plusieurs vieillards, qui avaient entendu cette histoire de la bouche de leurs grands-pères.

En sortant de la messe des épousailles, toute la noce se rendait au *Mardereau,* où se trouve cette fontaine ; on marchait deux à deux ; les femmes disant avec ferveur leurs chapelets ; les hommes récitant dévotement des litanies et des prières. Arrivé à la fontaine, tout le monde se rangeait en cercle, et le marié s'asseyait dans l'eau, en criant trois fois, à pleine voix : *Coquerico;* ce cri était répété plus fort encore par tous ses amis, qui allaient le prendre pour le reconduire à son épouse; elle en recevait un baiser au front; après quoi chacun reprenait la route de la maison nuptiale, en riant et enchantant.

Il eût été d'un mauvais présage que le marié eût hésité à se soumettre à cette singulière coutume, ou qu'il se fût plaint du froid après s'y être prêté de bonne grâce, et surtout qu'il eût cherché à se sécher. Il fallait supporter gaîment l'incommodité des suites de ce bain de siége, apparemment pour prouver que, dès que le *oui* fatal était prononcé, les tribulations devaient commencer. On était ordinairement quitte de celle-ci pour un bon rhume, ce qui excitait le lendemain l'hilarité de tous les assistans. Concevez-vous quelque chose de plus étrange et de plus absurde?

Nous avons terminé nos courses dans ce canton, en grimpant sur la *Butte des Élus*. C'est un monticule assez élevé, ayant la forme d'un pain de sucre. On découvre de son sommet une vue admirable et qui s'étend fort loin. Cette montagne, la seule qui se remarque à huit ou dix lieues à la ronde, a, dit-on, été faite à mains d'hommes; les savans du pays prétendent que

César ayant campé dans cette plaine, cette butte est certainement un *tumulum**. On assure qu'en déracinant un arbre énorme planté tout au haut, on a trouvé un casque et une lance, ce qui donnerait du poids à cette conjecture. Si j'étais propriétaire de ce lieu, j'y ferais fouiller; mais il appartient à deux personnes dont l'une s'oppose à ce que l'on y touche.

Après avoir bien remercié vos amies, j'ai pris congé d'elles, et suis revenue ici, d'où je partirai demain. Adressez-moi votre première lettre à Limoges. Toute réflexion faite, j'y resterai deux jours, pour ne pas fatiguer ma bonne tante et Sophia. La santé de cette dernière ne se consolide pas comme je le voudrais.

Adieu, je vous embrasse toutes du fond du cœur.

---

* Sépulture des soldats romains tués sur le champ de bataille.

M. de Lockart, homme extrêmement instruit, l'un des propriétaires de *la butte des Élus*, a plusieurs fois offert de faire les frais des fouilles, qui eussent peut-être eu d'heureux résultats. J'ignore quels sont les obstacles qui s'y sont opposés, mais elles n'ont pas été faites.

LETTRE XXI.

Mlle DORCY A Mme DERCOURT.

M. Cuvier. — Son mariage. — Madame Brack. — M. Geoffroi Saint-Hilaire. — M. Raoul-Rochette. — Sa femme. — M. Abel de Rémusat. — M. Becquerel. — M. Thouin. — Dessins de Girodet. — Son premier tableau. — Anecdote d'un garçon jardinier. — Plaisanterie que lui fait Robespierre. — Terreur inspirée par un verre de vin de Malaga. — M. L.... Traits d'avarice. — Chanteloup. — Le chateau de Chaumont. — Madame de Staël s'y établit. — MM. Villemain et Barante. — Madame de Barante. — M. Flemming, son beau-frère. — Premier mariage de celui-ci avec une Anglaise, qui fit sa fortune. — Infame trait d'ingratitude inventé sur son compte. — Madame la comtesse de la Briche, fille de madame d'Épinay. — MM. Gros, Gérard, Hersent, Isabey, Cicéri, Kalkbrenner, Fétis, Castil-Blaze, Lacroix, Laroche, Eugène Lamy, Rhein, Ebner, etc.

Paris.

Vous avez vu madame de Roseville, mon amie, et vous savez maintenant si j'ai tort de la citer comme la meilleure et la plus aimable femme que je connaisse. Elle m'a écrit son opinion sur vous, qui se rapporte si parfaitement avec la mienne, que je crois n'avoir pas besoin de vous la communiquer. J'ai appris avec un bien grand plaisir que vous consentiez à quitter votre solitude pour venir passer quelque temps ici, lorsque la comtesse sera de retour ; j'ai un double motif de hâter de mes vœux cette heureuse époque, et lorsque notre réunion aura eu lieu une fois en ma vie tout ce que je désire aura été exaucé, et j'ose croire que vous éprouverez le même bonheur que moi.

Je vous ai promis dans ma dernière lettre de vous tracer les portraits de quelques savans et artistes; puisque vous les verrez, il est encore plus agréable pour moi, de vous donner une idée des personnes avec lesquelles vous vous trouverez. Votre timidité naturelle vous porterait à les craindre. D'après leur réputation vous imagineriez qu'elles doivent être insupportables de prétentions et de pédanterie ; mais il n'en est rien ; la plupart sont beaucoup plus imposantes de loin que de près ; leur caractère étant plein d'indulgence, surtout pour ceux qui ne peuvent avoir la pensée de rivaliser avec eux.

Je commencerai par M. Cuvier, homme extraordinaire par la variété, l'étendue de ses connaissances, et la facilité avec laquelle son esprit sait se prêter aux inspirations de tous les genres. Un seul trait vous prouvera la vivacité de son imagination, et la bonté de son cœur, prêt à tout pour les objets de ses affections.

Il était fort amoureux, il y a vingt-cinq ans, d'une femme jolie et aimable, madame Brack. Elle lui dit avec franchise qu'elle ne partagerait jamais ses sentimens; qu'elle trouvait d'ailleurs exprimés avec une exagération de passion, qui faisait douter de leur sincérité. M. Cuvier protesta qu'il était de bonne foi, assurant qu'on n'aima jamais autant que lui, et qu'il n'était point de preuve qu'il ne donnât de son amour; que plus le sacrifice serait grand, plus il se trouverait heureux de le faire, pourvu que madame Brack fut convaincue de l'excès de cet attachement qu'elle ne voulait pas croire réel. — « Eh bien, lui dit-elle, il dépend de vous de me persuader, et de contribuer au bonheur du reste de ma vie. Ce que je désire de vous, est si singulier, que je n'ose vous le proposer, mais.... — Je jure de vous obéir ; parlez, qu'exigez-vous? — Je suis sûre que vous allez me refuser. — Non, non, un ordre de vous est sacré pour moi, quel est-il ? — J'ai une sœur veuve d'un fermier général. Elle n'a aucune fortune, la révolution l'ayant absolument ruinée, et elle a *cinq enfans, épousez-la.* Elle a tout l'esprit nécessaire pour comprendre le vôtre, un caractère angélique, et tous les talens les plus agréables. Elle déteste le monde, et ne vivra que pour embellir votre existence. Vous assurerez son avenir, ce qui vous donnera des droits éternels à ma reconnaissance et à ma plus tendre amitié, qui sera celle que l'on porte au frère le plus chéri. Chaque fois que je verrai cette sœur, qui vous devra le repos et la félicité, ma tendresse pour vous s'accroîtra. Décidez-vous ; si vous refusez, je ne ne vous verrai jamais, votre passion me faisant un devoir de vous fermer ma porte. »

M. Cuvier fut comme vous pouvez croire, très-surpris de cette proposition inattendue. Mais ne pouvant se résoudre à renoncer à la société qui lui plaisait le plus, il demanda du temps pour réfléchir. On le lui accorda à condition qu'il consentirait à être présenté à madame Duvaucel dès le lendemain. Il se soumit, vit celle qui lui était si singulièrement offerte, fut séduit par la grâce d'un esprit cultivé, et par la douceur inaltérable de cette charmante femme. Les informations qu'il prit sur elle, vinrent confirmer cette impression favorable, et peu de mois après ils furent unis.

Il n'eut qu'à se louer de ce mariage, qui lui a procuré l'intérieur le plus fait pour lui plaire. Madame Cuvier est sans aucun doute l'une des personnes les plus parfaites de notre sexe, et la plus propre par toutes ses qualités à distraire son mari de ses graves et fatigantes occupations.

Cette anecdote bizarre m'a été contée par un homme incapable de certifier une chose inexacte; d'ailleurs on n'inventerait pas une histoire aussi singulière, et comme elle fait également honneur à ses trois héros, j'aime à la croire, et suis sûre que vous ferez comme moi. M. Cuvier a servi de père aux enfans de sa femme, qui ont pour lui la plus tendre vénération. Il est loin d'avoir jamais pu être beau ; mais dès qu'il parle, on oublie ses traits, et l'on est tenté de le trouver agréable. Passons à ses collègues.

M. Geoffroi Saint-Hilaire est sûrement un homme fort instruit, et intéressant à entendre lorsqu'il raconte ses voyages, mais je vous avoue que sa prédilection pour les *monstres* me le fait approcher avec une sorte d'effroi. Il me semble toujours voir sortir de ses poches quelques-uns de ces objets qu'il analyse avec une jouissance qui allonge encore des descriptions qui me répugnent ; je n'ai pas assez le goût des sciences, pour surmonter le dégoût que m'inspirent ces conversations instructives. C'est dans ses chefs-d'œuvre que j'aime à admirer la nature, et non dans ses erreurs ; aussi je préfère m'entretenir avec ceux qui, comme moi, sont tout bonnement enthousiasmés de ce qui est régulièrement beau.

Par exemple, avec M. Raoul Rochette, qui a peint, avec les couleurs les plus animées, les pittoresques montagnes de la Suisse, et qui nous a donné avec un style trop élégant peut-être, une idée si juste des mœurs de cette contrée, berceau de la liberté ; elle s'y est fortifiée, et n'a point été étouffée à sa naissance par des déclamateurs insensés, devenus des bourreaux.

M. Rochette vous étonnerait, car ainsi que tous ceux qui savent à quelles études sévères il se livre, vous croiriez voir en lui un savant tout couvert de la noble poussière de vieux manuscrits, négligé dans sa toilette, d'une figure sombre, ne parlant que grec, et ne daignant pas s'abaisser jusqu'aux ignorans qui ne peuvent juger du mérite des anciens auteurs, que par de faibles traductions, et qui ne connaissent de la terre classique que les vues du beau voyage de M. de Choiseul. Eh bien, mon amie, au lieu de cela, M. Rochette est agréable, gai, et spirituel comme il faut l'être dans la société. Il ne parle que rarement de ses travaux; fait des frais pour plaire aux enfans, aux femmes, aux vieillards, tout aussi bien qu'aux hommes qui peuvent causer avec lui de ses antiquités chéries. Une légère teinte de causticité, lui est reprochée par quelques personnes qui le redoutent; mais n'étant jamais exercée que sur des choses frivoles, elle ne sert qu'à mettre du piquant dans sa conversation, sans jamais y apporter une méchanceté réelle. Il a épousé mademoiselle Houdon, fille du célèbre sculpteur. On pourrait penser que son goût pour les belles statues a décidé son choix qui le mettait à même d'en avoir toujours de parfaites devant les yeux, si on ne reconnaissait en voyant souvent madame Rochette, qu'il a été guidé par le désir de trouver une compagne aimable, vertueuse et bonne.

M. Abel de Remusat, versé dans les langues mortes, m'inspire une grande estime ; mais comme il ne m'a jamais adressé la parole, je ne sais comment il parle le français. Les savans assurent que son érudition tient du prodige ; je le crois, et vous en assurerez si jamais j'apprends le chinois, le syriaque, etc., dont les noms seuls me font peur.

M. Becquerel chimiste très-distigué, homme fort aimable, est l'ami intime de M. Girodet, ce qui à mes yeux est une qualité de plus*.

* Il a hérité de la collection des admirables dessins de ce grand peintre, et de plusieurs têtes, véritables chefs-d'œuvre de coloris, de grâce et d'expression.

M. Becquerel possède aussi une chose très-curieuse,

M. Thouin, dont les goûts simples sont d'accord avec ses fonctions, quitte peu les belles serres du Jardin du Roi, qui lui doivent une grande partie de leur splendeur. Je conçois qu'il se plaise là plus que partout ailleurs : il y est entouré des objets de ses plus tendres sollicitudes, qu'il a pour ainsi dire créés. Il est cependant venu quelquefois chez madame de Roseville, qui le consulte pour les plantes exotiques qu'elle envoie à sa terre. Il s'est approché de moi pour me demander avec intérêt des nouvelles du jardinier du château de M***, qui ai travaillé long-temps sous ses ordres. Je lui ai dit que ce brave homme se souvenait toujours avec reconnaissance de ses bontés. Il m'a demandé si Lebrun m'avait raconté ce qui l'avait décidé à quitter Paris ; sur ma réponse négative, voici ce qu'il m'a appris :

Lebrun était dans le temps de la terreur, garçon jardinier au Jardin des Plantes. Il vit arriver un matin Robespierre, et M. Thouin

c'est le premier tableau peint par Girodet à l'âge de neuf ans ; il annonçait tout ce que le génie de cet homme extraordinaire a fait depuis.

étant sorti, ce fût Lebrun qui fut obligé de lui montrer les serres. Le tyran de la France causait alors autant de crainte qu'il inspire d'horreur aujourd'hui, et le pauvre jardinier, tout en faisant admirer les plantes dont il expliquait les singularités, ne tremblait pas moins que la sensitive, se retirant sous la main de l'homme cruel qui se plaisait à ce jeu; il oubliait sans doute que tout autre aurait produit le même effet sur cette fleur, et s'imaginait n'y voir que la puissance qu'il exerçait sur tout ce qui l'approchait.

Enfin lassé de faire peur à une herbe, il résolut d'employer mieux l'ascendant que lui donnait la terreur causée par ses crimes, et regardant durement Lebrun : « Tu es bien muscadin, lui dit-il. — Moi, monsieur, je suis propre, et voilà tout. — Ah, *monsieur!* le nom honorable de citoyen, te déchirerait la bouche, apparemment ? propre ! quelle bêtise ! un jardinier ne doit pas l'être. Les véritables frères et amis ne sont pas mis ainsi ; ce pantalon blanc, me paraît couvrir un de ces gueux de nobles, dont tu as toute l'encolure. — Je vous proteste, citoyen, que je suis garçon ici depuis long-temps. — Tutoie-moi; nous sommes tous égaux, entends-tu; et je fais périr ceux qui en doutent. Je vois le citoyen Thouin; je vais le questionner sur toi, et si tu as menti, tu auras à faire à moi, je t'en réponds. »

M. Thouin s'approchant, fut long-temps interrogé sur le *mirliflore.* Notre compatriote plus mort que vif, regrettait bien l'espèce de recherche de sa toilette, et attendait, avec la plus cruelle anxiété, la fin de cette pénible scène, afin d'aller vite prendre le costume de ces braves frères et amis pour lesquels il avait une horreur invincible. Enfin, après un interrogatoire de quelques minutes, Robespierre partit. Il ordonna de lui envoyer le lendemain, par Lebrun, plusieurs arbustes dont il désirait décorer la salle où il donnait à dîner à ses *estimables confrères.* « Mais, ajouta-t-il en montant en cabriolet, je ne veux les recevoir que des mains du *muscadin.* »

Celui-ci rendit compte de tout son effrayant entretien à son protecteur, qui partagea ses craintes, dans ce temps affreux, il suffisait du plus léger soupçon dénué de tout fondement pour aller à la mort; ils pensèrent que la mise recherchée d'un jardinier, était un motif plus que suffisant pour s'être attiré la colère de Robespierre. On se disputait alors l'honneur d'être sale et mal tenu. Les habits les plus déguenillés et les plus dégoûtans, devenaient un certificat de vie!

M. Thouin chercha cependant à rassurer son tremblant élève, et l'exhorta surtout à obéir, aucun prétexte ne pouvant être agrée par l'exigence du despotique dictateur. Il fallut bien se résoudre à cette terrible commission. La nuit se passa en pleurs, en écritures, et en adieux à sa famille.

Le lendemain, les arbustes étant chargés sur une charrette, Lebrun ne put reculer l'instant du départ. Il embrassa ses camarades en pleurant, remercia tendrement M. Thouin de tout ce qu'il avait fait pour lui; et, à moitié couvert de haillons, il s'achemina le plus lentement possible vers le palais redouté, habité par Robespierre, qui le fit appeler dans la salle à manger. Il était à déjeuner. « M'as-tu apporté mes fleurs, demanda-t-il? — Oui, citoyen. — Diable! tu es bien changé depuis hier! et tes beaux habits sont remplacés par ceux des vrais républicains. Je te récompenserai comme tu le mérites. Tiens, bois, continua-t-il en lui présentant un verre de vin de Malaga. » Lebrun de plus en plus tremblant, n'osait avaler, s'imaginant que c'était du poison. » — Bois donc, *ça te calmera*. Allons, ne *tergiverse* pas et *avale*. » Pressé ainsi, il fallait boire ; ce qu'il fit en s'étonnant du bon goût de ce funeste breuvage. « — Encore un. — Citoyen, ma tête n'est pas forte... — Bah ! bah ! il s'agit bien de la tête ; il faut doubler la dose. » Nouvelle hésitation du pauvre patient, et nouvel ordre donné trop sévèrement pour n'être pas exécuté. Après quelques minutes d'angoisses impossibles à décrire, Lebrun fut congédié, avec un paquet d'assignats qui lui fut mis dans la main.

Étonné de ne pas sentir les douleurs auxquelles il s'attendait, il reprit le chemin du Jardin des Plantes, persuadé que l'effet lent du poison n'en serait que plus sûr. Il alla trouver M. Thouin, et raconta de point en point tout ce qui s'était passé. « Il me paraît clair, mon garçon, lui dit son maître, que, s'apercevant de ta frayeur à ton extrême pâleur, Robespierre a voulu s'amuser à tes dépens. — Oh! si vous saviez quels regards étincelans il jetait sur moi en tendant le verre!... — Tu as trouvé la liqueur bonne? — Hélas oui; mais ce qui est bon au goût est souvent amer au cœur. — Allons, tu es fou. Tu ne souffre pas; tu as des assignats dans ta poche, ainsi réjouis-toi avec tes camarades, et si tu dois mourir, au moins ce sera gaîment. »

Ce conseil parut bon; Lebrun réunit tous ses collègues, et ne voulant rien avoir *au tyran*, il donna un copieux déjeuner, auquel peu à peu, il fit honneur avec tout l'appétit que lui avait donné une diète de 24 heures; mais il ne put se déterminer à demeurer dans une ville, où du linge blanc était un titre de proscription. Il demanda et obtint son congé, et partit pour M***. Il eut le bonheur d'entrer au service de M. L... où nous l'avons connu *.

* J'ai beaucoup vu le jardinier dont il vient d'être question : il est resté trente-six ans chez M. L***, dont la mort a été pour lui un accablant chagrin. Les héritiers étant tous mineurs, leur tuteur a jugé onéreux de garder un vieux serviteur dont les soins devenaient en quelque sorte inutiles; les jeunes pupilles n'habitant,

Dites-lui, je vous prie, me dit M. Thouin, que son ancien maître serait charmé de le revoir. Ce brave homme sera heureux de ce souvenir.

pas le château de leur grand-père, les fleurs rares et les beaux fruits étaient des objets de luxe qu'il fallait supprimer. Lebrun fut donc obligé de quitter un jardin dont il avait planté presque tous les arbres. Ce ne fut pas sans un déluge de pleurs qu'il s'arracha de ce lieu arrosé de ses sueurs. Regrettant avec plus d'amertume encore le maître qu'il avait perdu, il ne reçut pour récompense de ses longs services, qu'un petit terrain inculte, qui retournera à sa mort à la succession de M. L***.

Ainsi, en satisfaisant la passion qu'il a pour le jardinage, il fertilise une terre dont les produits n'enrichiront que des étrangers : ses enfans ne jouiront pas des travaux de leur père !

Est-ce bien entendre l'intérêt des mineurs que de leur apprendre l'ingratitude ? n'en est-ce pas une révoltante que de congédier un estimable homme, trop âgé pour essayer de trouver ailleurs plus de reconnaissance ? et n'est-ce pas faire une spéculation fâcheuse pour les jeunes L*** que d'économiser trois ou quatre cents francs par an sur une immense fortune, au lieu de réparer l'oubli de leur aïeul, en faisant bénir sa mémoire ?

M. L*** était d'une avarice sordide dans les petites choses : par exemple, lorsqu'un de ses petits-enfans, qu'il aimait beaucoup, venait le voir à son château

Le comte Chaptal, chimiste aussi savant qu'il fut ministre intègre, m'a dit que *Chan-de M****, M. L*** lui faisait payer l'avoine que consommaient ses chevaux, et qui était cultivée chez lui.

Lui ayant loué un logement dans un de ses hôtels à Paris, il exigea, dans un acte en règle, que le ramonage d'un poêle qu'il fallait démonter fût aux frais de son petit-fils. C'était une affaire de six francs!

D'une dureté poussée à l'extrême avec ses fermiers, il les faisait poursuivre impitoyablement s'ils n'étaient pas exacts dans leurs payemens; les pleurs de ces malheureuses familles ne pouvaient le toucher. Étant fort riche, il donnait 30 *sols* par mois aux indigens, se privait de toutes les jouissances de Paris, et vivait à la campagne avec la mesquinerie d'un petit bourgeois, et se fâchait très-sérieusement lorsqu'il perdait au jeu quelques liards; enfin, dans toutes les habitudes de la vie, il avait une parcimonie inconcevable. Eh bien! ce même homme possédait un tel sentiment d'honneur, et tenait tant à la pureté de son nom, l'un des plus honorables du commerce, qu'il soutint plusieurs membres de sa famille prêts à manquer, et sacrifia à ce noble usage près de 3 millions! ce qui le *réduisit* à 80 mille livres de rente, dont il ne dépensait pas le demi-quart.

Plaignons-le donc de s'être privé du bonheur si grand d'être utile aux malheureux, mais rendons justice à l'orgueil bien placé, qui sauva les siens de la honte d'une faillite! Un semblable trait est si rare dans ce siècle d'égoïsme, qu'il doit être cité comme une belle action.

teloup * venait d'être vendu à la bande-noire ; on travaille déjà à abattre ce château, l'un des plus beaux de France, et l'un de ceux qui offrent de récens et honorables souvenirs ; un ministre loyal y reçut une foule d'amis assez courageux pour témoigner leur estime à l'homme qui

* *Chanteloup*, château vraiment royal, situé près d'Amboise, appartenait à M. le duc de Choiseul, qui, lors de sa disgrâce, y reçut toute la cour. Le roi témoigna hautement son mécontentement de cet hommage, qui devenait pour lui une sévère critique. Il pensait que n'honorant plus le ministre de sa confiance, on devait abandonner M. de Choiseul ; mais les voyages à *Chanteloup* n'en continuèrent pas moins ; les chevaux de poste manquant sur cette route, il fallut en faire venir des autres points de la France, pour servir les nombreux relais commandés.

Braver madame Dubarry au comble de sa faveur, était une jouissance pour toutes les femmes qui n'allaient plus à Versailles depuis qu'elle y régnait ; et l'entêtement que l'on mit à des démarches qui déplaisaient au roi fut en quelque sorte le prologue de la sanglante tragédie, à laquelle conduisit l'habitude de critiquer avec justice les actions du souverain, renonçant à la dignité de son rang, en y associant avec tant d'éclat une femme sans mœurs !

On pensait que *Chanteloup* serait acheté par monseigneur le duc d'Orléans, auquel appartient la forêt d'Amboise qui l'entoure ; c'eût été la résidence la plus

n'avait d'autre tort que d'être révolté de l'impudence d'une effrontée courtisanne devenue la maîtresse déclarée de Louis XV. Peut-être dans cette affectation de dévouement à l'amitié y eut-il déjà un peu de cet esprit d'insubordination contre la couronne, qui, plus tard,

convenable pour sa nombreuse famille ; mais il s'est contenté de faire l'acquisition de la fameuse *Pagode*, construite d'après un modèle venu de Chine ; elle se trouve enclavée dans plusieurs terrains appartenant à différens particuliers.

Le château a été vendu pour un prix très-inférieur à sa valeur. Le prix des pierres achetées *sur place* pour être transportées à Blois, où elles serviront à bâtir l'évêché a, dit-on, couvert les deux tiers du produit de la vente.

Avant d'arriver à *Chanteloup* on aperçoit, à gauche de la Loire, un château devenu célèbre aussi par un exil. C'est celui de *Chaumont;* il fut habité par madame de Staël lorsqu'elle reçut de Napoléon l'ordre de quitter Paris. Ne sachant où aller pour ne pas s'éloigner trop de ses amis, et ne pas compromettre l'un d'eux en acceptant un asile, que tous s'empressaient de lui offrir, elle se rendit à Blois. Elle apprit là que le propriétaire de *Chaumont* était en Amérique, et elle s'établit chez lui sans le faire prévenir, mais avec le consentement de la famille de M. Rey. Il revint inopinément; sur-

éclata avec de si horribles suites; mais enfin, il est fâcheux de voir détruire cette belle habitation où l'attachement survécut à la faveur. C'est un miracle qui ne se renouvellera guère, j'en suis sûre.

Nous voyons encore habituellement MM. Thénard, Dubois, Quatremère de Quincy, etc. Ne sachant rien de particulier sur eux, je ne

pris de trouver les lieux occupés, il insista pour conserver un hôte si célèbre; mais madame de Staël, craignant de lui nuire, partit pour Coppet.

Elle reçut à *Chaumont* le préfet, les autorités et les premières familles de Blois, ce qui fut immédiatement su aux Tuileries, et valut à plusieurs personnes leur prompte destitution. Cet exemple du danger de s'attacher à madame de Staël n'arrêta pas le zèle de ses amis, qui la suivirent en Suisse, je l'y ai vue entourée de personnes dignes de l'apprécier, et toutes devant plus ou moins craindre d'être tourmentées en raison de l'amitié qu'elles portaient à cette femme remarquable. Quelles devaient être ses qualités pour inspirer des sentimens si vifs et si constans!

Le château de *Chaumont* est gothique, il m'a paru d'une architecture lourde et sans goût. Il donne sur la Loire, jouit d'une belle vue, et les environs sont charmans.

fais que vous les nommer afin que vous jugiez de l'embarras dans lequel je dois me trouver souvent, entourée ainsi des hommes qui honorent le plus notre belle patrie par leurs connaissances étendues.

Cependant je dois avouer que leur simplicité me paraît encore plus surprenante que leurs talens; peu de ces messieurs ont dans le monde le ton tranchant que j'ai remarqué fréquemment chez beaucoup de jeunes gens. Ces derniers prennent le parti de crier haut, afin de persuader qu'ils savent quelque chose ; *plus on sait plus on doute* est un adage dont je vois ici une application continuelle.

Les savans que je viens de vous nommer discutent pour s'éclairer mutuellement; mais ils n'affirment que ce dont ils sont parfaitement sûrs, et cherchent à s'instruire, en instruisant les autres; les ignorans seuls sont en général d'une obstination extrême; elle me déplaît d'autant plus que je ne la comprends pas. Quant à moi j'écoute, ce qui m'est plus utile et assurément plus commode, que de parler pour ne dire que des lieux communs. Alicie et moi nous nous communiquons le soir nos observations, et je crois que nous profiterons de notre entourage en faisant beaucoup de notes sur ce que nous entendons.

M. Villemain, dont l'éloquence est gracieuse et énergique tout à la fois, vient quelquefois se reposer avec nous de la fatigue de ses cours. Je ne connais personne dont la conversation soit plus brillante quand il le veut; sans qu'il témoigne le moindre désir de produire de l'effet, il fixe l'attention par la manière piquante dont il discute. Les citations les plus variées, les anecdotes les plus gaies se trouvent mêlées aux dissertations développées des ouvrages nouveaux et anciens, jugés par lui avec une rare sagacité et une justice parfaite. Cet ensemble forme un tout qui surprend autant qu'il intéresse.

M. de Barante, qui a eu le bon esprit d'employer son beau talent à rendre l'étude de l'histoire assez amusante pour que l'on veuille s'en occuper, et qui, sans jamais altérer la vérité, sait lui donner tout l'intérêt d'une agréable fiction, embellie par un style aussi élégant que pur et énergique, est venu deux fois avec sa femme, dont la jolie figure est le moindre des agrémens.

Madame de Barante ne se contente pas de plaire par tout ce qui peut charmer les yeux, elle cherche à se faire aimer, et pour y réussir, il lui suffit de se faire connaître. Elle élève ses enfans avec un soin extrême, et a renoncé pour eux à mille choses auxquelles elle avait été accoutumée, telles qu'une voiture, des loges à tous les spectacles, et une grande élégance dans sa toilette. L'intégrité de M. de Barante rend impossible la réunion de ces superfluités avec les dépenses nécessaires à l'éducation de trois enfans.

Madame de Barante peut au reste fort bien se passer de ces riches parures; elle ne doit pas regretter le luxe, seul bonheur de tant de femmes! il ne pourrait ajouter à sa beauté. Elle est nièce de madame la comtesse de la Briche *, qui l'a mariée, ainsi que ses sœurs.

* Madame la comtesse de la Briche, fille de la célèbre madame d'Epinay, a été pour ses nièces une véritable mère. Ces demoiselles, parfaitement élevées et jolies, n'avaient point de fortune, et madame de la Briche les a toutes dotées. On ne peut assez louer cet exemple de tendresse de famille qu'elle a étendu sur tous les siens, dont elle est constamment entourée. L'agrément de son

La dernière a épousé M. Flemming, dont l'histoire est assez singulière pour vous être racontée. Il s'appelait autrefois M. Himmel, et donnait à Londres des leçons de piano. Il fut assez heureux pour rendre de fort grands services à une de ses élèves, éprouvant momentanément des embarras d'argent. Ses affaires terminées, lady Flemming voulut témoigner sa reconnaissance à l'homme qui ne l'avait point abandonnée dans le malheur. Elle l'épousa et obtint du roi d'Angleterre la permission de faire changer de nom à son mari qui prit celui de sa femme.

Lady Flemming était beaucoup plus âgée que lui, et d'une jalousie poussée à l'extrême.

esprit, son indulgence pour la jeunesse, le plaisir qu'elle éprouve à voir que l'on s'amuse chez elle, la liberté dont on y jouit, font rechercher sa société avec le plus grand empressement. La gaîté des autres ne l'importune pas plus que les demandes de l'infortune ne la fatiguent ; pendant qu'une fête brillante se donne dans son salon, de nombreuses aumônes sont distribuées par ses ordres dans les chaumières du *Marais*. Dans son intérieur, on adore sa bonté, dans le monde, on loue son amabilité et son bon goût, et dans les cabanes on bénit sa bienfaisance !

Elle le tourmentait par une exigence, à laquelle il se soumettait avec une admirable complaisance. Pendant dix ans que dura cette union, la conduite parfaite de M. Flemming ne se démentit pas; il prodigua les soins les plus assidus à celle qui mourut dans ses bras, lui laissant une fortune considérable *.

M. Flemming a depuis épousé mademoiselle Ernestine d'Houttetot, sœur de madame de Barante, qui réunit toutes les qualités qui peuvent faire le bonheur d'un époux.

Les artistes qui sont ici le mieux reçus sont MM. Gros, Gérard, Hersent, Isabey, Cicéri,

* Il est affreux de voir attaquer par d'infâmes calomnies un caractère aussi noble que celui de M. Flemming; lorsque lady Flemming mourut, on prétendit que, trouvant trop énorme le prix demandé pour un terrain à perpétuité, au cimetière du Père La Chaise, il avait acheté seulement *deux* pieds carrés, et avait fait enterrer sa femme *debout*.

Cette cruelle et absurde économie ne devait pas être attribuée à un homme qui a toujours donné des preuves du plus grand désintéressement; mais cette histoire a été si répétée, qu'il est utile d'en faire connaître toute la fausseté, en racontant les traits honorables, qui la contredisent.

comme peintres. Leur ton est d'accord avec leur talent, ce qui est sans contredit le plus bel éloge que j'en puisse faire. M. Kalkbrenner, que tous les pianistes de nos jours doivent étudier comme modèle ; M. Fétis, dont l'esprit est aussi aimable que son instruction est réelle ; M. Baillot, le premier violon du monde; M. Paër, compositeur charmant, chanteur bouffe admirable, et le plus amusant des narrateurs, sont les musiciens les plus aimés dans cette maison ouverte à tous les arts; et qu'ils peuvent regarder comme la leur.

Ce dernier surtout inspire la plus sincère amitié à madame de Roseville. Elle tâche, à force de prévenances, de lui adoucir le chagrin qu'il éprouve de voir ses ouvrages presque oubliés du public, dont ils firent les délices.

On serait tenté de croire que c'est parce que M. Paër s'est fait naturaliser Français, que son fils est au service du roi, et qu'il a marié sa fille à un de nos compatriotes qu'il est si injustement traité. En adoptant notre patrie, il a abandonné en quelque sorte l'Italie, et dès lors les *dilettanti*, et les artistes italiens ne le jugent plus digne d'être écouté. Mais comme le temps fait raison des caprices de la mode, il y a tout lieu de croire que nous entendrons enfin encore la *Griselda*, l'*Agnèse*, *Achilla*, etc., etc., et que nous applaudirons avec plaisir les œuvres d'un des beaux génies de nos jours.

M. Castil-Blaze vient aussi ; il n'exécute pas, mais son goût et ses connaissances en musique sont favorables aux artistes : il les critique avec politesse et justice, les conseille avec impartialité, et les loue avec plaisir. Il est de plus un homme aimable et très-respectable par ses qualités sociales.

MM. Lacroix, Laroche, Eugène Lamy, Listz, Rhein, Ebner, Brod, sont aussi des nôtres ; mais ils sont plus jeunes, ce qui les fait inviter moins fréquemment par madame de Roseville. Malgré son étourderie et sa légèreté, elle calcule avec raison la nécessité de ne pas donner la plus petite prise à la critique qui devient aisément de la calomnie ; on l'épargnerait d'autant moins que cette charmante femme est dans une position enviée de tous. Depuis son entrée dans le monde, se soumettant avec docilité aux conseils de ses respectables tantes, sa conduite a été parfaite; elle est vive et n'aime pas la contrariété. Comme tous les enfans qui n'ont pas été élevés par une mère, elle a pris l'habitude de faire ce qui lui convient; mais dès que mademoiselle de Vieville ou sa sœur la blâment, elle se donne tort. Gâtée par une flatterie générale, elle a cependant assez de bon sens pour en repousser une grande partie, et je suis convaincue qu'elle sera toujours préservée par son heureux naturel de toutes les inconséquences reprochées aux jeunes femmes, qu'elles finissent par entraîner à des torts graves. Caroline n'admet jamais chez elle une nouvelle personne sans consulter ses tantes; elle adopte aveuglément leur décision à ce sujet, ce qui l'empêchera toujours de s'égarer.

Je vous donnerai quelques détails sur les femmes aimables qui sont liées avec elle, lorsque je les connaîtrai mieux.

Adieu, mon amie. Êtes-vous plus contente de Zoé?

LETTRE XXII.

M.ᴸᴸᴱ DERCOURT A M.ᴸᴸᴱ DORCY.

Une noce de petite ville.

Quelle sotte, ridicule, et ennuyeuse chose, ma chère Alicie, qu'une noce de petits bourgeois de province, et combien je me repens d'avoir été à celle qui eut lieu avant-hier ici! La ville tout entière était occupée de ce grand événement, et je doute que le mariage d'une princesse fasse à Paris autant de sensation que celui de M. *Grillet* en a fait dans notre chef-lieu de canton. Ne trouvant pas notre société assez nombreuse, on a convoqué le ban et l'arrière-ban, et les cousins des cousins sont arrivés en masse dans les plus grotesques équipages. Grâce à ces invités qui amenaient leurs amis, la cohue a été complète.

Cette foule, composée de l'élite de vingt bourgs, formait le plus bizarre assemblage que vous puissiez imaginer, et m'a causé une extrême fatigue; car pour trouver les personnes de ma connaissance, j'étais presqu'obligée de faire assaut de force avec toutes les femmes, qui semblaient faire exprès de m'entourer, et je ne parvenais à me débarrasser d'elle qu'en distribuant avec plus de justesse que de grâce, un coup de coude à l'une, un coup de pied à l'autre. La jolie robe que vous m'avez envoyée était la cause innocente qui m'a forcée à ce parti extrême. Toutes ces provinciales voulaient examiner de près cette merveille de la *grande ville;* elles se poussaient et m'étouffaient pour en approcher; leur curiosité a été punie; et plus d'une de ces belles aura emporté des souvenirs *marquans* de cette agréable fête.

La mariée était mise avec le bon goût habituel aux gens peu accoutumés au luxe, qu'ils affichent dans deux ou trois occasions de leur vie. Une robe d'une lourde étoffe de soie ; des garnitures entassées les unes sur les autres ; un voile de tulle bien raide, juché sur le haut de la tête, et rattaché par une couronne de boutons de fleurs d'orange tremblans ; un schall de laine rouge à palmes bien voyantes, jeté sur le bras de manière à ne pas cacher de massifs bracelets attachés sur les gants ; une montre, une chaîne d'or ; une croix d'imperceptibles diamans suspendue à deux rangs de petites perles fines, des boucles d'oreilles en corail, et un énorme bouquet planté au beau milieu de la poitrine, composaient cette parure qui, depuis deux mois, était le sujet de toutes les conversations. J'avais été consultée ; j'avais bien timidement conseillé une robe d'organdi ou de mousseline garnie de dentelles, le voile de tulle de coton posé sans prétention, et tombant sur les épaules ; j'avais voulu exclure les bijoux afin de les réserver pour la toilette du bal, mais on me répondit que sans doute je me moquais, qu'il fallait être *cossue*, et que tant de simplicité ne pouvait convenir à la richesse que l'on prétendait afficher dans cette circonstance. La *mairesse*, venue plusieurs fois à Paris, fut la dame d'atours choisie; ses avis l'emportèrent sur les miens, et la pauvre jeune mariée fut surchargée d'une partie de sa corbeille. Elle portait vraiment *César et sa fortune*.

Le marié était tout-à-fait à l'unisson de madame son *épouse*. Il avait un habit noir dont les larges basques flottaient au gré du vent; un pantalon de nankin, un gilet blanc s'ouvrant pour laisser voir un énorme jabot plissé à gros plis, sur l'un desquels paraissait avec éclat une large épingle en camée; joignez à cela une cravate à grandes rosettes, et vous aurez une idée juste du costume qui excita l'admiration de toutes les femmes, et l'envie de tous les hommes.

Aucune maison de cette ville ne pouvant contenir toute la noce, on avait emprunté le rez-de-chaussée du château, que M. L... a l'obligeance de prêter pour ces solennités. Par ses soins, la jolie chapelle avait été ornée de fleurs; mais, le matin de la cérémonie, on changea d'avis, et on trouva plus convenable de recevoir la bénédiction nuptiale dant l'église, afin que le peuple assemblé pût admirer tout à son aise cette imposante cérémonie. Au lieu de se rendre à la paroisse, par le chemin le plus court, on fit faire au cortège le tour de la place. Nous fûmes ainsi passés en revue par toute la population accourue pour nous voir. Les souliers blancs de la mariée étant trop courts, elle marchait avec peine, ce qui me contrariait d'autant plus, qu'outre l'examen général que nous avions à supporter, il fallait encore se résigner à la chaleur brûlante du soleil. Enfin nous entrâmes dans l'église, où des prie-dieu de velours étaient préparés pour les deux héros de la fête.

Du moment où nous eûmes franchi le seuil sacré, la mariée et toute sa famille fondirent en larmes; l'attendrissement gagna comme par enchantement le marié et ses parens. Ma mère, fatiguée de ces sanglots universels, s'approcha de madame Grillet, la *douairière*, et lui dit qu'il était simple de s'attendrir sur le sort d'une jeune personne, dont l'avenir est toujours incertain; mais qu'elle ne pouvait comprendre les pleurs qu'elle voyait répandre à la mère de celui destiné à être le *maître*. « Ah! madame, lui répondit madame » Grillet, je sais très-bien que ma bru est douce,

» riche et sans malice ; que mon garçon sera
» comme le poisson dans l'eau dans son ménage,
» mais il est d'usage de verser des larmes en
» mariant ses enfans, et si je ne pleurais pas,
» on dirait dans le pays que je n'ai ni esprit, ni
» sentimens. Au reste, un jour comme celui-ci
» ne revient pas souvent, ainsi on peut bien une
» fois en passant montrer toute sa sensibilité.
» Il faut d'ailleurs faire comme les autres. » Là-
dessus les pleurs recommencèrent de plus
belle; et les mouchoirs, fréquemment employés, empêchaient presque d'entendre la
très-longue exhortation qu'adressait aux jeunes
époux le cousin curé, venu exprès de son village, pour donner plus de pompe à cette
union charmante.

Après la messe, on passa dans la sacristie,
afin de signer l'acte de mariage et de s'embrasser tous pêle-mêle. Je frémis de cette
dégoûtante formalité, et, pour ne pas m'y soumettre, je ne suivis pas la masse des conviés. Je
calculais avec effroi que nous allions être une
heure à attendre que tous les noms fussent
inscrits sur le registre; mais heureusement, un
grand nombre des parens ne sachant pas

écrire, j'en fus quitte pour la moitié de ma peur.

Nous reprîmes le chemin le plus long pour nous rendre au château ; on se dispersa dans le parc ; la jeunesse se mit à jouer aux petits jeux ; ma mère s'opposa à ce que j'y prisse part, et je fis très-raisonnablement la partie de billard du maître de la maison, dont on ne s'occupait pas plus, que s'il eût été ailleurs que chez lui. Tout y était bouleversé depuis plusieurs jours. Je lui vis un peu d'humeur de cette inconvenante négligence ; et, pour le remettre en gaîté, je le laissai gagner. Vous voyez que je profite de vos leçons.

Lorsqu'il fallut passer dans la salle du festin, M. L... était aussi disposé que moi à rire des singulières figures qui allaient se réunir autour d'une immense table, dressée en fer à cheval. Il y avait plus de choses qu'il n'en fallait pour composer un beau dîner, et cependant jamais il n'y en eut de plus mauvais. Les plats servis long-temps d'avance étaient froids, les rotis brûlés, les crèmes tournées, et les glaces fondues. On ne peut louer que la profusion qui était extrême.

Au dessert, l'inévitable maire chanta faux huit couplets dont je ne compris pas le sel; il fallait cependant qu'ils fussent d'une gaîté folle, car les gros et bruyans éclats de rire ne manquèrent pas. Plusieurs autres poètes succédèrent à celui-ci; toujours même sérieux de notre côté et même joie du reste de la société. Après ce déluge d'impromptus de circonstance, vint celui des santés portées à tue-tête, par les plus vigoureux des convives. Les bouteilles se succédaient avec une rapidité effrayante. Les mariés, obligés de faire raison à tout le monde, seront selon moi bien heureux, s'ils ne sont pas très-malades des suites de leur excessive politesse, elle les portait à accepter tout ce qui leur était offert par d'empressés convives.

Les chansons de table, les bons mots et l'hilarité augmentaient à chaque instant; et, pour mettre le comble au bonheur général, un grand niais de seize ans alla détacher la jarretière de la mariée, qui la coupa et nous en donna un bout dont nous nous parâmes. Il nous fut enfin permis de passer dans la salle du bal, fort élégamment drappée de mousseline et de taffetas bleu. Un excellent orchestre venu d'Orléans donna le signal de la danse; et ce moment me consola de l'ennui du reste de la journée. Je dansai jusqu'à quatre heures. On servit alors un souper, auquel je demandai de ne pas assister. Ma bonne mère était lasse, et je saisis ce prétexte pour rentrer. Je vous assure que si de pareilles corvées se renouvelaient souvent, il faudrait déserter la place. Nous voulions refuser celle-ci, mais nous eussions été accusées de fierté, et ma mère a pensé qu'il fallait se résigner à ce sacrifice, pour ne pas se faire des ennemis dans une petite ville où chacun prend plaisir à se déchirer.

Nous avons poussé la complaisance jusqu'à recommencer le lendemain, ce que tout le monde a fait avec un empressement qui prouve que l'on s'était amusé autant que je m'étais ennuyée. Si vous eussiez été ici, vous auriez eu, j'en suis sûre, le courage de paraître satisfaite de tout. Je n'ai pas eu ce mérite; et je crois que toute cette nuée de petites meunières endimanchées ne m'aime guère. Je m'en soucie fort peu, car malgré ce que vous pouvez me dire, elles ne sont pas faites pour être mes amies; et je crois faire beaucoup pour elles, en consentant à me trouver quelquefois avec elles. Plusieurs sont, dit-on, bien élevées ; je veux le croire, et ne me donnerai certainement pas la peine de m'en assurer. Je n'ai point dansé avec leurs frères, cousins ou prétendus, qui n'ont pas daigné s'approcher de moi. Si M. L... n'avait eu chez lui quelques jeunes gens, je serais probablement restée sur ma chaise.

Voilà une longue description de cette noce dont vous vouliez des détails. Si c'est la plus belle que l'on ait vue depuis long-temps, jugez des autres ! Est-il croyable que ce bon M. L... consente, à son âge, à être souvent étourdi par un pareil tintamarre ; à sa place, je refuserais de mettre ainsi à la disposition de ceux qui me la demanderaient, une belle habitation qui en souffre toujours. On a cassé plusieurs arbres du parc, en dénichant des oiseaux ; on a foulé aux pieds de belles fleurs, en jouant aux barres ; enfin il faudra huit jours pour remettre tout en ordre.

La belle chose qu'une noce de province, quand on en est revenu !

Zoé.

LETTRE XXIII.

LA COMT^{se} DE ROSEVILLE A Mlle DE VIEVILLE.

Le Limousin. — Limoges. — Attelage de bœufs. — Couvertures des maisons. — M. et madame de Bel... — Spectacle. — Mauvais ton des dames de Limoges.

LIMOGES.

Je suis ravie, ma chère tante, que vous approuviez plusieurs innovations de notre siècle ; et je ne désespère pas que bientôt vous ne conveniez avec moi, que tout est infiniment mieux qu'avant cette révolution cruelle qui a amené cependant des changemens heureux, dans les arts, les sciences et les modes. Par exemple, vous avouerez que jamais l'école française ne fut aussi riche qu'elle l'est maintenant, et que nous pouvons offrir avec orgueil à l'étonnement des étrangers une foule de savans qui éclipsent tous ceux qui brillèrent autrefois. Chacun pouvant aspirer aux faveurs du gouvernement, des dispositions qui eussent été étouffées par le préjugé de la naissance, se sont développées avec éclat; et dans tous les genres, des hommes illustres sont sortis d'une classe condamnée jadis à végéter dans l'obscurité. J'aime mon siècle; et dès que vous trouvez bien ce qui s'y fait, je conclus que j'ai raison de me réjouir d'être contemporaine de tant de gloire. En être enthousiaste c'est presque s'y associer : je me console de ma médiocrité en admirant le génie, en lui procurant les occasions de se faire connaître, et je jouis des succès des autres, comme s'ils étaient les miens. C'est une philosophie que devraient avoir ceux qui, comme moi, sont perdus dans la foule; ils éviteraient le plus cruel des supplices, celui d'envier ce que l'on ne peut atteindre ni imiter.

Nous avons remarqué souvent ensemble qu'il était difficile de concevoir la réputation de certaines choses et de certaines personnes, et j'acquiers tous les jours de nouvelles preuves de la légèreté avec laquelle on établit des faits en opposition avec la vérité. On m'avait étourdie de doléances sur ce que je passais par le Limousin pour me rendre aux eaux. J'avais beau dire que, voulant m'arrêter à Montauban, je ne pouvais prendre la route de Bordeaux, on ne cessait de me répéter que j'allais voir un pays affreux, abominable, etc.

Eh bien, je le trouve beau, non assurément par la culture des champs, la richesse des fermes et la fraîcheur des habitans tous assez laids et fort sales ; mais des points de vue fort pittoresques, de belles eaux s'échappant des montagnes ombragées par d'antiques châtaigniers, enfin une nature sévère que je parcours pour la première fois, et qui forme le contraste le plus complet avec notre riante et opulente Normandie, me font aimer ce Limousin tant critiqué. Peut-être si j'habitais cette province, serais-je attristée de la pauvreté du sol qui ne peut nourrir ses enfans, forcés d'aller chercher dans d'autres parties de la France une existence que leur refuse le champ paternel. Il serait doux cependant de rester au milieu de malheureux, dont de légers bienfaits adouciraient le sort. Les paysans sont habitués à une vie si frugale, qu'on peut, je crois, avec un revenu borné se faire bénir ici, et je regrette presque que ma terre ne soit pas au milieu de ces lieux sauvages qui me plaisent. Tout ce qui m'entoure à Roseville jouit d'une aisance qui ne me permet guère d'être utile; il faut se donner beaucoup de peine pour y découvrir quelqu'un à soulager; et l'on y jouit rarement du bonheur d'avoir trouvé une bonne occasion de satisfaire son cœur.

Je m'applaudis d'avoir pris cette route, parce que j'aurai le plaisir d'avoir un avis à moi, et que peut-être je trouverai dans ma conviction assez d'éloquence pour persuader à quelques bons Parisiens que cette pauvre province tant décriée, vaut la peine que l'on y vienne, quand même on devrait y éprouver un accident comme le mien. J'en suis quitte pour la peur, ainsi je pourrais ne pas vous en parler, car vous tremblerez de souvenir. J'ai promis de vous tenir au courant de tout ce qui m'arrive, voilà pourquoi je vous raconte que les chevaux de poste se sont emportés à une descente; les postillons, malgré leurs efforts, ne pouvaient les arrêter, et les quatre premiers se sont abattus au bord d'un précipice peu profond, à la vérité, mais dans lequel il eût cependant été très-désagréable de tomber. La secousse a été assez violente pour que Sophia, placée sur le devant, ait reçu une forte contusion à la tête, dont elle ne s'est pas du tout occupée, étant inquiète de savoir si je n'avais aucun mal.

Je n'ai vu de ma vie une personne songer si peu à elle : je lui trouve même une telle indifférence pour tout ce qui la concerne, qu'en la comparant à la profonde sensibilité qu'elle témoigne pour tout ce qui a rapport aux autres, et surtout à moi, je pense souvent que quelque cause secrète dégoûte ma jeune amie d'une vie qu'elle ne paraît supporter que dans l'espoir d'être utile. Cependant elle me persuade que je me trompe. L'ayant questionnée plusieurs fois sur cette tristesse continuelle, dont elle n'est distraite que lorsqu'elle m'en voit frappée, elle m'a toujours répondu que les regrets qu'elle donne à la mémoire de sa mère ne l'abandonnant pas, elle ne pouvait être gaie.

Il est rare à dix-huit ans d'avoir une douleur si longue et si vive, et de ne pas être flattée des

hommages rendus à la plus intéressante figure ;
mais aussi Sophia est Anglaise, et les femmes de
son pays sont si différentes de nous, que nous
ne pouvons les concevoir et encore moins les
juger. Elles s'occupent avec une espèce de
jouissance des choses tristes, et la mélancolie
est, dit-on, leur état habituel ; je voudrais fort
en corriger Sophia, qui gagnerait à sourire,
car lorsque, par hasard, cela lui arrive, sa physionomie est charmante.

Me voici à Limoges, ville assez laide, suivant
moi, quoiqu'il y ait plusieurs monumens curieux. La manière dont les maisons sont couvertes me paraît cependant beaucoup plus gracieuse que celle employée à Paris : les tuiles
sont rondes, au lieu d'être plates, ce qui donne
aux toits l'apparence de ceux d'Italie, qui font
si bien dans les beaux paysages de *Bourgeois*.
Je trouve aussi l'attelage des bœufs aux char-
rettes très-pittoresque.

Je suis arrivée le jour de la foire aux chevaux, qui attire ici beaucoup d'étrangers ;
aussi sommes-nous mal logées dans une auberge qu'on dit être la meilleure.

J'y ai rencontré M. et madame de B.....n,

tous deux aussi peu polis qu'ils le sont à Paris, et se donnant des airs de princes tout-à-fait amusans. Ils passent souvent dans cette ville pour se rendre dans la belle terre de leur excellente mère, qui gémit de leurs travers ; les gens de l'hôtel se précipitent sur leur passage, et sont tout fiers lorsqu'ils obtiennent un coup-d'œil de protection. Je déteste l'impertinence dans les personnes qui ont assez de mérite pour se faire pardonner quelque chose. Jugez donc, ma chère tante, si j'ai fait la moindre politesse à celles qui n'ont pour elles qu'une belle fortune, dont elles font un triste usage.

Mon valet de chambre, outré que *madame la comtesse* ne fût pas servie avec plus d'empressement que M. le marquis de B... s'est tant démené dans l'office qu'enfin il est parvenu à me faire obtenir tout ce qu'il y a de plus délicat pour mon dîner. Il criait partout que j'étais bien plus généreuse que madame de B...., que je payais toujours plus qu'on ne me demandait ; et ces paroles magiques ont produit un effet merveilleux. Ce n'est que lorsque je le permets, que mes insolens voisins sont servis : j'entends leurs sonnettes à tout instant, et suis importunée de tous les garçons venant à tour de rôle me demander si je n'ai besoin de rien ; enfin j'ai complètement supplanté ma fière rivale, ce qui m'amuse assez ; cependant cette petite jouissance me fera sans doute présenter à mon départ un mémoire d'apothicaire ; on profitera de tout ce qu'a dit Germain pour faire honneur à sa maîtresse...

J'ai été ce soir au spectacle ; je voudrais essayer de vous peindre les acteurs ; mais en vérité je ne trouverais pas d'expression qui pût vous en donner une idée juste. C'est une collection unique, où le mauvais le dispute au ridicule ; tout est prétentieux, quoique déguenillé ; et jamais troupe d'amateurs ne fut aussi détestable. Il paraît que le goût des habitans n'est pas fort éclairé, car ils applaudissent avec fureur une première chanteuse qui a soixante ans, et dont la voix chevrotante ne conserve même pas un reste d'éclat ; ce qui ne l'empêche pas de jouer tous les rôles à roulades avec une aplomb inconcevable. Nous nous sommes fort amusées, ayant pris le parti de rire de tout.

J'ai vu là toutes les élégantes de la ville, et les ai trouvées en général fort laides, et très-mal mises. D'après les conversations que j'entendais dans les loges voisines, je crois que leur éducation a été fort négligée : cependant ne voulant pas juger aussi légèrement que ce voyageur qui écrivit sur son journal, que toutes les aubergistes de Blois étaient rousses et méchantes, je ne donne pas mon avis comme bon : seulement, je regrette d'avoir été placée de manière à entendre des choses très-inconvenantes adressées à des femmes, ou dites par elles.

Ce que j'aime le moins dans le Limousin, c'est sa capitale : excepté de beaux chevaux, je n'y ai rien vu de passable, et je n'ai pas eu le bonheur d'être dédommagée par les bévues de quelque Pourceaugnac; je suis fort pressée de partir; demain à sept heures, nous serons en voiture. Nous nous arrêterons à Uzerches, ville dont la position est, dit-on, admirable; et à Pierre Buffière, bâtie sur un roc qui domine un torrent. Je n'en ai jamais vu, et je ne serai pas fâchée de savoir si je préfère le tumulte effrayant d'eaux qui s'élancent avec fureur de roche en roche, au paisible murmure de nos ruisseaux de Normandie.

J'aime le mouvement et le bruit d'une grande ville, afin d'être distraite des malheurs qu'elle renferme, et que je voudrais tant soulager; mais à la campagne je cherche le calme : d'où je conclus que je regretterai Roseville qui me paraît jusqu'ici ce qu'il y a au monde de plus agréable à habiter. Il est vrai que j'y ai été entourée de tous les objets de ma tendresse; et que rien n'embellit les lieux où l'on se trouve comme le bonheur qu'on y goûte et que l'on peut répandre autour de soi.

Voilà qui est convenu, après avoir voyagé, je reprendrai le chemin de ma terre; tout ce que j'aurai vu me fera sans doute admirer davantage ce que je possède. Je ne suis pas encore dégoûtée de ma vie errante; mais vous et mes filles me manquez tant, ma bonne tante, que tout en me réjouissant de connaître un peu mon pays, je ne puis m'empêcher souvent de penser aux lieux dont je connais chaque arbre, chaque touffe de roses!

Allons, allons, chassons ces regrets qui me poursuivent, et disons-nous un court adieu ! Je vous écrirai de Montauban, où je séjournerai quelques jours. Mille tendres baisers pour vous, Laure, Marie, Caroline et Alicie.

Comtesse DE ROSEVILLE.

LETTRE XXIV.

LE Cᵗᴱ DE PAHREN AU Mᵎˢ DE BLIGNY.

Le château de Serrent, près de Nantes. — M. de Serrent, cul-de-jatte. — Son caractère. — Ses procès. — Admirable dévouement d'un prêtre. — M. Humbert de Sesmaisons. — Anecdote de la malle-poste. — M. d'Obrée. — Bateaux négriers. — Commerce horrible continué.

Nantes.

Avant de quitter Nantes, j'ai voulu visiter la terre qui appartient à madame de Serrent dont j'avais reçu, il y a quelques années, l'accueil le plus aimable à Paris. J'espérais qu'elle serait dans ce château, qui jouit dans la province d'une réputation méritée; mais en y arrivant j'appris qu'il n'y avait que M. de Serrent le fils ; je demandai à le voir, l'ayant rencontré chez sa mère je pensais que je lui devais cette politesse.

Après une heure d'attente, que je passai au reste très-agréablement à visiter l'intérieur de cette belle habitation, où tout annonce le bon goût de l'aimable châtelaine, je fus enfin introduit dans l'appartement de M. de Serrent; mais quelle fut ma surprise en trouvant au lieu de l'agréable jeune homme que je venais chercher, la plus singulière figure que vous puissiez imaginer ! Je vis un petit bonhomme très-laid, mais ayant une physionomie maligne et spirituelle; il était assis dans un fauteuil élevé, comme ceux qui servent pour placer les enfans à table, et habillé presque comme un maillot : ses pieds étant entortillés dans un immense jupon. Rien n'eût été plus risible que cette caricature, si elle n'eût été encore plus affligeante pour l'humanité.

Ce malheureux, âgé de quarante-cinq ans, est cul-de-jatte; c'est le fils d'un premier lit de M. de Serrent.

Je me confondis en excuses de l'avoir dérangé; il prit la peine de chercher à me persuader qu'il était bien aise de me voir, puisque je connaissais sa famille ; il m'invita à parcourir le parc dont il ne pouvait me faire les honneurs, et à revenir ensuite dîner avec lui. Il donna ordre de me conduire partout, et je le quittai, persuadé que son caractère agréable était la compensation de son inconcevable figure.

Mon guide ne me laissa pas long-temps cette idée ; il me dit qu'au contraire il était difficile d'être moins aisé à vivre que ce rebut de la nature ; que sa belle-mère, malgré toute sa douceur, réussissait rarement à maintenir la paix dans un intérieur toujours troublé par l'exigence et les caprices de son beau-fils. Il a pour les procès un goût qu'il tient de son père ; il est déjà au quarante-sixième ; comme la chicane est son plus doux passe-temps, il s'en occupe toute la journée, et entend mieux ses intérêts que les gens d'affaires les plus habiles. Une grande partie de sa fortune pourrait être dénaturée : elle lui vient de sa mère ; et pour éviter ce malheur à ses enfans, madame de Serrent se prête à toutes les fantaisies de ce petit magot qui est au reste fort spirituel.

Le domestique qui m'instruisit de ces détails

s'étendit beaucoup sur le mérite et les vertus de madame de Serrent : c'était ne rien m'apprendre ; mais je fus aise d'entendre l'éloge d'une femme que j'estime, sortir de la bouche d'un homme qui venait de dire beaucoup de mal d'une autre personne. Cela donnait l'assurance de sa véracité.

Tout est bien à Serrent, sans contredit l'une des belles habitations de France. La serre est particulièrement magnifique, et produit des fruits d'une beauté rare.

Je voulais partir sans revoir l'hôte qui m'avait reçu, mais le domestique me dit que je serais cause que toute la maison serait grondée, parce que l'humeur que donnerait mon départ rejaillirait sur les inférieurs. Je me décidai donc à retourner près de M. de Serrent.

Il fut de nouveau fort gracieux pour moi, nous nous plaçâmes à table devant un excellent dîner, auquel j'aurais fait le plus grand honneur, si je n'avais été fort contrarié d'entendre reprendre durement les domestiques à tout instant. A peine le dessert était-il servi, qu'ils furent congédiés, et alors il fallut écouter des plaintes interminables sur tous les membres de la famille de M. le comte, et le détail de toutes les injustices qu'il prétendait lui être faites. Dès qu'il me fut possible de prendre poliment congé de ce désagréable amphytrion, je partis, et retournai à Nantes, le cœur péniblement affecté de cette désunion que je remarque souvent en France, entre ceux qui devraient se protéger et s'aimer.

J'avais besoin, pour me remettre de cette pénible impression, du déjeuner que je viens de faire chez M. Humbert de Sesmaisons, toujours bon, aimable et heureux dans son charmant ménage. J'y ai vu un prêtre bien estimable dont on m'a conté un beau trait.

Étant poursuivi, pendant la révolution, par un gendarme qui avait ordre de l'arrêter, il sortit de Nantes; et, ne pouvant plus échapper à son ennemi, plus jeune et plus vigoureux que lui, il se jeta dans une petite rivière (l'Erdre)*, il nageait parfaitement. Le gendarme se pré-

---

*Les eaux de cette rivière sont extrêmement noires, et ce sont elles cependant qui nettoient mieux le linge. Plusieurs personnes envoyent le leur de Paris à Nantes pour y être blanchi.

cipite dans l'eau après sa victime; mais, embarrassé par son sabre, ses grosses bottes, ce dernier disparaît. L'abbé s'en aperçoit, et au lieu de profiter de ce moment pour gagner la rive opposée, il retourne vers l'endroit où il a vu s'enfoncer le gendarme; plonge, le saisit et lui sauve la vie.

Des paysans témoins de cette action, en furent si profondément touchés, qu'ils cachèrent le vénérable ecclésiastique, et parvinrent à le dérober au sort qui l'attendait.

Voilà qui raccommode avec les hommes, et ce que je suis heureux de vous conter. Autant il est affligeant de rencontrer souvent les vices les plus révoltans, autant il est consolant d'admirer la vertu modeste, qui se dérobe aux louanges. Telle est celle de l'homme dont je viens de vous parler. Il souffrait d'entendre vanter ce qu'il trouvait tout simple; et la sérénité de sa figure prouvait que de pareilles actions lui étaient familières. Rien n'embellit une tête de vieillard comme de tels souvenirs!

M. de Sesmaisons est, je crois, encore plus gros que vous ne l'avez connu; il plaisante avec esprit et bonhomie sur cette gênante incommodité; il nous a raconté que, voulant partir pour Paris, où il avait une affaire importante qui exigeait une grande promptitude; il ordonna à son valet-de-chambre d'aller retenir pour lui seul *deux places* dans la malle-poste; commission dont s'acquitta immédiatement le domestique.

L'heure du départ arrivée, M. de Sesmaisons se rend à la poste : on fait l'appel des voyageurs, et M. de Sesmaisons, voulant monter dans l'intérieur de la voiture, s'aperçoit qu'elle contient déjà deux personnes, ce qui conséquemment le mettait, vu sa taille énorme, dans l'impossibilité de s'y asseoir. Il appelle le conducteur, et réclame les deux places retenues pour lui : « M. le comte, elles sont en effet réservées; il y en a une dans l'intérieur et une dans le cabriolet. » Les voyageurs déjà installés frémissaient à l'idée d'avoir un tel voisin; mais M. de Sesmaisons les rassura, en retenant pour le lendemain les *deux places* qui lui étaient indispensables; et la malle-poste partit, légère du poids qu'elle évitait.

M. d'Obrée voulait me faire rester quelques jours de plus pour aller avec lui à Paimbœuf.

Pour m'y engager, il me promettait de me faire voir en détail des bateaux négriers. C'est précisément la crainte d'être forcé d'examiner ces magasins de chair humaine qui me fait hâter mon départ. Ce commerce infâme, si dégradant pour l'humanité, m'inspire une horreur si grande, que tout ce qui peut y avoir rapport me fait un mal affreux. Les peines les plus sévères n'empêchent pas ce cruel trafic, qui enrichit fort cette ville; cela m'empêcherait de pouvoir y habiter long-temps.

Puisque la traite des noirs est défendue de la manière la plus précise, je suis à concevoir que la police souffre ces bateaux plats, d'une forme particulière, qui annonce leur destination. Il y en a un grand nombre aux environs de Nantes; et les habitans sont si accoutumés à une vue qui rappelle un si triste souvenir, qu'à peine ils y font attention. Il est à désirer que le roi fasse un voyage dans ce pays. Son cœur, si bon, si paternel, ordonnerait, j'en suis certain, la destruction de ces embarcations, et punirait rigoureusement les hommes assez barbares, pour ne voir dans le sang de leurs semblables qu'un moyen de fortune!...

Je ne sais trop si les recherches que j'ai ordonné de faire à Bordeaux sur madame Dickson et sa fille auront eu un heureux résultat : le banquier que j'en avais chargé, et dont j'attendais ici une lettre, ne m'a point écrit, ce qui me persuade qu'il n'aura rien appris de satisfaisant. Je réussirai peut-être mieux. Je me reproche d'être parti si précipitamment du Hâvre, sur des indices qui me parurent alors positifs, tant je le désirais, et qui, maintenant me semblent trop incertains. J'aurais mieux fait de passer par Paris. Plaignez-moi, mon ami, car l'état d'anxiété où je suis, est ce qu'il y a au monde de plus affreux ; et s'il ne finissait pas bientôt, je ne crois réellement pas que je pusse y résister.

Je m'attendais à vos plaisanteries sur le couvent de la Trappe ; mais je vous répète que, si comme moi vous aviez parcouru ce pieux séjour, vos idées eussent été totalement changées. Vous affectez plus de légèreté que vous n'en avez dans le caractère. Tout ce qui est grand, noble et beau vous cause une émotion que vous tâchez de dissimuler, la trouvant un signe de faiblesse ; mais qui perce malgré vous.

Il est impossible de se défendre d'un profond attendrissement en regardant ces moines dont plusieurs, peut-être criminels et repentans, ont retrouvé la paix qu'ils n'eussent pu recouvrer dans le monde. Poursuivis par le mépris, ils auraient eu chaque jour des peines déchirantes. La religion les a reçus, les a sanctifiés, et adoucira leurs derniers momens. Bénissons donc ces asiles ouverts au malheur et aux remords, et n'imitons point ces insensés qui répètent sur les moines, les lieux communs qu'ils ont recueillis de leurs pères, et qu'ils lègueront à leurs enfans.

Sans doute on peut, dans la société, exercer les plus hautes vertus, mais on n'y goûte jamais une tranquillité parfaite; si, pour soi-même, on est exempt d'inquiétudes et de chagrins, on souffre pour les personnes qui nous sont chères; leurs douleurs nous pénètrent et troublent notre bonheur. A la Trappe, votre voisin est calme et paisible comme vous, et votre repos est augmenté de celui des autres. C'est là qu'il faut se réfugier, lorsque, comme moi, on est en proie aux peines de l'âme.

Quant à vous, mon cher marquis, vous devez rester à Paris, entouré des plaisirs qui vous plaisent. Vos affaires, dérangées par la friponnerie d'un intendant que vous n'osiez renvoyer parce qu'il avait appartenu à votre père, seront bientôt tout-à-fait rétablies; vous choisirez alors une compagne aimable, et votre avenir sera aussi heureux que le désire mon amitié. Quand je vous reverrai, mon sort sera fixé; mais je vous promets de ne pas prendre un parti décisif sans vous en prévenir.

Rappelez-moi au souvenir de madame B....et dites-moi si elle a obtenu ce qu'elle sollicitait avec tant de justice.

J'admire, comme vous, la conduite de madame Elliot à son égard; au reste, elle ne m'étonne pas; les Anglais, peu aimables hors de chez eux, parce qu'ils s'obstinent à critiquer tout ce qu'ils voient en pays étrangers, sont, à mon avis, le peuple le plus hospitalier et le plus généreux. C'est du moins ce que j'ai remarqué dans les provinces, et ce qui est sûrement de même à Londres. Je regrette bien de n'avoir pu visiter cette ville avec vous : vos lettres me la font connaître sous les points de vues agréables. J'aurais voulu l'étudier sur les choses plus sérieuses ; mais je ne vous demande pas de me donner des détails sur des sujets qui vous fatigueraient, puisqu'ils vous forceraient à réfléchir.

Adieu, mon cher marquis.

Comte De Pahren.

LETTRE XXV.

M.lle DORCY A M.lle DERCOURT.

VOYAGE A ROSNY. — LE CHATEAU. — CABINET DE SULLY CONSERVÉ. — AMEUBLEMENT DE ROSNY. — POLITESSE DES CONCIERGES. — GROSSIÈRETÉ DES GENS CHARGÉS DE MONTRER LES APPARTEMENS DES TUILERIES. — HOSPICE DE ROSNY. — CHAPELLE OU REPOSE LE COEUR DE S. A. R. MONSEIGNEUR LE DUC DE BERRY. — HOMMAGE DE M. LADVOCAT A S. A. R. MADAME. — TOUCHANTE BIENFAISANCE DE LA PRINCESSE. — LA VILLE DE MANTES.

Paris.

Il y a bien long-temps, ma chère Zoé, que je ne vous ai écrit; mais votre amitié me dispensera d'excuses, puisqu'elle vous donnera l'assurance que la mienne ne peut changer, et qu'il faut que mon temps ait été employé, sans qu'il m'ait été possible de me livrer à mon occupation favorite, celle de vous rendre compte de tout ce qui me frappe ici. Chaque jour je faisais le projet de reprendre mon journal, et toujours une nouvelle course, une circonstance inattendue, m'obligeaient à y renoncer. Enfin me voici libre, et je vais vous parler du joli voyage que je viens de faire avec ma mère, mademoiselle de Vieville et mes jeunes amies. Une seule phrase vous donnera l'idée de tout ce que j'ai éprouvé : nous avons été à Rosny, et de là à Dieppe.

Rosny, si plein du touchant souvenir du plus grand ministre que la France ait eu, m'intéressait doublement. A présent qu'il est le séjour favori de *Madame*, on ne saurait regretter ce vieux châtelain retiré d'une cour, qu'il ne pouvait aimer, dès que son maître n'y régnait plus ! Aujourd'hui, comme du temps de Sully, la générosité, la vertu et la bonté la plus ingénieuse y habitent !

C'est avec une vive émotion que j'approchais de cette forêt, vendue en partie par un particulier, pour subvenir aux besoins de l'état, et ombrageant maintenant la tombe qui contient le noble cœur d'un des descendans de Henri. L'aïeul et le fils avaient tous deux foulé la route que nous parcourions ; ayant des droits à l'amour des Français, ils surent également pardonner les injures, et ne se vengèrent qu'en cherchant à ramener les coupables à force de bienfaits ; ils devaient compter sur une vieillesse entourée des bénédictions de tout un peuple ; et tous deux périrent immolés par la rage cruelle d'un assassin !... Mais leurs noms, prononcés d'âge en âge avec respect et regret, serviront toujours d'exemple aux princes, qui, vivant plus pour la postérité que pour eux, chercheront à mériter des regrets semblables et éternels*!

Le château de Rosny, bâti en briques, n'est

---

* Monseigneur le duc de Berry apprenant que M. le duc de Dino désirait vendre Rosny, et ne voulant pas que la bande-noire s'emparât de ce domaine à jamais cher à tout cœur français, l'acheta sans le voir. Il employa à cette acquisition, 1,700,000 fr., qui formaient la dot de la princesse de Naples. Ce qui n'avait été conseillé que par le motif le plus honorable, est devenu une excellente spéculation, grâce aux améliorations ordonnées par S. A. R. Madame qui en a doublé le revenu.

point d'un aspect gai ; mais il a de la noblesse et de la grandeur. On y arrive par une longue avenue, qui suit la Seine. S. A. R. *Madame* a fait arranger le parc avec un goût exquis, elle a respecté la terrasse sur laquelle le bon Henri et son ami cherchaient les moyens d'assurer le bonheur du royaume ; la même vénération pour un caractère qui n'a point eu d'imitateur, a fait conserver le cabinet de Sully. Le bureau sur lequel il écrivait, son fauteuil, tout y est à la même place ; et l'on n'en approche pas, je vous assure, sans ce recueillement qui nous saisit en entrant dans un temple saint. On y parle bas comme dans une église ; il semble que l'on craigne de profaner, par des paroles inutiles, cette pièce où tant de grandes choses furent décidées entre le meilleur des rois et son digne conseiller.

La bibliothèque de *Madame* est nombreuse, choisie, et doit servir de modèle en ce genre, par la manière dont tout y est disposé pour l'étude. Un cabinet d'histoire naturelle sert aussi de récréation à une princesse qui n'est jamais oisive. Lorsque le temps est trop affreux pour qu'elle puisse faire ses courses journalières chez les pauvres, elle trouve chez elle tout ce qui satisfait ses goûts pour les arts et les sciences, et ce qui la console de ne pouvoir se livrer à sa véritable passion, la bienfaisance !

Un immense salon contient des instrumens de musique, un métier à tapisserie et des armoires pleines d'albums de dessins originaux de nos grands peintres; des lithographies, des crayons, et des cartons remplis des vues de tous les beaux sites de la France. Sur une grande table placée au milieu de ce salon, meublé avec une élégance extrême, se trouvent des écritoires, des plumes, du papier; enfin partout, à côté de toutes les charmantes superfluités inventées par la mode et le luxe, on rencontre les objets qui attestent que S. A. R. sait s'occuper, et que, pour lui plaire, il faut savoir autre chose que flatter et médire. Tout le rez-de-chaussée est orné des plus beaux tableaux de toutes les écoles réunies; leur choix est parfait, et pour citer ceux qui méritent des éloges, il faudrait les nommer tous.

Madame, encourageant les manufacturiers aussi bien que les artistes, a fait de si nombreuses acquisitions dans tous les genres, que les tables, les cheminées, les consoles, sont couvertes de tout ce que l'on peut imaginer en bronze, cristal, porcelaine, ivoire, etc.; c'est le plus magnifique bazar offert à la curiosité des étrangers.

Les gens de la princesse, chargés de montrer le château, sont d'une politesse qui mérite d'être consignée, car elle offre la plus parfaite opposition avec la brusquerie et la grossièreté de la plupart des *cicérone* des palais royaux *. Même en l'absence de la princesse, on sent sa présence. Il est aisé de voir que ses

* Pendant le séjour du roi à Saint-Cloud, le gouverneur des Tuileries distribue avec une grande obligeance au public des billets pour voir ce château; je ne crois pas possible de trouver rien de comparable à l'impertinence des valets chargés d'expliquer le sujet des tableaux, etc.

Allant il y a quelque temps admirer les chefs-d'œuvre qui décorent la demeure de nos rois, j'étais dans la galerie de Diane, avec plusieurs autres personnes. Un père donnant la main à sa fille, âgée de dix ou douze ans, lui expliquait à demi-voix tout ce qu'ils voyaient; en approchant d'un tableau représentant une scène d'hiver, au milieu de laquelle on distinguait un homme décoré du cordon bleu et une jeune femme, ce

ordres ont prévu les visites; et que c'est à eux que l'on doit les égards que l'on reçoit.

Après avoir admiré de très-belles serres et une superbe ménagerie, nous avons été à l'hospice fondé par S. A. R. Nous voulions réserver pour les dernières les émotions que nous devions éprouver en parcourant ce noble monument des regrets d'une veuve, ne trouvant d'adoucissement à sa douleur, qu'en soulageant celle des autres. Notre admiration pour une si touchante idée ne voulait point être distraite par celle accordée aux chefs-d'œuvre des arts, qui ne satisfait que l'imagination.

monsieur dit avec attendrissement : *Regarde, chère petite, c'est madame la duchesse d'Angoulême, guidant S. M. Louis XVIII en Russie!* « Lorsqu'on est aussi « bête que cela, interrompit brusquement le valet qui « nous précédait, on devrait se taire. Ce n'est pas du « tout Louis XVIII, mais bien Louis XVI, distribuant des « aumônes pendant un hiver rigoureux, et cette femme « c'est la reine ! »

Cette singulière insolence nous révolta tous. Signaler une aussi inconvenante conduite, c'est être sûr que des ordres seront donnés pour qu'elle ne se renouvelle plus, et que, dans le palais du roi, on ne sera plus exposé à se croire à la halle, par la grossièreté de ce que l'on y entend.

L'hospice, dirigé par de respectables sœurs grises, contient des salles pour les malades, et une école de jeunes orphelines. Dans un autre corps-de-logis est celle des garçons, surveillée par des frères. La recherche de la propreté la plus extrême se remarque partout, et je doute que l'on pût être mieux soigné dans un ménage aisé qu'on ne l'est dans cet hôpital : il contient une pharmacie fort bien assortie et des bains.

Lorsque *Madame* est à Rosny, elle vient régulièrement chaque jour voir par elle-même si ses généreuses intentions sont exactement suivies. Elle monte près des lits où souffrent des vieillards recueillis par la plus tendre charité; et par de douces paroles, des promesses toujours plus que remplies, elle parvient à consoler et presque toujours à guérir; car, le plus souvent, la misère et le découragement causent des maux qui se dissipent à la voix de la bienfaitrice de toute la contrée !

Un portrait fort ressemblant de S. A. R. orne le parloir où reçoit la supérieure, femme d'un mérite remarquable et d'une grande piété. Elle raconte avec esprit, et avec l'accent de la reconnaissance, mille traits adorables de la princesse;

elle assure que les pauvres qui entrent à l'hospice ne sont pas des environs ; il faut aller les découvrir à plusieurs lieues à la ronde ; ce sont presque tous des habitans des provinces voisines, attirés par la certitude d'être secourus à Rosny. Ce village est en effet bâti en bonnes pierres, couvertes de tuiles et d'ardoises, et l'on ne peut parler à un paysan, sans entendre une louange et une bénédiction.

Deux cloîtres en arcades conduisent à la chapelle dont on admire également l'architecture simple et élégante. Derrière l'autel est une statue en marbre blanc, représentant Charles Borromée, patron de l'infortuné duc de Berry. Le pied de cette statue s'ouvre par une serrure à secret dont *Madame* seule a la clé : c'est là que sont déposés le cœur du prince, tous les habits qu'il portait lors de l'affreux évènement qui nous l'a enlevé, et un exemplaire de l'admirable ouvrage de M. de Châteaubriand [*]. Les

---

[*] Cet ouvrage est intitulé : *Mémoires, lettres et pièces authentiques touchant la vie et la mort de S. A. R. Monseigneur Charles-Ferdinand d'Artois, fils de France, duc de Berry.*

M. Ladvocat, en faisant paraître la belle édition des

flambeaux, les vases sacrés sont en vermeil; et tous les ornemens d'église brodés par la princesse. Les murs et le pavé sont recouverts de marbre blanc; tout est de bon goût, et exempt d'une prétention qui gâte trop souvent les monumens funèbres. Celui-ci est éclairé par la coupole, ce qui répand un jour mélancolique, fort en harmonie avec le sentiment que fait naître un si douloureux souvenir.

Je voudrais pouvoir vous faire partager tout ce que m'a inspiré la visite de Rosny; mais une description aride ne peut produire l'effet de ce que l'on voit, surtout lorsque, à chaque pas, on découvre une nouvelle preuve d'une bonté dont on s'étonne toujours, quoiqu'on y soit habitué par le détail de continuelles actions bienfaisantes.

Ce n'est pas dans le monde, au spectacle, au concert, que je vous regrette le plus, ma chère Zoé, car de si futiles plaisirs ne

---

œuvres de M. de Châteaubriand, a fait tirer sur vélin, un exemplaire de cet intéressant récit, et l'a offert à S. A. R. Madame, qui a accepté cet hommage avec sa bonté ordinaire. Elle a envoyé à M. Ladvocat une belle tabatière en or, ornée du chiffre de S. A. R.

doivent pas laisser des traces profondes dans un cœur comme le vôtre, tandis qu'il est impossible d'oublier les douces sensations que cause la vue d'établissemens qui soulagent l'humanité souffrante.

Lorsqu'on ne peut soi-même apaiser les douleurs de ses semblables, on n'a de consolation qu'en songeant que d'autres plus heureux peuvent y parvenir, et l'on est satisfait d'avoir de nouvelles raisons d'aimer et d'admirer les princes qui nous gouvernent. C'est à Rosny qu'il faut aller pour imaginer jusqu'où peut aller la bonté des nôtres.

Nous sommes entrées dans plusieurs chaumières où tout annonce l'aisance et le bonheur. Chaque habitant s'empresse à l'envi de citer des traits touchans de la bienfaisance de la princesse. En voici un peu connu, et qui mérite trop de l'être pour que je ne vous le conte pas.

Nous vîmes dans les bras de plusieurs de ces paysannes des enfans mis à peu près de même, et qu'elles appelaient *orphelins;* nous questionnâmes sur ces pauvres petits, et nous apprîmes que S. A. R. s'est engagée à payer les mois de nourrice de *tous* les enfans de Paris, dont les mères deviennent *veuves* pendant leur grossesse. La princesse fournit les layettes, et paye les drogues et les médecins lorsqu'ils sont malades. Si leur mère ne peut en avoir soin quand ils deviennent grands, la duchesse les place, soit dans son hospice, soit dans quelque autre établissement de charité. C'est madame la comtesse de *** qui se charge de recevoir les demandes de ces veuves infortunées, qui trouvent en elle toute la bienveillance imaginable. C'est encore elle qui est chargée de leur remettre la layette. Si l'enfant meurt, la nourrice est tenue de la rapporter, afin qu'elle puisse être donnée à un autre *orphelin*.

Comment le plus *illustre* de tous ne prospèrerait-il pas? L'ingénieuse bonté de sa royale mère excite pour lui tant de vœux, de prières et de bénédictions!..

La ville de Mantes se trouve à merveille des séjours de *Madame* à Rosny, car elle a donné l'ordre de ne faire venir de Paris que ce qu'il est impossible de se procurer dans les environs, et on emploie tous les ouvriers du voisinage de préférence aux autres. Enfin, je ne finirais pas si je vous détaillais tout ce que j'ai recueilli d'admirable sur *Madame*. Puissions-nous nous réunir bientôt ! nos conversations vous apprendront tout ce que je ne puis dire dans une lettre.

La vôtre sur la noce serait trouvée très-amusante par des indifférens, puisqu'elle peint des prétentions ridicules; mais je vous prie en grâce, chère amie, de m'écrire toute autre chose que des plaisanteries sur des gens avec lesquels j'ai été élevée. Je connais trop leurs bonnes qualités pour pouvoir me divertir de petits travers fort excusables chez des personnes qui n'ont jamais vécu dans le monde. Ils y ont plus gagné, je vous assure, qu'ils n'y ont perdu; pour acquérir de la grâce, de l'élégance et de bonnes manières, ils eussent oublié des choses mille fois préférables : l'activité, la pitié et la franchise.

Mademoiselle de Vieville, qui est de plus en plus aimable pour moi, a bien voulu consentir à aller à Dieppe; et pour ne pas nous faire croire qu'elle se dérangeait pour nous être agréable, elle a prétexté la nécessité de faire un petit voyage à Roseville, qui est à quelque distance de Dieppe. Ma mère, les enfans et moi sommes restés. Je vous écrirai bientôt des détails sur cette ville, je suis aujourd'hui trop fatiguée.

Adieu, ma Zoé, je vous aime assez pour vous vouloir parfaite. Tâchez!..

LETTRE XXVI.

LE MARQUIS DE BLIGNY AU COMTE DE PAHREN.

Singulière conduite d'une Anglaise. — Lettre de congé qu'elle écrit. — Magasins de Londres. — Spath de Debbyshire. — Douaniers de Calais. — Vexations qu'ils exercent sur les voyageurs.

Il y a vraiment sympathie entre nous, mon cher comte, car une aventure, qui vient de m'arriver, est presque semblable à celle qui vous fait courir le monde; seulement la fin sera fort différente, et je ne me désespèrerai pas comme vous; ainsi vous aurez les honneurs du drame, et moi, je serai pour la parodie. Voici le fait :

J'étais amoureux!... ah! mais fort amoureux, je vous jure, d'une belle Anglaise, que j'avais rencontrée dans le monde plusieurs fois, avec laquelle j'avais dansé pendant toute une soirée à Allmack, et qui me paraissait réunir tout ce qui pouvait enfin me fixer. C'est la fille de lady L..... Je me suis fait présenter à sa mère, qui m'a fort bien reçu, et avec mon imagination prompte à s'enflammer, je ne me suis plus livré qu'à l'espoir de plaire à miss Sarah. Ne doutant pas de la réussite, je formais déjà mille projets de mariage (ce qui vous prouve que, cette fois, mon sentiment était aussi profond que vif). Je me voyais, conduisant ma femme à la cour, malgré mon horreur pour la représentation; elle y écrasait toutes nos beautés à la mode : enfin pendant quinze jours, j'ai été heureux en perspective, c'est quelque chose, mais ce n'est pas assez.

Hier, allant présenter mes hommages à ces dames, je fus étonné de trouver tous les volets fermés. Je frappai à la porte à coups plus redoublés encore qu'à l'ordinaire ; un vieux valet vint m'ouvrir. Il me dit avec le plus désespérant sang-froid que mylady était partie dans la nuit pour l'Écosse où miss allait se marier. Je crus que cet homme radotait. Je fis plusieurs questions, auxquelles il ne répondit que par cette phrase qui anéantissait toutes mes espérances: *Miss sera mariée dans huit jours, c'est tout ce que je sais.*

Il fallut renoncer à en tirer autre chose, et je sortis de cette maison la rage dans le cœur. L'avant-veille, cette indigne Sarah m'avait serré la main en me disant: *Parlez donc à ma mère;* et elle était promise à un autre!

Que l'on dise maintenant que les Françaises poussent la coquetterie au dernier degré. Pour notre malheur à tous deux, nous savons que les Anglaises ne se contentent pas, comme nos compatriotes, de ce désir général de plaire à tous ceux qui ont le malheur de les approcher, mais qu'elles veulent encore inspirer une passion, dont elles se moquent ensuite: pour éviter de tenir les promesses perfides qu'elles prodiguent, elles partent en livrant au désespoir l'infortuné assez crédule pour avoir ajouté foi aux plus mensongères paroles.

Votre Sophia ne vaut pas mieux que Sarah, et je voue aux femmes de ce pays une haine qui s'étend sur tous les objets de cette contrée; aussi suis-je décidé à partir beaucoup plus tôt que je ne comptais. Londres m'est insupportable ; partout j'y crois voir cette figure ravissante qui m'avait tourné la tête. Un pareil visage ne devrait appartenir qu'à une personne dont l'âme serait franche et belle ; c'est comme une enseigne flatteuse qui ferait entrer dans un coupegorge. Je suis désespéré, et surtout d'une colère affreuse d'avoir été trompé.

Vous allez à ce sujet me faire un beau discours ; vous me direz que ce n'est qu'une justice d'éprouver ce que j'ai fait subir souvent ; mais je vous réponds d'avance que j'ai pu me moquer de quelques coquettes, ravies que l'on prît la peine de les abuser, mais que jamais je n'ai affecté un amour véritable pour une femme qui eût pu être malheureuse de mon changement. En cessant de m'occuper de celles qui me plaisaient huit jours, j'étais convaincu que je leur rendais service en les débarrassant de moi au bout de ce temps. Si l'on m'eût aimé sincèrement, je n'aurais jamais aimé deux fois, et ma vie tout entière eût été consacrée à témoigner ma tendresse et ma reconnaissance. Je n'ai été léger que parce que je n'ai pas trouvé cette compagne, que croyait deviner mon cœur dans chaque femme que je rencontrais; jamais je n'ai été perfide. Cette fois seulement, j'ai appris ce que vous m'aviez peint comme le bonheur le plus parfait; j'ai compté sur une sincérité qui n'était que de mon côté; enfin j'ai été amoureux tout de bon.

Me voilà bien avancé de savoir ce que c'est! mieux valait cent fois ignorer ces jouissances délicieuses, qui ont été si courtes! Le désappointement que j'éprouve est complet, et je suis à me demander à quoi je vais employer les journées qui s'écoulaient rapidement lorsque je voyais cette Sarah dont j'étais si flatté d'être remarqué.

J'ai bien songé à devenir tout de suite amoureux d'une autre, mais où trouver ces grands et beaux yeux se levant si timidement; ces cheveux bouclés par l'art avec toute la grâce de la nature; ce teint éblouissant, se colorant au moindre mot, ces mains parfaites qui, une fois, ont serré les miennes si tendrement?

Si en arrivant à Paris, je ne trouve pas à m'occuper de quelque nouvelle figure fixant l'attention générale, je suis un homme perdu ; je n'irai pas m'enfermer à la Trappe, mais je courrai plus que jamais les bals et les spectacles, afin de surmonter une tristesse qui, à la longue peut-être, altèrerait ma santé, que je suis très-décidé à conserver. On m'apporte une lettre d'une jolie écriture inconnue, si c'était...

Oui, mon ami, c'était d'elle, et me voilà guéri, du moins, je l'espère, d'une fantaisie qui eût pu me conduire fort loin si je n'avais été éclairé à temps. Lisez, voici la copie de cet odieux billet.

« M. le marquis,

« Vous m'avez plu dès que je vous ai vu ; ju-
« geant d'après vos manières, vos relations et
« vos chevaux, que vous étiez un homme aussi
« distingué que riche, je me livrai sans réflexion
« au penchant que vous m'inspiriez. Espérant
« devenir votre compagne, je vous autorisai
« à parler à ma mère, à laquelle j'avais déjà fait
« part de mes sentimens. Elle écrivit en France
« pour avoir des renseignemens, et c'est cette
« fatale réponse qui fixe mon sort ; elle arrive à
« l'instant.

« On nous apprend que vos affaires sont dé-
« rangées pour long-temps, que vos créanciers
« vous font une faible pension de deux mille
« louis, et que, dans six ans seulement, vous
« aurez le triple de cette somme pour revenu.
« Habituée au luxe, il me serait impossible de
« m'accoutumer à l'économie, j'ai donc, par dé-
« licatesse, dû renoncer sur-le-champ à vous,
« et ne pas continuer à vous entretenir dans des
« espérances que je ne puis réaliser. J'ai voulu
« sur-le-champ couper le mal dans sa racine.
« J'ai obtenu de ma mère que nous partirions
« tout de suite pour l'Écosse, où le vieux duc
« d'*** possède des biens immenses. Il a plu-
« sieurs fois demandé ma main; il est mon cou-
« sin, il a le plus magnifique château de la con-
« trée, des attelages admirables, l'équipage de
« chasse le plus complet : vous voyez que toutes
« les convenances se trouvent dans ce mariage.
« Comme c'est le meilleur moyen de vous faire
« renoncer à tout espoir de me faire changer
« de résolution, je me vois obligée de le con-
« clure. Recevez donc mes adieux éternels,
« M. le marquis, et croyez que je suis plus à

« plaindre que vous, de l'obstacle qui s'oppose
« à notre bonheur.

« Sarah, L..... *»

Eh bien, comte ! que dites-vous de la *délicatesse* de cette charmante personne, qui avoue franchement qu'elle n'aimait que les beaux yeux de ma cassette. Elle a du moins plus de bonne foi que nos jolies Françaises, qui agissent souvent comme elle, tout en répétant : *Un désert et vous, c'est tout ce que je veux.*

J'avoue que ce dévouement ne m'était pas venu en tête. J'imaginais que sa mère la forçait à renoncer à moi, qu'elle était entraînée de force en Écosse, et qu'elle gémirait d'être séparée de l'homme qui l'aimait. Au lieu de cela, c'est elle qui veut partir ; et déjà elle se réjouit de tout ce luxe qui va l'entourer, et sans lequel elle ne peut vivre !

Voilà une profession de foi qui ne me laisse aucun doute sur les motifs de sa fuite ; tandis

---

* Cette aventure est réelle, et j'ai eu cette singulière lettre entre les mains.

que ceux de Sophia restent inexplicables. Elle avait les goûts les plus simples, et si elle eût partagé ceux si extravagans de Sarah, vous eussiez pu les satisfaire, votre fortune étant très-considérable. Quelque lubie lui a pris, c'est ce que le temps nous apprendra ; en attendant, soyez persuadé, mon cher marquis, que toutes les Anglaises sont bizarres, folles et trompeuses, et qu'il faut revenir aux femmes de mon pays. — Quel dommage que celles de celui-ci soient si belles !... — Allons, n'y pensons plus et parlons d'autre chose.

Voulant partir incessamment, je vais courir les boutiques, afin de faire toutes les acquisitions qui plairont à nos élégantes, car il faut ne pas cesser d'être galant. J'ai déjà été dans le Strand acheter une foule de vases, coupes, boîtes, en spath de Derbyshire, qui ressemble fort à la prime d'améthiste. Rien n'est si curieux que la carrière unique de cette espèce de marbre. Lorsqu'on y descend avec des flambeaux, on se croirait, dit-on, dans un palais de fées bâti en pierres précieuses. Je regrette de n'avoir pu faire ce voyage ; mais il m'eût pris trop de temps et coûté trop d'argent. Je veux plus que jamais ménager une fortune diminuée par mes folies. Je sais maintenant à quel point elle peut contribuer au bonheur.

J'ai acheté dans ce même magasin du Strand plusieurs objets en marbre noir, aussi du Derbyshire; il offre une particularité singulière : on ne peut y découvrir la moindre veine blanche, il semble que ce soit de l'ébène pétrifié et admirablement poli. Je ne suis pas embarrassé de faire passer ces objets, car en les faisant assurer ici, ils me seront remis chez moi à Paris. Je laisse à votre imagination le soin d'expliquer comment une telle fraude peut être tolérée par les Douanes, si sévères quelquefois pour des voyageurs auxquels ils ravissent le plaisir de rapporter un souvenir à des parens*.

* Rien n'est comparable aux vexations qui se commettent à Calais, envers les passagers revenant d'Angleterre. A peine ont-ils le pied hors du paquebot, que des douaniers s'emparent d'eux et les font entrer dans une baraque construite sur le port, et gardée par des gendarmes; les dames sont fouillées par une vieille femme fort grossière, qui pousse ses recherches de la manière la plus indécente, puisqu'elle force à souffrir que ses horribles mains passent sous le corset et

Je pars avec madame B..... qui n'a obtenu la chemise. Elle fait déchausser les voyageuses, afin de voir si des dentelles ne sont pas cachées dans les bas, et elle découd souvent les douillettes (dont le froid de la mer rend l'usage indispensable), pour s'assurer que l'on ne cache pas de contrebande dans les doublures.

J'ai été en butte à cette odieuse inquisition, qui me parut d'autant plus révoltante que j'avais été frappée de l'extrême politesse des employés de la douane à Douvres; ils n'exigent d'autres formalités que celles de fouiller les malles. C'est chez le peuple qui veut passer pour le plus galant que se commettent les choses que je viens de signaler! Ce n'est pas tout, lorsque les employés du port vous laissent libre, vous êtes forcé d'aller à la douane, où l'on jette au milieu de la chambre les effets que l'on visite, et les voyageurs malades sont encore obligés de remettre tout en place avant de prendre le repos qui leur est nécessaire après une pénible traversée.

Les douaniers saisissent ce que bon leur semble, en disant que cela est de contrebande, et souvent ils se trompent, ce qui leur est assez égal, puisqu'étant juges et parties, ils ne peuvent être blâmés de leur inexactitude.

Si on réclame la présence de l'inspecteur pour faire réparer une injustice commise par ses subordonnés, les femmes risquent de voir paraître un jeune homme fort élégant, qui, d'un ton léger, leur dit des choses très-inconvenantes. C'est ce qui m'est arrivé il y a neuf

qu'une faible partie de ce qu'elle demandait. Adieu.

ans, pour avoir voulu me faire rendre une robe *toute faite, de la manufacture de Jouy,* que j'avais emportée lorsque je m'étais rendue à Londres, quelques mois auparavant.

En arrivant à Paris je me plaignis au directeur-général, qui ne me fit point faire d'excuses par l'inspecteur, ni rendre les effets confisqués.

Je livre ces faits à ceux qui, par leur position dans le gouvernement, peuvent empêcher qu'ils ne se renouvellent; et qui, en obtenant la réformation de ces scandaleux abus, préviendront la mauvaise opinion que doivent prendre de notre hospitalité les étrangers qui débarquent en France.

FIN DU TOME PREMIER.

TABLE DES SOMMAIRES

CONTENUS

DANS LE TOME I‍er.

LETTRE PREMIÈRE.

Projets de voyage.—Le comte de Roseville.—Regrets causés par sa mort.—On propose à madame Dorcy d'aller à Paris.   1

LETTRE II.

Elle hésite à accepter de quitter M*.—Ses craintes sur la manière dont les nobles recevront une roturière.—Pension de trois mille francs.   11

LETTRE III.

Réponse aux craintes de madame Dorcy. — Mademoiselle de Vieville. — Les préjugés. — Projets de voyage à Bagnères.   19

LETTRE IV.

Préparatifs de départ.—Manière de se faire aimer en province.   25

LETTRE V.

Voyage de M*** à Paris.—La diligence.—Portrait de madame de Roseville. — Son histoire. — Ses enfans. — Description de l'appartement de madame Dorcy chez madame de Roseville.—Plaintes de mademoiselle de Vieville, sur la décadence du goût en France.   34

LETTRE VI.

Disparition d'une jeune Anglaise. — Lord Choulmond Ley. — Les paysannes galloises. — Leur costume. — Les bardes ménétriers. M. Pichot. — Londres. — Son opéra. — Parure des dames. — Apothicaires. — Abus de la Médecine anglaise. — Anecdotes à ce sujet. — Révérences des actrices. — Cabales. — Lord Melburn. — Mistriss Banti et miss Élisbert. — Triomphe de cette dernière. — Maisons anglaises. — Laquais des nobles. — Chasseurs et coureurs. 42

LETTRE VII.

Regrets sur la séparation des deux amies. — Détails d'une soirée de petite ville. — Portrait du maire et de sa femme. — Projet ingénieux d'une vieille cuisinière. 60

LETTRE VIII.

Reproches sur la moquerie de mademoiselle Dorcy. — Quelques ridicules de province, rachetés par de grandes vertus. — Bienfaisance de madame Choreau. — Orphelins adoptés. — Les mendians de Paris. — M. Debelleyme. — Obligation qu'on lui a. — Opéra. — Effet qu'il produit. — La Vestale. 70

LETTRE IX.

Entrée d'Alicie dans le monde. — Sa manière de s'y conduire. — Exagération des jeunes gens à la mode. — M. le vicomte de Châteaubriand. — Le salon de madame de Staël. — La princesse de la Trimouille. — Anecdotes de 1816. — Mesdames Rolland de Courbonne, de Bassano, et de B.... T. — M. Rolland, acteur de l'Opéra. — MM. de Mesnard, de Fitzjames et de la Potherie. — Le général L...., à la chambre des Députés. — Belle réponse qu'il fait à M. de la Potherie. — Duel funeste. — Poètes modernes. — MM. Casimir Delavigne, Soumet,

Guiraud, Pichald, Briffaut, Victor Hugo, Parseval de Grand-maison, d'Anglemont, de Coupigny, Lemercier. — Mot spirituel qu'il adresse chez***, à mademoiselle B... — MM. Alissan de Chazet, de Planard, Scribe, Étienne, etc. — Amour-propre de M. Delrieu, mesdames Tastu, Delphine Gay et sa mère. — Jolis romans. 88

LETTRE X.

M. d'Obrée, négociant à Nantes. — Clisson. — M. le baron Lemot. — S. A. R. Madame; présent commandé par elle. — M. le général de Boyne. — Sa femme. — Sa mort. 123

LETTRE XI.

Route de M** à Chambord. — Description du parc et du château. — Singulière spéculation d'un Anglais. — Vipères de Sologne. — M. de Saumery. — Blois. — Son château. — Les oubliettes. — Jeu du bâton. — Ménars. — Son orangerie. — M. le maréchal de Bellune. — Madame la maréchale. — Histoire tragique de madame de Lusignan. — Calomnies à ce sujet. — Vases donnés par Napoléon. — M**. 134

LETTRE XII.

Départ de madame de Roseville pour les eaux de Bagnères. — Concert donné chez elle. — MM. Bordogni, Adolphe Nourrit. — Romagnesi, Beauplan, Tulou, Brod, Gallay et Labarre. — MM. Rhein, Dusseck, Kalkbrenner, Baillot, Paer. — Madame Gardel. — M. Rouget, peintre. — Mademoiselle Robert, sourde-muette. — Histoire de madame Dickson. — Belles paroles d'une sœur grise. — Madame la comtesse Anquetil. — Son caractère. — L'Hôtel-Dieu. — Les Invalides. — Portrait de Napoléon. — Belle idée du Roi. 159

LETTRE XIII.

La Bourse de Londres. — Rencontre avec madame B... — Ses malheurs. — Son voyage en Angleterre. — Obligeance des voyageurs. — La jolie petite fille. — Le baron Laugier de Chartrouse. — M. Williams, avocat. — Sa belle conduite. — Madame Elliot. — Sa bonté. — Singulières galanteries d'un grand seigneur anglais. — Mort de madame Elliot. 180

LETTRE XIV.

Méréville. — M., madame et mademoiselle de Laborde. — Leur bienfaisance. — Orléans. — Monument de la Pucelle. — Madame la comtesse de Bradi. — Le Musée. — Madame Mignon. — Hôpital d'Orléans. — M. de Varicourt, frère de madame la marquise de Villette. — Sa piété. — Mot de lui. — Sa mort. — M. de Beauregard, son successeur. — Destitution d'un curé de campagne. — Sa conduite envers les Protestans. — Mademoiselle de B**. — M. de Riccé, préfet. — Le général Clouet. — Madame Vernetti. — La marquise de Montlévic. — Son esprit. Impertinence de madame des L... — M. et madame Arthuis. — Fête bizarre de la Pucelle. — Panégyrique de l'héroïne, prononcé par M. l'abbé Feutrier. — Accident qui interrompit autrefois la cérémonie. 197

LETTRE XV.

Talma. — Mademoiselle Duchesnois. — Madame la comtesse de Choiseul. — M. le comte Anatole de Montesquieu. — Madame de Bawr. — Mort affreuse de son mari. — MM. Ancelot, Soumet, Delavigne et Guiraud. 224

LETTRE XVI.

La Trappe.—Description de l'abbaye de Melleray.—MM. Richer, Roux et Monneron de Nantes. — Le duc de Lorges. — Les marquis de Rosambo et Louvois.—MM. Laffitte, Jacqueminot, Perrier. — Leur bienfaisance.—Manière de vivre des Trapistes. — Office célébré par eux.— Leurs ateliers. — Classement des novices.— Couvent de Lutworth. —Couvent des femmes du même ordre. —Celui de Pool, où mourut la mère de M. le vicomte de Châteaubriand. — Mademoiselle de Condé. — Jeune fille élevée et adoptée par elle.—Fragmens d'une lettre du frère de M. de Châteaubriand, mort trapiste au couvent de Sainte-Suzanne. 231

LETTRE XVII.

Enthousiasme national. — Anecdote à ce sujet.—Course sur les bords du Loiret. — M. Mignon. — Madame de Lambert. — M. Pagot, architecte. — M. Delanoue.—M. de Guerchy. — Madame de Guerchy, sa mère.—Son amour pour l'équitation. — Château de la Source.—Trait singulier de l'amour d'un Anglais. — Lepeintre, acteur du Vaudeville. — Son dîner interrompu par l'évêque d'Orléans.—MM. de Morogues et d'Illiers. — Maison de La Fontaine. — Jalon, célèbre médecin d'Orléans. 266

LETTRE XVIII.

Soirée chez M. Pape, facteur de pianos. — Les jeunes gens peu polis pour les dames. — M. le comte D** se fait attendre. — Sa femme. — Impertinence de M. le comte D*. — Punitions des enfans.—Celles d'aujourd'hui comparées à celles imposées autrefois. — Manufacture des Gobelins. — Vieillard respectable qui s'y trouve depuis plus d'un demi-siècle. — Sa philosophie. 282

LETTRE XIX.

Course à Southampton. — L'île de Wight. — Netley-Abbey. — Déjeuner dans une auberge. - Cuisiniers impromptus. — Omelette excitant l'étonnement de toute la population. — Le constable. — Carrisbrook. — Charles Ier s'échappant par une fenêtre. — Galanterie mal accueillie. — Portsmouth. — Ses chantiers. — Vaisseau qu'on y lance. — Gaîté des matelots. — Le théâtre de Covent-Garden. — MM. Cicéri et Daguerre. — Acteurs. — Miss O'neil. — Madame Syddons. — Half price. — Le parterre. — M. de La Ruelle, émigré. — Sa force extraordinaire. — Sa manière de la prouver à un boxeur de profession. — Le colonel Macleod. — L'ambassadeur de Perse verse, le jour de sa présentation au prince régent. — Paniers des dames de la cour. — Hyde-Park. — Le duc D** ruiné. — Ses ridicules dépenses. 298

LETTRE XX.

Abbaye de Cléry. — Superbes sculptures qui s'y trouvent. — Tombeau de Louis XI. — Cercueils de pierres trouvés dans des fouilles. — Maison du Doyenné, habitée par Louis XI. — Les sœurs de Saint-André. — La fontaine des mariés. — Ridicule procession qui s'y faisait. — Butte des élus. — Tumulum. — M. de Lockart. — Fouilles à faire. 324

LETTRE XXI.

M. Cuvier. — Son mariage. — Madame Brack. — M. Geoffroi-Saint-Hilaire. — M. Raoul-Rochette. — Sa femme. — M. Abel de Rémusat. — M. Becquerel. — M. Thouin. — Dessins de Girodet. — Son premier tableau. — Anecdote d'un garçon jardinier. — Plaisanterie que lui fait Robespierre. — Terreur inspirée par un verre de vin de Malaga. — M. L......; Traits d'avarice. — Chanteloup. — Le château de Chaumont. — Madame de Staël s'y établit. — MM. Villemain et Barante. —

Madame de Barante. — M. Flemming. — Son beau-frère. — Premier mariage de celui-ci avec une Anglaise qui fit sa fortune. — Infâme trait d'ingratitude inventé sur son compte. — Madame la comtesse de la Briche, fille de madame d'Épinay. — MM. Gros, Gérard, Hersent, Isabey, Cicéri, Kalkbrenner, Fétis, Castil-Blaze, Lacroix, Laroche, Eugène Lami, Rhein, Ebner, etc. 338

LETTRE XXII.

Une noce de petite ville. 365

LETTRE XXIII.

Le Limousin. — Limoges. — Attelage de bœufs. — Couvertures des maisons. — M. et madame de Bel... — Spectacle. — Mauvais ton des dames de Limoges. 375

LETTRE XXIV.

Le château de Serrent, près de Nantes. — M. de Serrent, cul-de-jatte. — Son caractère. — Ses procès. — Admirable dévouement d'un prêtre. — M. Humbert de Sesmaisons. — Anecdote de la malle-poste. — M. Dobrée. — Bateaux négriers. — Commerce horrible continué. 385

LETTRE XXV.

Voyage à Rosny. — Le château. — Cabinet de Sully conservé. — Ameublement de Rosny. — Politesse des concierges. — Grossièreté des gens chargés de montrer les appartemens des Tuileries. — Hospice de Rosny. — Chapelle où repose le cœur de S. A. R. monseigneur le duc de Berry. — Hommage de M. Ladvocat à S. A. R. Madame. — Touchante bienfaisance de la princesse. — La ville de Mantes. 397

LETTRE XXVI.

Singulière conduite d'une Anglaise. — Lettre de congé qu'elle écrit. — Magasins de Londres.—Spath de Derbyshire. — Douaniers de Calais. — Vexations qu'ils exercent sur les voyageurs. 411

FIN DE LA TABLE.

www.ingramcontent.com/pod-product-compliance
Lightning Source LLC
Chambersburg PA
CBHW071105230426
43666CB00009B/1838